초대 교회
미전도 종족
선교행전

초대 교회
미전도 종족
선교행전

발행	2021년 5월 10일

지은이	장춘원
발행인	윤상문
디자인	박진경, 이보람
발행처	킹덤북스
등록	제2009-29호(2009년 10월 19일)
주소	경기도 용인시 기흥구 동백동 622-2
문의	전화 031-275-0196 팩스 031-275-0296

ISBN 979-11-5886-213-8 03230

Copyright ⓒ 2021 장춘원
이 책은 저작권법에 따라 보호받는 저작물이므로 무단전재와 복제를 금지하며,
이 책의 내용의 전부 또는 일부를 이용하려면 반드시 저작권자와 킹덤북스의
서면 동의를 받아야 합니다.

※ 잘못된 책은 구입한 곳에서 교환하여 드립니다.
※ 책 가격은 표지 뒷면에 있습니다.

킹덤북스
Kingdom Books

킹덤북스(Kingdom Books)는 문서사역을 통해 하나님의 나라를 확장하고,
한국 교회와 세계 교회를 섬기고자 설립된 출판사입니다.

초대 교회
미전도 종족
선교행전

장춘원 지음

The 10/40 window

킹덤북스
Kingdom Books

머리말

제가 목사로서 받은 가장 큰 복은 시카고 뉴라이프교회를 개척하여 담임 목사로 섬기게 된 것이고 또 하나는 지난 20년간 교회를 동원하여 미개척 미전도 종족 선교를 하게 된 것입니다. 저는 사도행전의 안디옥 교회가 이방인 선교를 위해서 하나님의 특별한 섭리 가운데 세워진 교회였듯이 뉴라이프교회도 미개척 미전도 종족 선교를 위해 하나님께서 미국 이민교회 가운데 특별히 선교의 교두보 교회로 세우신 교회라고 믿습니다. 그래서 저는 사도행전에 기록된 사도들과 교회들의 미개척 미전도 종족 선교의 사례를 살펴보고 그것을 통해 성경적 선교의 전략과 방법을 가르치고 싶은 동기에서 사도행전 강해를 하게 되었습니다.

이런 의미에서 이 책은 뉴라이프교회 및 미국 이민교회의 선교를 염두에 두고 쓴 것입니다. 하지만 시대와 지역, 그리고 상황은 달라도 미국 이민교회나 한국 교회에 주신 선교적 비전과 사명은 같다고 생각하며 사도행전의 선교적 전략과 방법은 모든 교회가 적용하고 참고해야 할 선교의 중요한 프로토콜이라고 생각하기 때문에 비록 여러 면에서 부족하고 미흡하지만 교회의 선교적 사명을 효과적으로 수행하기 위해 고민하는 이 시대의 모든 교회와 목회자, 선교사들에게 조금이나마 도움이 되기를 소원하는 마음으로 이 책을 출판하게 되었음을 기억해주시기 바랍니다.

이 책이 나오게 되기까지 선교의 동역자로 수고하신 모든 뉴라이프교회 성도님들께 감사드리며, 특별히 뉴라이프교회 파송 선교사로서 인도와 중국의 미개척 미전도 종족 선교에 헌신하여 함께 1200개 이상의 미개척 미전도 종족을 개척하고 인도 내에 뉴라이프 교단(International Assembly of New Life Mission Church)을 설립하여 섬기는 안강희 선교사 내외분께 진심으로 감사를 드립니다.

또 이 책의 교정과 편집을 위해 수고하신 고은주 사모와 출판을 위해 수고하신 킹덤북스(Kingdom Books) 대표 윤상문 목사님께도 감사를 드립니다. 마지막으로 누구보다 제 선교의 롤모델이신 아버님(장경두 목사)과 기도의 동역자이신 어머님(송덕은 사모), 그리고 아내(황혜경 사모)에게 진심으로 감사와 사랑의 마음을 전합니다.

아무쪼록 이 책을 통하여 선교의 마지막 미완성 과업을 위해 헌신하고 수고하시는 모든 교회와 목회자, 선교사들이 더 풍성한 복음의 열매를 맺게 되기를 기원합니다.

2021년 4월 1일

장춘원 목사

[목 차]

머리말 • 04

01 | 증인이 되리라 • 12
행: 1:1-11

02 | 승천 그 이후의 제자들 • 20
행: 1:12-26

03 | 성령 강림 사건 • 26
행: 2:1-13

04 | 베드로의 설교 • 33
행: 2:14-41

05 | 교회의 모델 • 41
행: 2:42-47

06 | 사도들이 행한 첫 번째 이적 • 48
행: 3:1-16

07 | 회개하고 돌이키라 • 53
행: 3:17-26

08 (1) | 성령 충만한 사람 • 61
행: 4:1-12

08 (2) | 하나님의 나라와 고난/환난 • 69
행: 4:19-28

The 10/40 window

09	옳은가 판단하라 행: 4:12-22	• 78
10	성령 충만한 교회 행: 4:23-37	• 85
11	교회의 표적 행: 5:1-11	• 93
12	우리가 소망하는 교회 행: 5:12-16	• 99
13	복음 증거와 성령 행: 5:17-32	• 105
14	예수를 위해 사는 삶 행: 5:33-42	• 113
15	교회의 일꾼 행: 6:1-6	• 121
16	전도자 스데반 행: 6:8-15	• 128
17	순교자 스데반 행: 7:54-60	• 133

18	흩어진 교회 행: 8:1-8	• 140
19	전도자 빌립 행: 8:5-13	• 147
20	하나님의 선물인 성령 행: 8:14-25	• 153
21	빌립의 전도 행: 8:26-40	• 158
22	예수를 만난 사울 행: 9:1-19	• 164
23	사울의 회심 그 이후 행: 9:19-31	• 171
24	부흥의 열망 행: 9:26-31	• 178
25	기적과 구원의 역사 행: 9:32-43	• 185
26	바나바와 같은 일꾼 행: 9:26-31, 11:22-26	• 192
27	고넬료 가정에 임한 성령 행: 10:1-35, 44-48	• 199
28	베드로의 선교보고 행: 11:1-18	• 207

The 10/40 window

29 | 주의 손이 함께 하는 교회
행: 11:19-30
• 213

30 | 핍박 받는 교회의 위로
행: 12:1-25
• 220

31 | 안디옥 교회의 선교사 파송
행: 13:1-3
• 228

32 | 첫 번째 선교지
행: 13:4-12
• 233

33 | 마가 요한
행: 13:13-14, 15:36-41
• 240

34 | 바울의 설교와 복음
행: 13:15-52
• 246

35 | 이고니온과 루스드라 선교
행: 14:1-18
• 254

36 | 은혜로 받는 구원
행: 15:1-11
• 260

37 | 교회의 결정
행: 15:12-35
• 268

38 | 갈등의 해결과 결과
행: 15:36-41
• 277

39 | 바울의 2차 선교
행: 16:1-15
• 282

| 40 | 바울의 투옥과 기적
행: 16:16-26 | • 289 |

| 41 | 빌립보 간수의 구원
행: 16:26-40 | • 297 |

| 42 | 데살로니가와 베뢰아 선교
행: 17:1–15 | • 304 |

| 43 | 바울의 아테네 선교
행: 17:16–34 | • 311 |

| 44 | 바울의 고린도 선교
행: 18:1–17 | • 319 |

| 45 | 브리스길라와 아굴라
행: 18:1–4, 24–28 | • 325 |

| 46 | 에베소의 부흥
행: 19:1–10 | • 334 |

| 47 | 유두고
행: 20:1–12 | • 339 |

| 48 | 본 받아야 할 바울의 삶
행: 20:13–24 | • 345 |

| 49 | 장로들에게 한 바울의 설교
행: 20:26–38 | • 351 |

The 10/40 window

50 | 바울에게 한 예언 • 358
행: 21:1–16

51 | 신앙의 본질과 타협 • 364
행: 21:17–26

52 | 하나님의 섭리적 계획 • 371
행: 21:27–36

53 | 바울의 체험과 간증 • 377
행: 22:1–21

54 | 바울의 열정과 담대함 • 382
행: 23:1–11

55 | 하나님의 보호의 섭리 • 389
행: 23:12–35

56 | 벨릭스 총독 앞에 선 바울 • 398
행: 24:1–9, 24–27

57 | 황제에게 상소한 바울 • 406
행: 25:1–22

58 | 로마로 가는 길에 만난 풍랑 • 416
행: 27:9–26

59 | 바울의 로마 선교 • 424
행: 28:16–31

01

증인이 되리라
행: 1:1-11

¹데오빌로여 내가 먼저 쓴 글에는 무릇 예수께서 행하시며 가르치시기를 시작하심부터 ²그가 택하신 사도들에게 성령으로 명하시고 승천하신 날까지의 일을 기록하였노라 ³그가 고난 받으신 후에 또한 그들에게 확실한 많은 증거로 친히 살아계심을 나타내사 사십 일 동안 그들에게 보이시며 하나님 나라의 일을 말씀하시니라 ⁴사도와 함께 모이사 그들에게 분부하여 이르시되 예루살렘을 떠나지 말고 내게서 들은 바 아버지께서 약속하신 것을 기다리라 ⁵요한은 물로 세례를 베풀었으나 너희는 몇 날이 못되어 성령으로 세례를 받으리라 하셨느니라 ⁶그들이 모였을 때에 예수께 여쭈어 이르되 주께서 이스라엘 나라를 회복하심이 이 때니이까 하니 ⁷이르시되 때와 시기는 아버지께서 자기의 권한에 두셨으니 너희가 알 바 아니요 ⁸오직 성령이 너희에게 임하시면 너희가 권능을 받고 예루살렘과 온 유대와 사마리아와 땅끝까지 이르러 내 증인이 되리라 하시니라 ⁹이 말씀을 마치시고 그들이 보는데 올려져 가시니 구름이 그를 가리어 보이지 않게 하더라 ¹⁰올라가실 때에 제자들이 자세히 하늘을 쳐다보고 있는데 흰 옷 입은 두 사람이 그들 곁에 서서 ¹¹이르되 갈릴리 사람들아 어찌하여 서서 하늘을 쳐다보느냐 너희 가운데서 하늘로 올려지신 이 예수는 하늘로 가심을 본 그대로 오시리라 하였느니라

정민 교수가 쓴 『가훈과 유언으로 만나는 아버지』라는 신간 소설이 있습니다. 조선 시대 유명한 명문 가문의 가훈과 유언을 기록해 놓은 책입니다. 명문 가문의 부모가 죽음을 앞두고 자녀들에게 남기는 유언은 대부분 공부에 대한 유언이었습니다. 조선 후기 명망 있던 문곡 김수항의 가문은 4대가 모두 사약이나 형벌로 세상을 떠났지만 독서하는 종자(자손)가 끊이지 않아 명문 가문의 명예를 지켜냈습니다. 또한 조선 시대 영의정 김창집은 "더욱 부지런히 학업을 하여 독서하는 자손이 끊어짐이 없이 하라"라고 유언을 했습니다.

예수 그리스도는 우리에게 어떤 유언을 하셨습니까?
예수님은 마지막 유언에서 우리가 어떤 사람이 되기를 기대하셨습니까?

예수님은 우리가 주님의 죽음과 부활의 증인이 되는 것을 원하셨습니다. 구원의 복음을 땅끝까지 전파하는 복음 증거자가 되기를 원하신 것입니다. 이것이 바로 주님이 우리를 택하시고 구원하신 목적이요 이유입니다. 그러므로 증인이 되는 것은 선택 사항이 아니며, 예수를 믿는 즉시 우리 모두는 예수 그리스도의 증인이 되어야 합니다.

> "예수께서 나아와 말씀하여 이르시되 하늘과 땅의 모든 권세를 내게 주셨으니 그러므로 너희는 가서 모든 민족을 제자로 삼아 아버지와 아들과 성령의 이름으로 세례를 베풀고 내가 너희에게 분부한 모든 것을 가르쳐 지키게 하라 볼지어다 내가 세상 끝날까지 너희와 항상 함께 있으리라 하시니라"(마 28:18-20).

"너희 마음에 그리스도를 주로 삼아 거룩하게 하고 너희 속에 있는 소망에 관한 이유를 묻는 자에게는 대답할 것을 항상 준비하라"(벧전 3:15).

그렇다면 예수 그리스도 복음의 증인으로 살기 위한 조건은 무엇인가요?

첫째, 성령의 권능을 의지해야 합니다.

본문 8절 "증인이 되리라"에서 증인은 내가 되고 싶다고 되는 것이 아닙니다. 예수님이 우리를 증인으로 삼으셔야만 증인이 될 수 있는 것입니다. 주님께서 우리를 증인 만들기 위해 우리에게 보내 주신 분이 성령입니다. 성령을 보내신 것은 우리를 증인 만드시겠다는 주님의 의지임을 확인할 수 있습니다. 우리가 예수를 믿을 때 성령께서 우리 안에 거하시며 우리를 능하게 하셔서 증인의 일을 하게 하십니다. 성령의 세례(권능)는 어떤 특정인만 받는 것이 아니라 모든 그리스도인이 받는 것입니다. 그러므로 우리는 이것을 믿고 내 안에 거하시는 성령의 능력이 나를 통해서 삶 가운데 나타나도록 힘써야 합니다. 아무리 선교하기 원하고, 열심이 있어도 우리가 성령의 능력에 대해서 무지하고, 또 성령의 능력이 나타나지 않으면 예수 그리스도의 증인이 될 수 없고, 선교도 할 수 없는 것입니다. 물론 선교하는 교회도 될 수 없습니다.

그러나 우리 모두가 성령을 받았음에도 불구하고 성령의 능력이 나타나지 않는 이유는 무엇입니까?

성령을 근심시키기 때문입니다.

우리가 죄를 지을 때, 그분이 싫어하는 일을 할 때 성령은 근심하고 슬퍼합니다.

또 하나는 성령이 충만하지 않기 때문입니다.

성령 충만은 성령의 지배를 받는 상태를 말합니다. 성령 충만한 사람은 성령께서 나의 삶과 자아를 온전히 주장하시도록 그분께 맡겨드리는 사람입니다. 우리가 성령께 우리를 온전히 내어드리면 성령의 능력이 나타나지만, 나의 욕심 나의 능력으로 살려고 하기 때문에 하나님의 능력이 나타나지 않는 것입니다.

> "그의 영광의 풍성함을 따라 그의 성령으로 말미암아 너희 속사람을 능력으로 강건하게 하시오며…. 우리 가운데서 역사하시는 능력대로 우리가 구하거나 생각하는 모든 것에 더 넘치도록 능히 하실 이에게"(엡 3:16, 20).

사도행전 3장 12절에서 베드로와 요한이 성전 미문 앞 앉은뱅이 된 자를 고친 후에 사람들이 크게 놀라 모여들자 다음과 같이 말합니다. "이스라엘 사람들아 이 일을 왜 놀랍게 여기느냐 우리 개인의 권능과 경건으로 이 사람을 걷게 한 것처럼 왜 우리를 주목하느냐." 내 능력과 개인의 경건이 아닌, 내 안에서 역사하시는 성령의 능력입니다. 우리가 이것을 인정하고 그분을 의지하고 살면, 복음의 증인으로서의 삶을 살 수 있습니다.

둘째, 경험적 신앙이 있어야 합니다.

증인에게 반드시 요구되는 것은 경험입니다. 증인은 자신이 갖고 있는 어떤 지식을 설명하는 사람이 아닌, 실제로 자신이 눈으로 귀로 몸으로 경험한 것을 사실대로 말하면 됩니다. 다만 중요한 것은 정말 보았느냐, 들었느냐, 직접 경험했느냐 입니다.

"태초부터 있는 생명의 말씀에 관하여는 우리가 들은 바요 눈으로 본 바요 자세히 보고 우리의 손으로 만진 바라"(요일 1:1).

우리도 그리스도인이 증인이 되기 위해서는 이런 신앙적 경험이 있어야 합니다. 그리스도의 죽음과 부활 사건을 자신의 신앙적 사건으로 경험한 자만이 증인이 될 수 있습니다.

즉, 그리스도 죽음과 부활을 내 개인의 죄 용서와 구원을 위한 사건으로 믿고 정말 예수를 인격적으로 만난 후에 삶의 변화를 경험한 간증이 있어야 증인이 될 수 있는 것입니다.

사실 복음 증거, 전도라는 것이 어려운 것이 아닙니다. 내가 경험한 하나님의 사랑, 그리스도의 십자가 능력을 말하면 되는 것입니다. 때문에 우리가 복음의 증인이 되기 위해서 반드시 신학교를 가거나 특별 전도 훈련을 받을 필요가 없습니다. 다만 예수를 믿은 후에 나의 삶의 변화에 대해서 이야기할 수 있으면 되는 것입니다. 내가 만난 예수가 어떤 분인지, 하나님의 사랑과 신앙생활의 기쁨이 얼마나 좋은지 간증하면 되는 것입니다.

셋째, 복음을 위해 고난 받을 각오를 해야 합니다.

고난 받을 각오를 가진 교회, 신자만이 증인이 될 수 있습니다. 증인은 헬라어로 말투스, 순교자라는 말입니다. 즉 피 흘리기까지, 죽음까지 각오하고 복음을 증거 하는 사람이 증인입니다.

왜 오늘날 그리스도인들은 증인의 삶을 살지 않습니까? 그것은 비난 받는 것이, 개인적인 불이익이 두려워서입니다. 대부분의 현대인들은 법정 증인을 서려고 하지 않습니다. 사건을 목격했지만, 시간을 낭비하고 싶지 않아서, 책임질 일을 피하기 위해서 증인서는 것을 회피합니다. 복음의 증인도 마찬가지입니다. 그러나 우리가 그리스도인이라면, 적어도 손해와 불이익 당할 결심을 해야 합니다. 필요하다면 고난과 핍박, 죽음까지도 각오해야 합니다. 그리스도의 부활을 전하는 사람이 죽음을 두려워한다면, 부활의 복음을 제대로 전할 수 없습니다. 생명 구원의 문제를 놓고 책임을 미루며, 자신의 이익만 계산해서는 안 되는 것입니다. 그러므로 이제 우리가 그리스도의 증인되기 위해서는 복음을 전할 때, 주님의 나라를 위해서 일할 때 고난과 어떤 불이익도 감수할 각오가 되어 있어야 합니다.

"하나님이 우리에게 주신 것은 두려워하는 마음이 아니요 오직 능력과 사랑과 근신하는 마음이니 그러므로 네가 우리 주의 증거와 또는 주를 위하여 갇힌 자 된 나를 부끄러워 말고 오직 하나님의 능력을 좇아 복음과 함께 고난을 받으라"(딤후 1:7-8).

넷째, 예수 재림에 대한 확실한 소망과 기대가 있어야 합니다.

예수님께서는 제자들에게 사도행전 1장 8절의 유언을 하시고 모두가 보는 앞에서 하늘로 올라가셨습니다. 이렇게 극적인 장면을 보여주심으로 예수님은 부활을 시간과 공간적으로 확증해 주시고, 육체적 부활에 대한 의혹을 완전히 없애주셨습니다. 또한 제자들과 교회에 복음 증거의 확실한 동기를 부여해주셨습니다.

"올라가실 때에 제자들이 자세히 하늘을 쳐다보고 있는데 흰 옷 입은 두 사람이 그들 곁에 서서 이르되 갈릴리 사람들아 어찌하여 서서 하늘을 쳐다보느냐 너희 가운데서 하늘로 올려지신 이 예수는 하늘로 가심을 본 그대로 오시리라 하였느니라"(행 1:10-11).

재림의 약속은 신화적, 환상적 사건이 아닌 너무나 분명한 사실인 것입니다. 우리를 위해 죽으시고 부활하시고 승천하신 주님은 다시 오십니다. 사실 그리스도의 재림이 언제인지는 모르지만 주님의 재림은 모든 그리스도인들이 주님의 일에 충성해야 할 가장 확실한 이유일 뿐만 아니라, 주님의 마지막 유언인 복음 증거의 과업을 성취하는 가장 강력한 동기가 되어야 합니다.

"이 천국 복음이 모든 민족에게 증거 되기 위하여 온 세상에 전파되리니 그제야 끝이 오리라"(마 24:14).

흔히 교회를 공동체라고 부릅니다. 그런데 정말 교회는 어떠한 공동체가 되어야 합니까?
교회는 예수 공동체, 믿음의 공동체, 사랑의 공동체, 동시에 마라나타 공동체가 되어야 합니다. 모든 교회가 마라나타 커뮤니티의 정체성을 가질 때 복음의 증인으로서의 사명을 감당할 수 있습니다. 주님이 오실 때까지 주님이 사용하시는 교회가 되기 위해서 우리는 주님의 유언에 순종하여 증인되는 삶을 살아야 합니다. 또 반드시 증인되는 교회가 되어야 합니다.

02

승천 그 이후의 제자들
행: 1:12-26

[12] 제자들이 감람원이라 하는 산으로부터 예루살렘에 돌아오니 이 산은 예루살렘에서 가까워 안식일에 가기 알맞은 길이라 [13] 들어가 그들이 유하는 다락방으로 올라가니 베드로, 요한, 야고보, 안드레와 빌립, 도마와 바돌로매, 마태와 및 알패오의 아들 야고보, 셀롯인 시몬, 야고보의 아들 유다가 다 거기 있어 [14] 여자들과 예수의 어머니 마리아와 예수의 아우들과 더불어 마음을 같이하여 오로지 기도에 힘쓰더라 [15] 모인 무리의 수가 약 백이십 명이나 되더라 그때에 베드로가 그 형제들 가운데 일어서서 이르되 [16] 형제들아 성령이 다윗의 입을 통하여 예수 잡는 자들의 길잡이가 된 유다를 가리켜 미리 말씀하신 성경이 응하였으니 마땅하도다 [17] 이 사람은 본래 우리 수 가운데 참여하여 이 직무의 한 부분을 맡았던 자라 [18] (이 사람이 불의의 삯으로 밭을 사고 후에 몸이 곤두박질하여 배가 터져 창자가 다 흘러 나온지라 [19] 이 일이 예루살렘에 사는 모든 사람에게 알리어져 그들의 말로는 그 밭을 아겔다마라 하니 이는 피밭이라는 뜻이라) [20] 시편에 기록하였으되 그의 거처를 황폐하게 하시며 거기 거하는 자가 없게 하소서 하였고 또 일렀으되 그의 직분을 타인이 취하게 하소서 하였도다 [21] 이러하므로 요한의 세례로부터 우리 가운데서 올려져 가신 날까지 주 예수께서 우리 가운데 출입하실 때에

[22]항상 우리와 함께 다니던 사람 중에 하나를 세워 우리와 더불어 예수께서 부활하심을 증언할 사람이 되게 하여야 하리라 하거늘 [23]그들이 두 사람을 내세우니 하나는 바사바라고도 하고 별명은 유스도라고 하는 요셉이요 하나는 맛디아라 [24]그들이 기도하여 이르되 뭇 사람의 마음을 아시는 주여 이 두 사람 중에 누가 주님께 택하신 바 되어 [25]봉사와 및 사도의 직무를 대신할 자인지를 보이시옵소서 유다는 이 직무를 버리고 제곳으로 갔나이다 하고 [26]제비 뽑아 맛디아를 얻으니 그가 열한 사도의 수에 들어가니라

한국인이 이 시대에 성공하려면 6개 쌍기역(ㄲ)으로 시작되는 조건이 필요하다고 합니다. 그것은 꿈(비전), 끼(재능), 깡(인내), 꾀(지혜), 꼴(외모), 끈(배경)입니다. 이들은 현대 사회에서 성공을 위해 준비되어야 하는 조건들입니다.

사도행전 1장과 2장은 교회 시작의 준비 과정에 대한 이야기입니다. 특히 2장 오순절 성령 강림 사건은 교회의 시작을 알리는 시그널 사건입니다. 예수님이 승천하시며 성령 강림을 약속하신 후 교회가 세워지기까지 무슨 일이 있었습니까? 제자들은 교회의 시작을 위해, 또 세계 선교의 시작을 위해 준비하였습니다. 물론 주님이 3년간 제자들을 훈련하셨고, 또 성령 세례를 약속하셨지만 제자들이 해야 할 일이 따로 있었습니다.

예수님이 승천하신 후 제자들이 10일간 한 일들을 통해서 하나님의 위대한 일을 준비할 때 교회의 자세에 대해 얻을 수 있는 교훈은 무엇입니까?

첫째, 말씀에 순종했습니다.

"예루살렘을 떠나지 말고 내게서 들은 바 아버지께서 약속하신 것을 기다리라, 제자들이 감람원이라 하는 산으로부터 예루살렘에 돌아오니 이 산은 예루살렘에서 가까워 안식일에 가기 알맞은 길이라"(행 1:4, 12).

"떠나지 말고 모여 기다리라"는 주님의 말씀에 순종하여 제자들은 감람산에서 예수살렘으로 돌아와 마가의 다락방에 모였습니다. 사실 예수님이 승천하신 후에는 이스라엘의 회복도, 출세도 물거품이 되었기 때문에 제자들은 다시 모일 이유도 예루살렘으로 돌아갈 이유도 없었습니다. 그러나 그들은 흩어지지 않고 귀향하지 않고 예루살렘에 모여 약속하신 성령을 기다립니다. 기다렸기 때문에 마가 다락방에 임한 성령의 역사를 체험할 수 있었습니다. 여기서 우리가 생각할 것은 순종은 말씀하신대로 따르기만 하면 되는 것입니다. 불평도 의심도 하지 말고, 염려도 할 필요 없이 행하기만 하면 됩니다. 사실 주님은 성령을 기다리라고만 하셨지 왜 흩어지지 말아야 하고, 또 언제까지 기다리라는 말씀은 하지 않으셨습니다. 그러나 제자들은 모두 모여서 기다리며 순종했기 때문에 결국 약속하신 성령을 받았다는 사실을 우리는 기억해야 합니다. 그러므로 하나님께서 위대한 일을 기대하고 준비하실 때 우리가 해야 할 일은 하나님의 말씀에 순종하는 것입니다. 그 말씀을 그대로 믿고 따르는 것입니다.

둘째, 더불어 합심하여 기도했습니다.

> "들어가 그들이 유하는 다락방으로 올라가니 베드로, 요한, 야고보, 안드레와 빌립, 도마와 바돌로매, 마태와 및 알패오의 아들 야고보, 셀롯인 시몬, 야고보의 아들 유다가 다 거기 있어 여자들과 예수의 어머니 마리아와 예수의 아우들과 더불어 마음을 같이하여 오로지 기도에 힘쓰더라"(13, 14절).

성령 강림과 교회의 시작을 위해 제자들이 한 것은 주님의 약속을 믿고 기다리며 함께 기도한 것입니다. 마찬가지로 하나님의 모든 위대한 일의 시작은 함께 기도함으로 준비하는 것입니다. 혼자가 아닌 함께, 그리고 마음을 같이하여 기도하는 것이 중요합니다.

사도행전 13장에서 안디옥 교회가 바나바와 사울을 이방인 선교사로 처음 파송할 때 교회가 다 같이 금식하며 기도하고 안수하여 보냈습니다. 왜 교회가 하나님의 위대한 일을 시작하기 전에 합심하여 기도하는 것이 중요합니까? 장작을 많이 모아서 불을 피우면 화력이 세지는 것처럼, 혼자 기도하는 것보다 합심하여 더불어 기도하면 더 큰 능력과 역사가 일어나기 때문입니다.

> "너희 중에 두 사람이 땅에서 합심하여 무엇이든지 구하면 하늘에 계신 내 아버지께서 그들을 위하여 이루게 하시리라 두세 사람이 내 이름으로 모인 곳에는 나도 그들 중에 있느니라"(마 18:19-20).

미국의 유명한 치유 사역자 캐더린 쿨만은 치유를 위해 기도할 때 모임 중에 있는 사람들에게 이렇게 부탁한다고 합니다.

> "내가 여기서 안수하고 기도할 때 여러분은 같이 기도하고 아멘 하

라." 하나님의 능력은 함께 기도할 때 나타납니다. 하나님이 약속하신 위대한 일이 일어날 것을 기대하고 준비할 때, 우리가 반드시 해야 할 일은 함께 모여 마음을 같이하며 기도하는 것입니다.

셋째, 하나님의 말씀으로 문제를 해결했습니다.

> "모인 무리의 수가 약 백이십 명이나 되더라 그때에 베드로가 그 형제들 가운데 일어서서 이르되… 20 시편에 기록하였으되 그의 거처를 황폐하게 하시며 거기 거하는 자가 없게 하소서 하였고 또 일렀으되 그의 직분을 타인이 취하게 하소서 하였도다"(15절).

예루살렘에 먼저 교회가 세워졌고, 그 교회를 통해서 복음이 전파되기 위해서는 해결되어야 할 문제가 있었습니다. 사실 "어떻게 메시야가 죄인처럼 수치스럽게 십자가에 달려 죽을 수 있느냐?" 그리고 "어떻게 메시야가 한낱 제자 가룟 유다의 손에 팔려 배신당해 죽을 수 있느냐"에 대한 의문은 복음 증거에 가장 큰 걸림돌이었습니다.

> "나무에 달린 자는 하나님께 저주를 받았음이니라"(신 21:23).

그러나 베드로는 이 문제를 성경 속에서 해결합니다. 이미 성경에 예언된 말씀이 그대로 성취된 사건이라고 이야기합니다. 그리고 말씀에 근거해서 사도의 자격을 가진 자 중에서 한 사람 맛디아를 택해 유다의 직분을 대신하게 해야 함을 설명합니다.

"내가 신뢰하여 내 떡을 나눠 먹던 나의 가까운 친구도 나를 대적하여 그의 발꿈치를 들었나이다"(시 41:9).

"그들의 거처가 황폐하게 하시며 그들의 장막에 사는 자가 없게 하소서"(시 69:25).

"그의 연수를 짧게 하시며 그의 직분을 타인이 빼앗게 하시며"(시 109:8).

여기서 베드로가 설명하고자 한 포인트가 무엇입니까? 이 모든 일들이 하나님의 크신 섭리 가운데서 일어난 것임을 우리는 이해하고 받아야 한다는 것입니다. 즉 우연이 아닌 이미 성경에 예언된 것이고 예정된 사건이라는 사실입니다. 그러므로 우리도 하나님의 위대한 일을 시작하기 전에 해결해야 할 문제가 있다면 어떻게 해야 합니까? 성경 안에서 그 답을 찾고, 하나님의 말씀으로 그 문제를 해결해야 합니다. 즉 성경적, 신앙적 명분을 가지고 문제를 해결해야 합니다. 교회가 시작되기 전에 제자들은 그들 가운데 있었던 걸림돌, 오해를 말씀을 통해 해결했습니다. 그래서 신앙적인 명분을 가지고 교회가 시작된 것입니다. 우리의 모든 일도 이와 같이 신앙적 명분을 가지고 있어야 합니다.

하나님이 약속하시고 계획하시는 위대한 일들을 이루기 위해서는 오늘 말씀대로 3가지를 준비하는 삶을 살아야 합니다. 하나님의 말씀에 순종하여 합심하여 기도하며, 하나님의 말씀으로 문제를 해결해야 합니다.

03

성령 강림 사건
행: 2:1-13

¹오순절 날이 이미 이르매 그들이 다 같이 한 곳에 모였더니 ²홀연히 하늘로부터 급하고 강한 바람 같은 소리가 있어 그들이 앉은 온 집에 가득하며 ³마치 불의 혀처럼 갈라지는 것들이 그들에게 보여 각 사람 위에 하나씩 임하여 있더니 ⁴그들이 다 성령의 충만함을 받고 성령이 말하게 하심을 따라 다른 언어들로 말하기를 시작하니라 ⁵그때에 경건한 유대인들이 천하 각국으로부터 와서 예루살렘에 머물러 있더니 ⁶이 소리가 나매 큰 무리가 모여 각각 자기의 방언으로 제자들이 말하는 것을 듣고 소동하여 ⁷다 놀라 신기하게 여겨 이르되 보라 이 말하는 사람들이 다 갈릴리 사람이 아니냐 ⁸우리가 우리 각 사람이 난 곳 방언으로 듣게 되는 것이 어찌 됨이냐 ⁹우리는 바대인과 메대인과 엘람인과 또 메소보다미아, 유대와 갑바도기아, 본도와 아시아, ¹⁰브루기아와 밤빌리아, 애굽과 및 구레네에 가까운 리비야 여러 지방에 사는 사람들과 로마로부터 온 나그네 곧 유대인과 유대교에 들어온 사람들과 ¹¹그레데인과 아라비아인들이라 우리가 다 우리의 각 언어로 하나님의 큰일을 말함을 듣는도다 하고 ¹²다 놀라며 당황하여 서로 이르되 이 어찌 된 일이냐 하며 ¹³또 어떤 이들은 조롱하여 이르되 그들이 새 술에 취하였다 하더라

2011년 후반기 한국은 무역 1조 달러를 달성함으로써 명실상부한 선진국 대열에 들어섰습니다. 이로써 한국은 세계 10위의 무역 국가, 세계 7위의 수출 국가가 되었습니다. 독일과 일본이 100년 만에 이룬 것을 대한민국은 50년 만에 이루었다는 평가를 받기도 합니다. 한마디로 말해서 한강의 기적을 이룬 것입니다. 그러나 소극적인 의미로는 한국의 경제 구조가 수출에 과도하게 의존한다는 것입니다. 즉 한국은 환율 등의 대외적 변수에 쉽게 흔들리는 경제 구조를 가지고 있다는 의미입니다.

오순절 성령 강림 사건은 교회와 선교의 시작을 알리는 사건입니다.

그렇다면 사도행전 2장에 나타난 오순절 성령 강림의 의미는 무엇입니까?

첫째, 전적으로 하나님의 주권적인 사건입니다.

> "오순절 날이 이미 이르매 그들이 다 같이 한 곳에 모였더니 홀연히 하늘로부터 급하고 강한 바람 같은 소리가 있어 그들이 앉은 온 집에 가득하며"(1-2절).

제자들은 성령을 기다렸지만, 성령께서는 전혀 예기치 못한 방법으로 임하십니다. 하늘로부터 임한 초자연적인 사건입니다. 사실 제자들은 기도하지 않고 단지 모여 앉아 있었습니다. 유대인의 기도 자세는 서서 손을 들고 하든지 무릎을 꿇는 것이지만, 제자들은 그때에 앉아 있었습니다. 따라서 정확히 말하면 성령 강림은 그들의 기도 때문에 일어난 사건이 아닌 하나님이 정하신 때에 하나님의 방법으로 하나님께서 행하신 사건입니다.

"그들이 다 성령의 충만함을 받고 성령이 말하게 하심을 따라 다른 언어들로 말하기를 시작하니라 우리가 우리 각 사람이 난 곳 방언으로 듣게 되는 것이 어찌 됨이냐"(4, 8절).

또한 그곳에 모인 모든 사람은 하나님의 강권적인 은혜의 역사로 모두 성령의 충만을 받았습니다. 자기의 언어로 듣게 되는 초자연적인 사건이 일어난 것입니다. 여기에서의 방언은 언어 방언입니다. 이것은 고린도전서 12장에서 이야기한 영적 언어가 아닌 실제로 외국어를 말하는 방언입니다.

즉 오순절 성령 강림 사건은 사람이 계획하고 기대한 방법으로 일어난 것이 아닌 하나님이 개입하시고 직접 행하신 사건인 것입니다. 이재환 선교사는 오순절 성령 강림에 대해 "세계 선교를 향한 하나님의 확실한 의지와 뜻을 보여주는 사건"이라고 이야기합니다.

둘째, 하나님의 섭리적인 뜻이 담겨 있는 사건입니다.

"그때에 경건한 유대인들이 천하 각국으로부터 와서 예루살렘에 머물러 있더니"(5절).

여기에서 그때는 오순절입니다. 유대인의 3대 절기인 유월절, 초실절(오순절), 장막절에 남자들은 예루살렘 성전에 올라가서 제사를 드려야 합니다. 팔레스타인에 사는 유대인뿐만 아니라 디아스포라 유대인들도 예루살렘에 와서 예배를 드렸습니다. 디아스포라 유대인들은 거리상의 이유로 예루살렘에 세 번씩 오지 못하기 때문에 유월절에 와서 오순절까지 체류했습니다.

> "이 소리가 나매 큰 무리가 모여 각각 자기의 방언으로 제자들이 말하는 것을 듣고 소동하여 다 놀라 신기하게 여겨 이르되 보라 이 말하는 사람들이 다 갈릴리 사람이 아니냐 우리가 우리 각 사람이 난 곳 방언으로 듣게 되는 것이 어찌 됨이냐"(6-8절).

하나님의 성령 강림 사건은 오순절에 일어났습니다. 여기에는 흩어져 있던 경건한 유대인들을 통해서 성령의 초자연적인 역사를 목격하게 하여 예수 그리스도를 믿게 할 뿐만 아니라, 그 소문을 통하여 복음을 온 세상에 전파하게 하려는 선교적인 의도가 있습니다. 그래서 디아스포라 유대인들의 출신지를 상세히 언급함으로써 오순절 사건 이후 제자들이 전 세계에 흩어져서 복음을 전하게 될 것을 보여줍니다. 실제로 베드로를 비롯해서 교육 수준이 낮은 갈릴리 출신 제자들이 유창하게 외국어를 말하는 것을 듣고 충격을 받은 디아스포라 유대인들은 베드로의 설교에 귀를 기울이게 되었고 그 결과 하루에 3000명이 믿고 세례를 받게 되었던 것입니다.

또 한 가지 중요한 것은 오순절은 구약에서 하나님께서 율법을 수여하신 날이고, 신약에서는 성령을 보내주신 날로써 모두 하나님의 언약 공동체가 탄생한 날입니다. 이 날 성령을 보내주신 이유는 로마서 8장 3-4절에 잘 기록되어 있습니다.

> "율법이 육신으로 말미암아 연약하여 할 수 없는 그것을 하나님은 하시나니 곧 죄로 말미암아 자기 아들을 죄 있는 육신의 모양으로 보내어 육신에 죄를 정하사, 육신을 따르지 않고 그 영을 따라 행하는 우리에게 율법의 요구가 이루어지게 하려 하심이니라"(롬 8:3-4).

이것은 무슨 뜻입니까? 구약의 언약 공동체는 하나님의 백성이 지켜야 할 법, 율법을 지키지 못했습니다. 그러나 신약의 새 언약 공동체에 속한 자들에게는 성령을 보내주셔서 성령을 좇아 행할 때 하나님의 법/율법을 지킬 수 있도록 하셨고, 또 하나님의 백성처럼 살게 하시려는 의도가 있었던 것입니다. 이런 의미에서 하나님이 오순절을 선택하여 성령을 보내주신 것은 우연의 일치가 아닌 하나님의 오묘한 섭리와 계획이 있었던 것입니다.

셋째, 하나님의 초자연적 역사(방언)가 일어난 사건이지만 부정적인 반응이 있었습니다.

믿음과 회심

> "그레데인과 아라비아인들이라 우리가 다 우리의 각 언어로 하나님의 큰일을 말함을 듣는도다 하고"(11절).

"그 말을 받은 사람들은 세례를 받으매 이날에 신도의 수가 삼천이나 더하더라"(41절).

성령께서 하시는 주된 일/역사는 하나님의 말씀(복음)을 이해하고 믿게 하는 것입니다. 베드로의 설교 결과 3000명이 회심하고 세례를 받은 일은 언어, 문화, 그리고 종교적 편견과 차이를 극복하고 복음을 이해하게 하시는 성령의 역사가 아니면 불가능한 일입니다.

부정적 반응들 - 의혹, 의심, 조롱(비난), 그리고 핍박

"다 놀라 신기하게 여겨 이르되 보라 이 말하는 사람들이 다 갈릴리 사람이 아니냐"(7절).

"또 어떤 이들은 조롱하여 이르되 그들이 새 술에 취하였다 하더라"(13절).

놀라운 성령의 역사, 기적, 능력이 나타날 때는 항상 부정적인 반응도 있습니다. 우리가 성령 충만하여 성령의 능력을 힘입어 복음을 증거할 때에도 반드시 오해, 비난, 핍박하는 자들이 있습니다. 실제로 오늘날 그리스도인들 중에는 분명한 성령의 역사가 나타나고 있음에도 그것을 냉소적으로 말하는 사람들, 문제 삼는 사람들, 그리고 부정하는 사람들이 너무 많습니다.

하루는 대주교가 자기의 서재에서 은 접시와 금 접시를 만지면서 그

용모에 감탄하고 있었습니다. 한참을 그렇게 서 있던 대주교는 곁에 섰던 토마스 아퀴나스에게 말합니다.

"이봐요, 이제는 사도행전 2장에 나오던 베드로와 요한의 기사처럼 '은과 금은 내게 없지만'의 시대는 지난 것 같군요. 그렇지 않아요, 허허."

그러자 토마스 아퀴나스가 곁에 다가서며 심각한 표정으로 말합니다.

"그렇습니다. 그러나 그와 함께, 앉은뱅이를 일으키던 성령의 역사가 있던 시대도 사라졌습니다…."

여러분, 왜 이 시대에 성령의 역사가 나타나지 않습니까? 교회가 성령의 역사를 믿지 않고, 의지하지 않을 뿐만 아니라 사람과 조직을 믿고, 물질을 더 의지하기 때문입니다.

하나님께서는 복음 증거를 위해 성령을 보내주셨습니다. 그러므로 우리는 마가복음 16장의 말씀대로 이 시대에도 복음을 전할 때 성령의 놀라운 은사와 능력의 역사가 일어날 수 있음을 믿어야 합니다. 또한 복음을 전할 때마다 더 적극적으로 성령의 은사를 구하고 성령의 능력이 나타나도록 기도하고 또 기대해야 합니다.

"제자들이 나가 두루 전파할새 주께서 함께 역사하사 그 따르는 표적으로 말씀을 확실히 증언하시니라"(마 16:20).

오늘의 말씀대로 우리가 성령 강림 사건에 담긴 하나님의 섭리적 역사와 의지를 믿는다면 더욱 전도와 선교에 힘써야 합니다. 또한 언제 어디서나 성령의 능력과 역사를 믿고 복음을 전하는 성도와 교회가 될 수 있어야 합니다.

04 베드로의 설교
행: 2:14-41

¹⁴베드로가 열한 사도와 함께 서서 소리를 높여 이르되 유대인들과 예루살렘에 사는 모든 사람들아 이 일을 너희로 알게 할 것이니 내 말에 귀를 기울이라 ¹⁵때가 제삼 시니 너희 생각과 같이 이 사람들이 취한 것이 아니라 ¹⁶이는 곧 선지자 요엘을 통하여 말씀하신 것이니 일렀으되 ¹⁷하나님이 말씀하시기를 말세에 내가 내 영을 모든 육체에 부어 주리니 너희의 자녀들은 예언할 것이요 너희의 젊은이들은 환상을 보고 너희의 늙은이들은 꿈을 꾸리라 ¹⁸그때에 내가 내 영을 내 남종과 여종들에게 부어 주리니 그들이 예언할 것이요 ¹⁹또 내가 위로 하늘에서는 기사를 아래로 땅에서는 징조를 베풀리니 곧 피와 불과 연기로다 ²⁰주의 크고 영화로운 날이 이르기 전에 해가 변하여 어두워지고 달이 변하여 피가 되리라 ²¹누구든지 주의 이름을 부르는 자는 구원을 받으리라 하였느니라 ²²이스라엘 사람들아 이 말을 들으라 너희도 아는 바와 같이 하나님께서 나사렛 예수로 큰 권능과 기사와 표적을 너희 가운데서 베푸사 너희 앞에서 그를 증언하셨느니라 ²³그가 하나님께서 정하신 뜻과 미리 아신 대로 내준 바 되었거늘 너희가 법 없는 자들의 손을 빌려 못 박아 죽였으나 ²⁴하나님께서 그를 사망의 고통에서 풀어 살리셨으니 이는 그가 사망에 매여 있을 수 없었음이라 ²⁵다윗이 그를 가리켜 이르되 내가 항상 내 앞에 계신 주를 뵈었음이여 나로 요동하지 않게 하

기 위하여 그가 내 우편에 계시도다 ^{26}그러므로 내 마음이 기뻐하였고 내 혀도 즐거워하였으며 육체도 희망에 거하리니 ^{27}이는 내 영혼을 음부에 버리지 아니하시며 주의 거룩한 자로 썩음을 당하지 않게 하실 것임이로다 ^{28}주께서 생명의 길을 내게 보이셨으니 주 앞에서 내게 기쁨이 충만하게 하시리로다 하였으므로 ^{29}형제들아 내가 조상 다윗에 대하여 담대히 말할 수 있노니 다윗이 죽어 장사되어 그 묘가 오늘까지 우리 중에 있도다 ^{30}그는 선지자라 하나님이 이미 맹세하사 그 자손 중에서 한 사람을 그 위에 앉게 하리라 하심을 알고 ^{31}미리 본 고로 그리스도의 부활을 말하되 그가 음부에 버림이 되지 않고 그의 육신이 썩음을 당하지 아니하시리라 하더니 ^{32}이 예수를 하나님이 살리신지라 우리가 다 이 일에 증인이로다 ^{33}하나님이 오른손으로 예수를 높이시매 그가 약속하신 성령을 아버지께 받아서 너희가 보고 듣는 이것을 부어 주셨느니라 ^{34}다윗은 하늘에 올라가지 못하였으나 친히 말하여 이르되 주께서 내 주에게 말씀하시기를 ^{35}내가 네 원수로 네 발등상이 되게 하기까지 너는 내 우편에 앉아 있으라 하셨도다 하였으니 ^{36}그런즉 이스라엘 온 집은 확실히 알지니 너희가 십자가에 못 박은 이 예수를 하나님이 주와 그리스도가 되게 하셨느니라 하니라 ^{37}그들이 이 말을 듣고 마음에 찔려 베드로와 다른 사도들에게 물어 이르되 형제들아 우리가 어찌할꼬 하거늘 ^{38}베드로가 이르되 너희가 회개하여 각각 예수 그리스도의 이름으로 세례를 받고 죄 사함을 받으라 그리하면 성령의 선물을 받으리니 ^{39}이 약속은 너희와 너희 자녀와 모든 먼 데 사람 곧 주 우리 하나님이 얼마든지 부르시는 자들에게 하신 것이라 하고 ^{40}또 여러 말로 확증하며 권하여 이르되 너희가 이 패역한 세대에서 구원을 받으라 하니 ⁴¹그 말을 받은 사람들은 세례를 받으매 이 날에 신도의 수가 삼천이나 더하더라

우리는 사도행전을 사도들의 전도/선교행전이라고 이해합니다. 그러나 사도행전 안에는 복음 전파의 장소와 대상에 대한 기록뿐만 아니라 무려 24편의 설교(베드로, 야고보, 스데반, 바울 등)가 기록되어 있습니다. 놀라운 것은 이 설교가 전체 분량의 25%를 차지하고 있다는 것입니다.

사도행전은 왜 이렇게 많은 설교를 기록하고 있습니까? 또한 본문에 나타난 베드로의 설교가 중요한 이유는 무엇입니까?

이 모든 설교가 교회의 기초가 되기 때문입니다. 즉 초대 교회가 믿은 신앙의 내용, 신앙 고백이 설교 안에 있기 때문입니다. 마태복음 16장 16절에서 주님은 교회를 베드로의 신앙 고백 위에 세우신다고 하신 것처럼 여기에 설교의 중요성이 있는 것입니다.

> "시몬 베드로가 대답하여 이르되 주는 그리스도시요 살아계신 하나님의 아들이시니이다"(마 16:16).

첫째, 베드로의 설교는 서론적으로 오순절 사건에 대한 해석을 하고 있습니다.

베드로의 설교는 오순절 사건의 의미를 구약 요엘서 2장의 말씀을 인용하여 설명하고 있습니다. 즉 성령 강림 사건은 우연한 사건이 아니

라 성경에 이미 예언된 것이 이루어진 사건이니 놀라거나 의심할 필요가 없다는 것입니다. 이와 함께 "유대인들과 예루살렘에 사는 모든 사람들아 이 일을 너희로 알게 할 것이니 내 말에 귀를 기울이라"고 권면합니다.

여기서 우리가 생각할 것이 무엇입니까? 어떻게 베드로가 이렇게 담대히 말할 수 있느냐 하는 것입니다. 그의 용기와 담대함, 그리고 설교의 권위는 하나님의 말씀의 확증과 사실성에서 나오는 것입니다. 그러므로 설교자/전도자는 하나님의 말씀의 약속이 실제의 삶과 역사 속에서 그대로 실현되는 것에 대한 확신, 즉 말씀의 확증이 있을 때 담대히 하나님의 말씀을 전할 수 있는 것입니다.

21세기 우리는 많은 자연 재해를 겪고 있습니다. 2004년 인도네시아 쓰나미 사건, 2005년 인도의 카슈미르 대지진, 2008년 미얀마의 태풍 사이클론, 2008년 중국 쓰촨성 대지진, 2010년 아이티 지진, 2011년 일본의 대지진 등 마태복음 24장에서 예수님이 말씀하신 것처럼 재난의 징조들이 나타나고 있는 것입니다. 우리가 하나님 말씀의 사실성, 확증을 가지고 재림의 임박성과 미전도 종족 선교의 중요성을 강조해야 하는 근거가 여기에 있습니다.

둘째, 베드로의 설교의 내용은 무엇입니까? 또한 초대 교회 신앙 고백의 내용은 무엇입니까?

예수 그리스도의 십자가

예수님의 십자가 죽음은 하나님의 정하신 뜻과 계획 속에서 이루어진 것입니다. 구약 창세기부터 계속해서 피의 제사를 통해 예로 보여주신 것이 실제로 그의 십자가 죽음을 통해서 성취되었습니다. 죄인인 우리를 사랑하시는 하나님의 사랑이 십자가 죽음에 나타나 있는 것입니다.

"그가 하나님께서 정하신 뜻과 미리 아신 대로 내준 바 되었거늘 너희가 법 없는 자들의 손을 빌려 못 박아 죽였으나"(23절).

그리스도의 부활

십자가에서 죽으신 예수님은 다윗이 시편 16편에서 예언한대로 무덤 속에 있지 않고 다시 살아나셨습니다. 즉 주님께서 부활하심으로 사망을 정복하셨기 때문에 그리스도를 구주로 믿는 모든 자들은 죽어도 다시 살 수 있게 된 것입니다.

"하나님께서 그를 사망의 고통에서 풀어 살리셨으니 이는 그가 사망에 매여 있을 수 없었음이라"(24절).
"이 예수를 하나님이 살리신지라 우리가 다 이 일에 증인이로다"(32절).

예수의 그리스도와 주 되심

예수가 그리스도, 즉 메시야(하나님의 기름 부음 받은 자)라는 말씀입니다. 주, 즉 LORD(헬, 큐리오스)는 당시 로마의 황제를 부를 때 쓰던 칭호로써, 히브리 사람들은 하나님의 이름을 '여호와' 대신 '아도나이'라고 불렀습니다. 이 '아도나이'의 뜻은 하나님, 주(LORD)로서 예수는 주이시고 하나님이라는 말씀입니다. 왜 베드로가 십자가에 죽으신 예수를 주와 그리스도라고 설교하였습니까? 오늘 우리 믿는 자들과 예수 그리스도와의 관계가 바로 이런 관계이기 때문입니다. 예수님은 우리의 생명의 주인, 우리를 다스리시는 왕/황제, 경배를 받으실 하나님이십니다.

"그런즉 이스라엘 온 집은 확실히 알지니 너희가 십자가에 못 박은 이 예수를 하나님이 주와 그리스도가 되게 하셨느니라 하니라"(36절).

사실 이 세 가지가 기독교 신앙의 핵심입니다. 기독교인은 이 세 가지를 확실히 믿고 고백할 수 있는 사람이어야 합니다. 오순절 성령께서 강림하셨을 때 방언을 한 것이 중요한 것이 아니라 이 세 가지 사실에 대해 믿고 받아들이는 믿음이 중요한 것입니다.

오늘날도 마찬가지입니다. 이 세 가지 사실을 듣는 것, 그리고 아는 것만으로 충분하지 않습니다. 중요한 것은 이 사실을 들을 때, 알게 되었을 때 어떻게 반응하느냐, 그리고 반응했느냐 입니다. 참 그리스도인, 교회는 단지 이 사실을 아는 사람들이 모인 곳이 아닙니다. 이 사실에 대해 알게 되었을 때 본문 37절과 같은 반응을 한 사람들이고 또 그들의 모임입니다.

"그들이 이 말을 듣고 마음에 찔려 베드로와 다른 사도들에게 물어 이르되 형제들아 우리가 어찌할꼬 하거늘 베드로가 이르되 너희가 회개하여 각각 예수 그리스도의 이름으로 세례를 받고 죄 사함을 받으라 그리하면 성령의 선물을 받으리니"(37-38절).

그러나 우리는 어떻습니까? 우리에게도 이와 같은 신앙적 반응과 경험이 있습니까? 진정한 교회의 시작, 참 그리스도인의 삶의 시작은 회개와 결단, '주(큐리오스)' 예수께 대한 헌신(주님을 위해/ 주님 때문에 고난과 손해 볼 각오)으로 시작되어야 합니다. 교회의 간판을 달고, 교인 등록을 하는 것으로 시작하는 것이 아닙니다. 반드시 37절의 경험적 사건이 있어야 그것이 참 교회, 참 그리스도인인 것입니다. 따라서 성령 받은 사람은 방언하는 사람이 아닌 분명한 이 믿음과 결단과 헌신을 한 사람입니다.

1886년에 탄생한 코카콜라는 하루에 전 세계에서 10억 잔이 팔리고 있습니다. 지금까지의 생산량은 1.8미터 깊이에 약 6억 명이 동시에 수영할 수 있는 수영장의 용량보다도 크다고 합니다. 이렇게 유명한 코카콜라가 왜 그렇게 광고를 많이 할까요? 어느 기자의 이 질문에 대한 회장의 대답은 다음과 같습니다. "왜냐하면 아직도 코카콜라를 모르는 아기들이 태어나고 있기 때문에 우리는 계속 광고를 합니다."

우리는 이미 예수를 믿고, 세례도 받고, 직분도 받았습니다. 우리는 교회에서 수천 번의 복음, 즉 예수 그리스도의 십자가와 부활, 그리고 죄 용서에 대해 들었습니다. 그럼에도 우리는 왜 반복해서 복음(그리스도의 십자가와 부활)에 대해 듣고 설교해야 합니까?
복음을 들었지만, 그리고 알고 있지만 아직도 본문 37절과 같은 반응을 하지 못하는 사람들이 있기 때문입니다. 진정한 회개도, 단 한 번의 믿음의 응답도 없이 교회만 나오는 사람들 때문입니다.
또한 세례도 받고, 성령을 받았다고 하지만 우리는 여전히 예수 그리스도를 내 생명의 주인이요, 내 삶을 다스리셔야 할 왕이요, 경배받으셔야 할 하나님으로 모시고 살지 못하기 때문입니다. 즉 우리는 아직도 자기 자신을 위해 살고, 자신을 섬기며 살고 있기 때문입니다.

여러분, 참 그리스도인이 되기 위해, 주님이 의도하신 참 교회가 되기 위해 최우선적으로 필요한 것이 무엇입니까? 또한 성령 받기 위해서 필요한 것이 무엇입니까?

첫째는 복음을 듣는 것이요, 둘째는 그 복음에 대해 진정한 믿음으로 반응하는 것입니다. 진정한 회개와 주 예수 그리스도께 헌신하는 것입니다. 초대 교회의 부흥의 비결이 바로 여기에 있습니다.

"그 말을 받은 사람들은 세례를 받으매 이 날에 신도의 수가 삼천이나 더하더라"(41절).

05

교회의 모델
행: 2:42-47

⁴²그들이 사도의 가르침을 받아 서로 교제하고 떡을 떼며 오로지 기도하기를 힘쓰니라 ⁴³사람마다 두려워하는데 사도들로 말미암아 기사와 표적이 많이 나타나니 ⁴⁴믿는 사람이 다 함께 있어 모든 물건을 서로 통용하고 ⁴⁵또 재산과 소유를 팔아 각 사람의 필요를 따라 나눠주며 ⁴⁶날마다 마음을 같이하여 성전에 모이기를 힘쓰고 집에서 떡을 떼며 기쁨과 순전한 마음으로 음식을 먹고 ⁴⁷하나님을 찬미하며 또 온 백성에게 칭송을 받으니 주께서 구원 받는 사람을 날마다 더하게 하시니라

2011년 동아일보가 처음으로 선정한 '10년 뒤 한국을 빛낼 100인'에서 한국 사회가 가장 본받고 싶은 롤 모델로 이병철 삼성 회장, 정주영 현대 명예 회장, 최종현 SK 그룹 회장이 뽑혔습니다. 이들의 경영 철학은 지금까지도 한국의 기업과 사회에 큰 영향을 미치고 있습니다. 그렇다면 오늘날 수많은 교회가 본받아야 할 교회의 모델은 무엇일까요? 한국의 사랑의교회, 영락교회, 여의도순복음교회, 또한 미국의 윌로크릭교회와 같이 이름이 널리 알려진 대표성이 있는 교회들일까요? 아닙니다. 그것은 바로 초대 예루살렘의 교회입니다. 또한 예루살렘 교회의 모습은 누가복음에 나타난 바로 예수님의 모습입니다(유상섭, 분석 사도

행전, 143). 예루살렘 교회의 이런 모습은 어린 예수님의 모습에서 나타났던 바로 그 모습을 그대로 반영하고 있습니다.

"예수는 그 지혜와 키가 자라가며 하나님과 사람 앞에 더 사랑스러워 가시더라"(눅 2:52).

"하나님을 찬미하며 또 온 백성에게 칭송을 받으니 주께서 구원 받는 사람을 날마다 더하게 하시니라"(행 2:47).

그렇다면 이 예루살렘 교회의 특징은 무엇입니까? 예수님을 닮아가는 건강한 교회가 되려면 무엇이 필요합니까? 우리는 본문 42절과 46절에서 다섯 가지의 답을 찾을 수 있습니다. 우리는 말씀을 배우는 일, 교제하는 일, 떡을 떼는 일, 기도하는 일, 그리고 모이는 일에 힘을 써야 합니다. 여기서 "힘쓰고"라는 말은 devoting themselves(proskarterountes)로써 이 일들에 헌신했다는 뜻입니다.

첫째, 하나님의 말씀을 배우는 일에 힘썼습니다.

여기서 중요한 것은 온 교회가 사도들의 가르침을 받았다는 것입니다. 말씀을 깊이 배우기 원하는 소수의 사람들만이 아니라 성도들 모두가 성경 공부에 힘썼습니다. 정말 놀라운 사실 아닙니까? 그들은 이미 성령 충만을 받고 성령의 은사 체험까지도 한 사람들이었지만 여전히 배우는 일에 힘썼습니다. 게다가 원래 어부 출신으로 불학무식했던 베드로, 요한, 야고보와 같은 사도들이 무엇을 제대로 가르칠 수 있었겠습니까? 그럼에도 불구하고 예루살렘 교회의 교인들은 모두가 그들의 가르침을 겸손히 받았습니다. 이런 모습은 예루살렘 교회만의 모습이 아닌 모든 초대 교회의 공통적인 모습이었습니다. 사도행전 11장과 15장의 안디옥 교회, 18장의 고린도 교회, 20장의 에베소 교회가 모두 그런 교회였습니다.

그러나 오늘날 교회의 현실은 그렇지 않습니다. 많은 사람들이 성령 충만을 받으면 신앙적으로 교만해져서 더 이상 배우려고 하지 않고 또 좀 알면 비판하려고 합니다. 심지어 성령 충만을 받은 사람 가운데 일부는 성경 공부가 필요 없다고 하기도 합니다. 그러나 우리가 잊지 말아야 할 것은 아무리 성령 충만을 받고 성령 체험을 했어도 자신의 주관적 체험과 깨달음을 말씀 공부를 통해 다시 정리하고 확인하여 신학화 할 필요가 있다는 것입니다. 그렇지 않으면 아무리 놀라운 체험과 깨달음이 있어도 시간이 지나면 의심하게 되고 결국 영적 성장에도 아무런 도움이 되지 않습니다.

그러므로 배움의 자세, 말씀 공부에 대한 열심이 있을 때 교회는 내적으로 건강해지고 성장하게 된다는 사실을 우리는 기억해야 합니다. 이런 의미에서 우리는 또한 말씀을 배우는 일에 힘써야 합니다.

둘째, 교제에 힘썼습니다.

본문에서 말하는 교제는 밥을 먹고 떡을 함께 나누는 친교가 아닙니다. 원문을 직역하면 "그 교제"는 "테 코이노니아"로서 "그 공유"라는 뜻입니다. 즉 교제는 공유(sharing)하는 것으로써 성령 안에서의 교제와 교통을 말합니다. 예루살렘 교회는 오순절 날 임하신 성령을 모두가 함께 받고 성령 중심의 공동체를 이루는 삶을 살게 되었습니다. 또한 성령이 인도하시고 성령의 뜻에 따라 움직이는, 항상 성령에 의지하는 공동체를 이루기 위해 힘썼습니다.

그러므로 주님이 원하시는 교회, 그리스도를 닮아가는 건강한 교회가 되려면 인간적인 생각이나 경험의 공유가 아닌, 성령의 나눔과 교통이 있는 교회가 되어야 합니다. 소위 교인들만 많이 모이는 교회가 아닌, 성령 받은 사람들이 모이는, 성령의 인도하심을 받고자 하는 사람들이 모이는 예루살렘 교회와 같은 교회가 되어야 하는 것입니다.

셋째, 서로 떡을 떼는 일에 힘썼습니다.

떡을 뗀다는 말은 두 가지, 즉 성찬과 애찬(식탁의 교제)을 의미합니다. 그 당시 교회는 주로 가정 교회였습니다. 그들은 가정 교회에 모일 때 서로 음식을 나누어 먹는 식탁의 교제뿐 아니라 성찬식도 거행했습니다.
그러므로 우리가 사도행전적 교회가 되기 위해서는 기도회 모임이나 선교회 모임과 같은 소그룹 모임에서도 성찬의 떡을 떼는 일이 필요합니다. 이를 통해 우리 모두가 예수 그리스도의 공동체에 속한 것을 인식할 수 있습니다. 또한 좀 더 진지한 사랑이 넘치는 식탁의 교제를 나눌 수 있어야 합니다. 한 가족처럼 기쁨과 사랑이 넘치는 애찬의 나눔이 있어야 합니다.

넷째, 기도에 힘썼습니다.

① 교회의 각종 기도에 헌신했습니다.

　본문에서 기도는 복수로 표현되어 있습니다. 이것은 예루살렘 교회가 모든 기도에 힘썼다는 것을 의미합니다. 그러므로 우리도 예루살렘 교회를 본받기 위해서는 개인 기도 시간이나 어떤 한 기도 사역에만 힘쓰는 것이 아닌 모든 기도에 힘써야 합니다. 새벽 기도, 중보 기도, 금식 기도, 철야 기도, 선교 기도, 학부모 기도 등과 같은 모든 기도에 열심을 내어야 합니다.

② 기도를 쉬지 않고 계속했습니다.

　본문을 원어로 보면 기도란 단어 앞에 정관사가 붙어 있습니다. 이것의 의미는 무엇입니까? 마가 다락방의 기도 모임을 말합니다.

　마가 다락방의 기도는 정말 놀랍고 우리에게 큰 도전을 주는 사건입니다. 처음 120명으로 합심하여 시작한 기도 모임이 3000명의 교인이 되었는데도 계속되었기 때문입니다. 대개 교회의 개척 단계에서는 열심히 기도하는데 교회가 성장하고, 성도 수가 늘어나면 기도에 소홀해지는 경우가 많습니다. 왜 그렇습니까? 기도를 교회의 성장 수단으로 생각하기 때문입니다. 초대 예루살렘 교회는 수적인 성장과 함께 기도의 열심, 기도 사역도 함께 증가했습니다. 성도의 수가 증가하면서 기도하는 사람의 수도 증가했다는 이야기입니다. 왜냐하면 그들에게 기도는 교회의 본질이었기 때문입니다.

　한국 교회의 통계를 보면 새벽 기도에 나오는 교인을 십일조 교인이라고 합니다. 새벽 기도에 나오는 교인이 전체의 10%밖에 안 된다는 말입니다. 그러나 기도가 신앙생활의 본질인 것을 알면 우리는 기도 생활을 소홀히 할 수 없습니다. 하나님의 임재를 구하고 여호와를 찾는 성도와 교회는 반드시 형통하고 부흥합니다. 이것은 예루살렘 교회와 같이 기도에 힘쓰는 교회가 될 때 가능합니다.

다섯째, 모이기를 힘썼습니다.

"날마다 마음을 같이 하여 성전에 모이기를 힘쓰고 집에서 떡을 떼며 기쁨과 순전한 마음으로 음식을 먹고"(46절).

예루살렘 교회는 말씀을 배우고, 교제하며, 떡을 떼고, 기도하기 위해 성전과 가정에서 모이기를 힘썼습니다. 화목(firewoods)을 모아야 화력이 세어지고, 빛을 모아야 강철도 뚫듯이 우리도 모여야 힘이 생깁니다. 그리고 잘 모이는 교회가 큰일도 감당할 수 있습니다. 성령은 모임 중에 임재하시고 모임을 통하여 역사합니다. 그러므로 성령 충만한 교회는 잘 모이는 교회입니다. 성령 충만한 교인은 모든 집회, 즉 예배, 성경 공부, 기도회, 친목회를 사모하는 사람입니다.

주일 하루 겨우 모이는 교회는 점점 은혜와 사역의 열기가 식어지게 됩니다. 개인도 마찬가지입니다. 과거에 큰 은혜의 체험이 있고, 직분을 받았어도 세상살이, 세상의 모임 때문에 교회의 집회에 무관심하고 소홀하면 결국 신앙의 생기를 잃고 영적으로 병들게 됩니다. 개인의 경건 연습이 있어도 교회 안에 경건 훈련이 없다면 쉽게 시험에 빠지게 됩니다.

무엇보다 초대 예루살렘 교회처럼 하나님 앞과 사람들 앞에 칭찬받는 모범적인 교회가 되려면 무엇보다 모이기에 힘쓰는 교회가 되어야 합니다. 사도행전의 교회는 오늘날 모든 교회의 모델입니다. 오순절 성령 강림을 경험한 교회이고, 성령 충만한 사도들이 목회한 교회이고, 수많은 순교자들을 배출한 교회입니다. 또한 세계 선교를 위해서 성령님께서 사용하신 교회입니다.

그러므로 오늘날 우리도 성령님께 쓰임 받는 교회, 선교하는 교회, 더욱 부흥하는 교회가 되기 위해서 힘써야 합니다. 사도행전 2장의 교회처럼 5가지(말씀 공부, 교제, 떡을 뗌, 기도, 모임에 힘씀)에 헌신하는 교회가 되어서 하나님과 사람들 앞에 칭송을 받으며 날마다 구원 받는 자의 수가 더하는 교회가 되기를 소원합니다.

06 사도들이 행한 첫 번째 이적
행: 3:1-16

¹제 구 시 기도 시간에 베드로와 요한이 성전에 올라갈새 ²나면서 못 걷게 된 이를 사람들이 메고 오니 이는 성전에 들어가는 사람들에게 구걸하기 위하여 날마다 미문이라는 성전 문에 두는 자라 ³그가 베드로와 요한이 성전에 들어가려 함을 보고 구걸하거늘 ⁴베드로가 요한과 더불어 주목하여 이르되 우리를 보라 하니 ⁵그가 그들에게서 무엇을 얻을까 하여 바라보거늘 ⁶베드로가 이르되 은과 금은 내게 없거니와 내게 있는 이것을 네게 주노니 나사렛 예수 그리스도의 이름으로 일어나 걸으라 하고 ⁷오른손을 잡아 일으키니 발과 발목이 곧 힘을 얻고 ⁸뛰어 서서 걸으며 그들과 함께 성전으로 들어가면서 걷기도 하고 뛰기도 하며 하나님을 찬송하니 ⁹모든 백성이 그 걷는 것과 하나님을 찬송함을 보고 ¹⁰그가 본래 성전 미문에 앉아 구걸하던 사람인 줄 알고 그에게 일어난 일로 인하여 심히 놀랍게 여기며 놀라니라 ¹¹나은 사람이 베드로와 요한을 붙잡으니 모든 백성이 크게 놀라며 달려 나아가 솔로몬의 행각이라 불리우는 행각에 모이거늘 ¹²베드로가 이것을 보고 백성에게 말하되 이스라엘 사람들아 이 일을 왜 놀랍게 여기느냐 우리 개인의 권능과 경건으로 이 사람을 걷게 한 것처럼 왜 우리를 주목하느냐 ¹³아브라함과 이삭과 야곱의 하나님 곧 우리 조상의 하나님이 그의 종 예수를 영화롭게 하셨느니라 너희가 그를 넘겨주고 빌라도가 놓아주기로 결의한 것을

너희가 그 앞에서 거부하였으니 [14] 너희가 거룩하고 의로운 이를 거부하고 도리어 살인한 사람을 놓아주기를 구하여 [15] 생명의 주를 죽였도다 그러나 하나님이 죽은 자 가운데서 그를 살리셨으니 우리가 이 일에 증인이라 [16] 그 이름을 믿으므로 그 이름이 너희가 보고 아는 이 사람을 성하게 하였나니 예수로 말미암아 난 믿음이 너희 모든 사람 앞에서 이같이 완전히 낫게 하였느니라

유대인들에게 구제, 금식, 기도는 경건의 필수 요소입니다. 특히 기도는 율법에 따라 하루에 세 번(9시, 정오, 3시) 규칙적으로 하게 되어 있습니다. 사도 베드로와 요한도 이러한 유대인의 경건 습관을 따라 제 9시 기도 시간에 성전에 올라갑니다. 기도하기 위해 올라간 성전에서 이들은 앉은뱅이를 일으킵니다. 사도행전에 기록된 이 사건은 오순절 이후 사도들이 행한 첫 번째 이적으로 매우 중요한 신학적 의미를 갖는 사건입니다.

베드로와 요한은 어떻게 이적을 행할 수 있었습니까? 또 이 이적 사건의 의미는 무엇입니까?

1. 성령님의 감동에 민감하게 순종했기 때문에 일어난 사건입니다.

우리는 병 고침과 같은 이적이 일어날 때 그 사람에게 특별한 치유의 능력과 은사가 있다고 생각하는 경향이 있습니다. 본문의 경우도 마찬가지입니다. 사도 베드로와 요한이 오순절 다락방에서 성령 세례를 받았기 때문에 또 항상 기도하는 사람들이었기 때문에 이적을 행할 수 있

었다고 생각합니다.

그러나 그것은 사실이 아닙니다. 왜냐하면 12절에서 베드로는 "이 일은 우리 개인의 권능과 경건으로 일어난 일이 아니라고", 즉 "내가 한 일이 아니라고" 분명히 말하고 있기 때문입니다.

① 어떻게 이런 일이 일어날 수 있었습니까?

그것은 성전 미문의 앉은뱅이를 볼 때 그들의 마음과 생각 속에서 역사하시는 성령의 감동에 민감하게 순종했기 때문입니다. 이전에도 성전에 기도하러 갈 때 늘 보던 앉은뱅이였습니다. 그때는 아무런 감동도 긍휼히 여기는 마음도 생기지 않았습니다. 그러나 그 날 그 시간 성령님께서 그들의 마음속에 나사렛 예수의 이름으로 명령하여 그를 일으키라는 감동을 주신 것입니다. 베드로와 요한이 그 감동을 무시하지 않고 담대히 순종했기 때문에 부활하신 예수의 영이신 성령님께서 그들을 통해 이적의 역사를 일으키신 것입니다.

② 그렇다면 성령 충만하지 않고, 규칙적으로 기도하지 않아도 이런 일이 일어날 수 있을까요?

물론 일어날 수 있습니다. 왜냐하면 그것은 하나님의 주권에 속한 일이기 때문입니다. 그러나 성령 충만한 것과 시간을 정해 기도하는 것은 중요합니다. 성령 충만하고 습관을 따라 기도하는 사람만이 우리 안에서 감동하시고 역사하시는 성령님을 민감하게 느낄 수 있기 때문입니다. 그리고 그 성령님께 담대히 순종할 수 있습니다.

베드로는 사도행장 10장에서 이방인 고넬료의 가정에 보냄을 받을 때에도 제 육시 기도 시간에 지붕에 올라가 기도하고 있었습니다. 이때 베드로는 환상을 보고, 또 성령님의 음성을 듣고 순종하여 고넬료의 가정에 가게 됩니다. 이처럼 성령님께 민감하게 반응하고 순종하기 위해서는 경건의 습관, 규칙적인 기도 생활이 중요합니다. 성령님께서는 규칙적으로 시간을 정하여 기도하는 그 시간에, 그리고 그 사람을 통해서 일하시길 기뻐하십니다. 그 일이 일어난 것도 베드로가 그 시간 그곳에서 그에게 말씀하시고 역사하신 성령님의 감동하심에 순종했기 때문입니다.

이적은 어떤 한 개인의 경건과 능력으로 이루어지는 것이 아닙니다. 그래서 누구도 이적 사건이 일어날 때 하나님이 받으실 영광을 대신 취해서는 안 되는 것입니다. 능력은 하나님께로부터 오는 것이지 우리 안에서 나오는 것이 아님을 모두 기억하시기 바랍니다.

> "뛰어 서서 걸으며 그들과 함께 성전으로 들어가면서 걷기도 하고 뛰기도 하며 하나님을 찬송하니 모든 백성이 그 걷는 것과 하나님을 찬송함을 보고"(8, 9절).

2. 이 이적 사건의 의미는 무엇입니까?
왜 이 사건이 일어났고, 또 사도행전 3장에 기록하고 있습니까?

이 사건의 의미와 중요성은 처음 교회가 설립 될 때 일어났다는데 있습니다. 누구 한 사람의 믿음을 위해서도 아니고 어떤 개인의 호기심을 만족시키기 위해서도 아닙니다. 그것은 부활하신 예수 그리스도께서 우리 가운데 역사하신다는 사실을 증명하기 위해서, 즉 부활하신 그분은 지금도 살아계셔서 하나님의 교회를 통해 그가 행하신 일을 동일하게 행하고 계신다는 사실을 나타내기 위한 것입니다. 베드로의 설교로 하루에 3천 명이 회개하고 세례를 받은 후에 그들이 성전과 가정에서 모이고 있던 바로 그때(3장) 이 이적 사건을 일으키신 이유가 바로 여기에 있습니다.

여러분은 부활하신 주님이 지금도 살아계셔서 우리와 함께 계시고, 우리, 즉 교회를 통해서 지금도 동일하게 일하시기 원하신다는 사실을 믿습니까? 우리는 본문의 이적 사건을 통해서 주님이 지금도 교회를 통해 그가 지상에서 하셨던 것처럼 천국 복음을 전파하시고, 가르치시고, 병자를 치유하기를 원하시고, 또 하실 수 있음을 믿어야 합니다.

참 교회는 부활하신 주님의 손과 발, 입이 되어서 주님이 하신 일을 할 뿐만 아니라 또 할 수 있는 교회입니다. 초대 사도행전의 교회가 바로 그런 교회였습니다. 그러므로 우리가 부활하여 지금도 우리와 함께하시는 예수의 이름을 믿고 반응할 수 있다면 앉은뱅이와 같은 내 몸, 내 가정, 내 사업, 내 인생에도 이와 같은 놀라운 주님의 능력이 나타날 수 있습니다(16절). 이러한 놀라운 기적의 역사가 하나님의 교회를 통해 계속해서 나타나기를 바랍니다. 또한 우리의 삶 가운데 나타나서 하나님께 영광을 돌려드리는 은혜가 교회와 우리들 개개인의 삶 가운데 넘쳐나기를 소원합니다.

07

회개하고 돌이키라
행: 3:17-26

[17]형제들아 너희가 알지 못하여서 그리하였으며 너희 관리들도 그리한 줄 아노라 [18]그러나 하나님이 모든 선지자의 입을 통하여 자기의 그리스도께서 고난받으실 일을 미리 알게 하신 것을 이와 같이 이루셨느니라 [19]그러므로 너희가 회개하고 돌이켜 너희 죄 없이 함을 받으라 이같이 하면 새롭게 되는 날이 주 앞으로부터 이를 것이요 [20]또 주께서 너희를 위하여 예정하신 그리스도 곧 예수를 보내시리니 [21]하나님이 영원 전부터 거룩한 선지자들의 입을 통하여 말씀하신 바 만물을 회복하실 때까지는 하늘이 마땅히 그를 받아 두리라 [22]모세가 말하되 주 하나님이 너희를 위하여 너희 형제 가운데서 나 같은 선지자 하나를 세울 것이니 너희가 무엇이든지 그의 모든 말을 들을 것이라 [23]누구든지 그 선지자의 말을 듣지 아니하는 자는 백성 중에서 멸망 받으리라 하였고 [24]또한 사무엘 때부터 이어 말한 모든 선지자도 이때를 가리켜 말하였느니라 [25]너희는 선지자들의 자손이요 또 하나님이 너희 조상과 더불어 세우신 언약의 자손이라 아브라함에게 이르시기를 땅 위의 모든 족속이 너의 씨로 말미암아 복을 받으리라 하셨으니 [26]하나님이 그 종을 세워 복 주시려고 너희에게 먼저 보내사 너희로 하여금 돌이켜 각각 그 악함을 버리게 하셨느니라

한국의 신용카드 부채액이 1500조원을 초과했습니다. 한국뿐 아니라 미국의 금융 위기와 유럽의 재정 위기 등 전 세계가 심각한 경제 위기를 맞고 있습니다. 이 경제 위기의 해결책은 무엇일까요?『불편한 경제학』의 저자 임마뉴엘 시에즈는 세계 경제 위기의 해결책으로 누진세(예: 미국의 버핏세) 제도의 강화를 통한 균형 있는 소득 재분배를 제시합니다. 왜냐하면 경제 위기의 원인은 낮은 소득 재분배 기능으로 인한 소득의 불균형 확대 때문이라는 것입니다. 때문에 유효 수요가 부족하게 되어 개인과 국가의 부채가 증가하고, 그 결과로 개인과 국가 모두 신용 위기에 놓이게 된 것입니다.

인간의 삶에서 가장 심각한 문제는 무엇입니까? 죽음의 문제가 아닙니까? 그렇다면 죽음의 원인은 무엇입니까? 바로 죄입니다. 따라서 인간이 삶에서 직면한 가장 심각한 문제는 죄의 문제입니다. 오늘 본문에서 베드로는 성전 미문의 앉은뱅이 된 자를 일으킨 이적 후에 설교를 합니다. 이 설교의 결론은 "회개하고 돌이키라 그리하면 새롭게 되는 날이 이를 것이다"입니다. 베드로는 생명의 주이신 예수 그리스도를 거부하고 죽인 유대인의 죄 문제에 대한 해결책으로 회개하라고 설교합니다.

그렇다면 모든 죄 문제, 불신앙에 대한 해결책은 무엇입니까?

즉 유대인뿐 아니라 예수님을 부인하고 거절하고 믿지 않은 사람들이 죄를 용서받기 위해서는 어떻게 해야 합니까?

첫째, 불신앙과 죄의 원인을 깨달아야 합니다.

왜 그리스도를 거절하고 핍박합니까? 사람들은 모르기 때문에, 즉 영적무지 때문에 믿지 못하고 또 죄를 짓습니다. 유대인들은 예수님이 누구신지 몰랐기 때문에 그를 거절하고 십자가에 못 박았습니다. 바울이 교회와 그리스도를 핍박했던 이유도 영적 무지 때문입니다.

"형제들아 너희가 알지 못하여서 그리하였으며 너희 관리들도 그리한 줄 아노라"(17절).

"내가 전에는 비방자요 박해자요 폭행자였으나 도리어 긍휼을 입은 것은 내가 믿지 아니할 때에 알지 못하고 행하였음이라"(딤전 1:13).

그러므로 먼저 죄의 원인과 불신앙의 이유가 무엇인지 알아야 회개할 수 있습니다. 따라서 보고 듣는 것이 중요합니다. 깨닫게 하시는 은혜, 성령의 감동이 중요힙니다. 본문 22절 이하에서 베드로가 모세와 사무엘 선지자의 예언, 아브라함의 언약, 즉 구약 이스라엘 역사에 대해 이야기하는 것은 예수 그리스도를 설명하기 위한 것입니다. 또한 앉은뱅이를 일으키신 이적 사건의 이유도 그들로 깨닫게 하기 위함입니다. 이적 사건을 통해 십자가에서 죽으시고 부활하신 그리스도가 오늘도 우리와 함께 하심을 믿고 깨닫게 하시는 것입니다. 그래서 하나님 앞에서 겸비하고 경외한 모습으로 살게 하시는 것입니다.

둘째, 회개하고 돌이켜야 합니다.

"그러므로 너희가 회개하고 돌이켜 너희 죄 없이 함을 받으라 이같이 하면 새롭게 되는 날이 주 앞으로부터 이를 것이요"(19절).

그럼 회개가 무엇입니까? 회개는 어떻게 해야 합니까?

회개는 헬라어로 '메타노이아'로서 마음과 생각의 변화, 그리고 인생의 목적의 변화를 말합니다. 히브리어로는 '슈브' 돌아간다는 말입니다. 즉 세상으로부터 돌아서서 하나님께로 돌아가는 것입니다. 방향 전환을 의미합니다. 마태복음 21장 28-31절에서의 둘째 아들과 같이 회개는 뉘우치고 생각과 행동을 변화시키는 것을 말합니다.

"그러나 너희 생각에는 어떠하냐 어떤 사람에게 두 아들이 있는데 맏아들에게 가서 이르되 얘 오늘 포도원에 가서 일하라 하니 대답하여 이르되 아버지 가겠나이다 하더니 가지 아니하고 둘째 아들에게 가서 또 그와 같이 말하니 대답하여 이르되 싫소이다 하였다가 그 후에 뉘우치고 갔으니 그 둘 중의 누가 아버지의 뜻대로 하였느냐 이르되 둘째 아들이니이다 예수께서 그들에게 이르시되 내가 진실로 너희에게 이르노니 세리들과 창녀들이 너희보다 먼저 하나님의 나라에 들어가리라"(마 21:28-31).

회개의 핵심

1. 죄의 자백 - 나의 죄악을 인정하고 시인해야 합니다.
2. 하나님의 긍휼하심(죄의 용서)을 구해야 합니다.
3. 행동과 태도의 변화 - 완전히 180도 돌아서야 합니다.

셋째, 회개의 결과는 무엇입니까?

"그러므로 너희가 회개하고 돌이켜 너희 죄 없이 함을 받으라 이같이 하면 새롭게 되는 날이 주 앞으로부터 이를 것이요"(19절).

회개하면 죄 용서함을 받고 죄 씻음을 받아 새롭게 됩니다. 헬라어로는 아나(again)와 프케오스(breathe)가 합쳐진 유쾌하게 된다(refreshign) 라는 의미입니다. 또 '다시 숨을 내쉬다'라는 뜻으로 새로운 생명으로 재창조 된다는 의미입니다. 회개할 때 거듭남의 역사가 일어나고 새로운 피조물이 되는 것입니다. 새로운 피조물의 삶은 회개할 때 시작됩니다.

"여호와 하나님이 땅의 흙으로 사람을 지으시고 생기를 그 코에 불어넣으시니 사람이 생령이 되니라"(창 2:7).

넷째, 회개한 후 새롭게 된(새 피조물) 삶의 특징은 무엇입니까?

① 자유함/유쾌함(refreshing)입니다.
과거, 죄책감, 죄의 형벌과 심판의 두려움으로부터의 자유함을 누립니다. 또한 이 세상으로부터의 자유함을 누립니다. 왜냐하면 새 피조물로서 그리스도의 재림과 천국의 소망 가운데 살기 때문입니다.

"또 주께서 너희를 위하여 예정하신 그리스도 곧 예수를 보내시리니 하나님이 영원 전부터 거룩한 선지자들의 입을 통하여 말씀하신 바 만물을 회복하실 때까지는 하늘이 마땅히 그를 받아 두리라"(20, 21절)

대가 리스트에 대한 유명한 이야기가 있습니다. 유명한 작곡가 리스트가 독일의 작은 마을을 방문하게 되었습니다. 그 마을에는 무명의 피아니스트 하나가 있었는데, 이 아가씨가 피아노 독주회를 하게 되었습니다. 광고를 붙이고 신문에도 내며 야단이었습니다.

"아무개가 피아노 독주회를 가집니다. 그리고 그는 리스트의 제자입니다."

사실 그 아가씨는 리스트의 제자가 아니었음에도 불구하고 리스트의 이름을 판 것입니다. 그런데 독주회 하기 바로 전날 큰 일이 일어났습니다. 리스트가 이 마을을 방문한 것입니다. 이 여자는 리스트의 얼굴도 본 적이 없는 사람이었습니다. 그래서 이 피아니스트는 그것을 알고 깜짝 놀랐습니다.

"이 일을 어쩐다! 리스트가 여기 왔으니 난 이제 죽었다."

그래서 리스트의 숙소에 찾아가서 무릎을 꿇고 빌었습니다.

"저는 고아 출신으로 혼자서 피아노를 배웠고, 이제 독주회를 가지려고 하는 때에 선생님의 고귀한 이름을 이렇게 도용하고 선생님의 제자라고 광고를 했습니다. 죽을 죄를 지었습니다." 그녀는 소리 높여 울며 회개를 했습니다. 그러자 리스트가 껄껄 웃으면서 말했습니다.

"큰 실수를 했구먼요. 그러나 누구나 실수는 한답니다. 이리로 오세요. 피아노에 앉아서 한 곡을 치세요." 그래서 잠깐 피아노를 쳤습니다. 리스트는 말했습니다.

"여기 이렇게, 이렇게 조금 달리했으면 좋겠어요." 하면서 즉석에서 몇 가지를 가르쳐 주었습니다. 그리고 그는 이렇게 말했습니다.

"분명히 내가 당신을 가르쳤습니다. 그런고로 이제 당신은 분명히 내 제자입니다. 떳떳하게 나는 리스트의 제자라고 말하세요. 그 뿐 아니라 내가 그 연주회에 참석하겠는데 '마지막 곡은 제 스승 되시는 리스트 선생께서 하시겠습니다.'라고 말하세요. 제가 한 곡 쳐드리겠습니다."

그러니 얼마나 감격했겠습니까? 무명의 피아니스트 아가씨는 거기서 눈물을 흘리고 진정으로 회개합니다. 이런 회개가 진짜입니다. 회개했을 때 우리가 느끼게 되는 자유함과 유쾌함이 바로 이것입니다.

② 새로운 피조물(recreation/new creature)의 삶입니다.

"그가 모든 사람을 대신하여 죽으심은 살아 있는 자들로 하여금 다시는 그들 자신을 위하여 살지 않고 오직 그들을 대신하여 죽었다가 다시 살아나신 이를 위하여 살게 하려 함이라 그러므로 우리가 이제부터는 어떤 사람도 육신을 따라 알지 아니하노라 비록 우리가 그리스도도 육신을 따라 알았으나 이제부터는 그같이 알지 아니하노라 그런즉 누구든지 그리스도 안에 있으면 새로운 피조물이라 이전 것은 지나갔으니 보라 새 것이 되었도다"(고후 5:15-17).

새로운 피조물, 거듭난 사람은 더 이상 자신을 위해서 살지 않고 오직 예수 그리스도를 위해 사는 사람입니다. 회개는 죄 씻음만이 아니라 주인이 바뀌는 것입니다. 이것이 진정한 회개의 결과입니다. 이런 진정한 회개의 역사가 우리의 삶에서 나타나야 하며, 예수 그리스도가 우리 인생의 주인이 되어야 합니다.

"누구든지 주의 이름을 부르는 자는 구원을 받으리라"(행 2:21).

이기풍 목사는 평양에서 소문난 깡패로서 장대현교회를 때려부수고, 마포삼열 선교사의 턱을 돌맹이를 던져서 깨뜨려버린 사람이었습니다. 이런 망나니가 청일 전쟁을 통해서 하나님의 부르심을 받았습니다.

"기풍아, 기풍아, 왜 나를 핍박하느냐? 너는 나의 증인이 될 사람이다."

그는 이후 변화되어 초대 한국 기독교 7인의 목사 중 한 분이 되셨습니다. 후에 그는 제주도에 선교사로 파송되어 죽을 각오를 하고 복음을 전파하였습니다. 그 결과 대원군의 천주교 탄압으로 인해서 피폐해 질 대로 피폐해진 제주도에 복음이 전파되게 되었습니다. 이기풍 목사는 1942년 신사 참배를 거절한 죄로 옥고를 치르다가 쇠약해진 몸으로 순교하였습니다.

여러분의 삶은 지금 어떻습니까? 정말 자유함이 있습니까? 뉴 라이프, 변화된 삶, 새로운 피조물의 삶을 살고 있습니까?

분명한 것은 예수 그리스도, 그분이 누구신지 분명히 알고 자신의 지나간 과거의 모든 죄를 회개하고 인생의 방향 전환을 하기 전에는 절대 이런 삶(참 그리스도인의 삶)을 시작할 수가 없다는 것입니다.

그러므로 혹시 그런 분이 있다면 이 말씀을 통해 예수 그리스도는 우리 죄를 위해 죽으실 뿐 아니라 다시 사신 우리의 생명의 주가 되심을 믿으시기 바랍니다. 또한 과거의 모든 죄와 잘못을 회개하고 하나님께로 돌아오시는 은혜의 결단을 하시기 바랍니다.

08
(1) 성령 충만한 사람
행: 4:1-12

¹사도들이 백성에게 말할 때에 제사장들과 성전 맡은 자와 사두개인들이 이르러 ²예수 안에 죽은 자의 부활이 있다고 백성을 가르치고 전함을 싫어하여 ³그들을 잡으매 날이 이미 저물었으므로 이튿날까지 가두었으나 ⁴말씀을 들은 사람 중에 믿는 자가 많으니 남자의 수가 약 오천이나 되었더라 ⁵이튿날 관리들과 장로들과 서기관들이 예루살렘에 모였는데 ⁶대제사장 안나스와 가야바와 요한과 알렉산더와 및 대제사장의 문중이 다 참여하여 ⁷사도들을 가운데 세우고 묻되 너희가 무슨 권세와 누구의 이름으로 이 일을 행하였느냐 ⁸이에 베드로가 성령이 충만하여 이르되 백성의 관리들과 장로들아 ⁹만일 병자에게 행한 착한 일에 대하여 이 사람이 어떻게 구원을 받았느냐고 오늘 우리에게 질문한다면 ¹⁰너희와 모든 이스라엘 백성들은 알라 너희가 십자가에 못 박고 하나님이 죽은 자 가운데서 살리신 나사렛 예수 그리스도의 이름으로 이 사람이 건강하게 되어 너희 앞에 섰느니라 ¹¹이 예수는 너희 건축자들의 버린 돌로서 집 모퉁이의 머릿돌이 되었느니라 ¹²다른 이로써는 구원을 받을 수 없나니 천하 사람 중에 구원을 받을 만한 다른 이름을 우리에게 주신 일이 없음이라 하였더라

흔히 세상 사람들은 기독교인들을 "교양이 없다", "개독교인"이라고 부르곤 합니다. 교양 있는 사람은 어떤 사람입니까? 사회생활에 필요한 보편타당한 기본 가치관과 상식을 갖추고 문화, 예술, 철학에 대한 최소한의 기본 소양을 체득한 사람입니다.

무규칙 이종 예술가 김형태 씨는 이렇게 말합니다. "교양이 없다는 것은 단순히 윗사람에 대해 예의가 없거나 공중도덕 의식이 떨어진다는 것 이상의 중대한 문화적 몰이해와 몰상식을 말한다." 즉 교양이 없다는 말은 상대적인 세대 간, 민족 간, 타 문화 간의 차이를 인정하지도 않고 이해하려고 하지도 않는 몰상식, 몰이해를 말한다는 것입니다.

그런데 중요한 것은 우리 그리스도인들이 "교양이 없다"는 말을 혹 들을 수 있어도 "성령 충만하다"는 말은 반드시 들을 수 있어야 한다는 것입니다. 왜 그렇습니까? 성령 충만은 하나님의 뜻이기 때문입니다.

그렇다면 성령 충만이 무엇입니까? 성령 충만은 성령에 붙들리는 것, 성령께 100% 사로잡히는 것, 지배를 받는 것을 말합니다. 바울은 에베소서 5장 18-21절에서 성령 충만이 다음과 같이 현상적으로 나타난다고 말합니다.

> "술 취하지 말라 이는 방탕한 것이니 오직 성령으로 충만함을 받으라 시와 찬송과 신령한 노래들로 서로 화답하며 너희의 마음으로 주께 노래하며 찬송하며 범사에 우리 주 예수 그리스도의 이름으로 항상 아버지 하나님께 감사하며 그리스도를 경외함으로 피차 복종하라"(엡 5:18-21).

> **성령 충만의 현상(엡 5:18-21)**
> 1. 시와 찬송과 신령한 노래들로 찬양함
> 2. 범사에 하나님께 감사함
> 3. 서로 복종함 - 아내와 남편, 자녀와 부모, 종과 주인의 관계

성령 충만이 반드시 은사적인 것은 아닙니다. 즉 방언을 말하고 예언을 하고 환상을 보는 것만을 성령 충만이라고 오해하면 안 됩니다.

그렇다면 본문과 사도행전에서 누가가 말하는 성령 충만은 어떤 것입니까?

첫째, 십자가에 죽으시고 부활하신 예수 그리스도의 이름을 높이는 것입니다.

> "만일 병자에게 행한 착한 일에 대하여 이 사람이 어떻게 구원을 받았느냐고 오늘 우리에게 질문한다면 너희와 모든 이스라엘 백성들은 알라 너희가 십자가에 못 박고 하나님이 죽은 자 가운데서 살리신 나사렛 예수 그리스도의 이름으로 이 사람이 건강하게 되어 너희 앞에 섰느니라"(9, 10절).

병자를 치유하여 일으킨 베드로는 모든 영광을 예수 그리스도께 돌리고 있습니다. 그런데 베드로가 말하는 예수 그리스도는 어떤 분입니까? 10절 '나사렛 예수 그리스도의 이름으로'에서 나사렛은 세상 사람들이 모두 무시하고 천하게 여기는 출신을 말합니다. 즉 예수님은 십자가에 못 박힌 분, 저주받은 분, 비천한 분이셨습니다. 세상 사람들은 누구

도 인정 하지 않고 존경받을 수 없는 사람이지만 성령 충만을 받은 베드로는 그분을 높이고 영화롭게 하고 있는 것입니다.

사실 주님이 잡히시던 밤에 베드로는 예수님을 3번씩 부인하고 저주했습니다. 그러나 오순절 성령이 임하시고 성령으로 충만함을 받은 베드로는 완전히 다른 모습을 보여줍니다.

베드로가 어떻게 그렇게 할 수 있었습니까? 그것은 이미 부활하신 예수 그리스도를 정말 만났기 때문입니다. 그분 안에 있는 능력과 가치를 발견했기 때문입니다.

위대한 성가를 많이 작곡했던 조셉 하이든(Joseph Hyden)의 일화입니다. 하이든이 작곡한 곡 중에 '천지 창조'는 성경의 창세기와 요한 밀턴(Johon Milton)의 『실락원』에 근거해서 작곡한 곡입니다. 이 곡이 비엔나에서 첫 공연 되던 날이었습니다. 그때 하이든은 몸이 너무 아파서 이 위대한 곡이 공연될 때 환자로서 발코니에 앉아 있게 되었습니다. 그 날 지휘를 맡은 분은 정말 이 곡을 잘 소화해서 놀랍게 지휘를 했습니다. 그래서 연주가 끝날 때 너무 감격한 수많은 청중들이 일어나서 지휘자에게 박수를 보냈습니다.

그때 지휘자는 청중들의 우레와 같은 박수를 중지시키고 뒤에 있는 발코니에 앉아있는 하이든을 가리키며 이렇게 말합니다.

"저 분입니다. 저 분이 이렇게 놀랍고 아름다운 음악을 작곡했습니다." 그때 사람들은 다시 고개를 돌려 하이든이 앉아있는 발코니를 향해 일제히 일어나 박수를 치기 시작했습니다. 박수는 그칠 줄을 몰랐습니다. 이때 하이든은 청중들의 박수를 중단시키고는 하늘을 가리키면서 유명한 말을 남겼습니다.

"여러분, 나는 아무것도 아닙니다. 하나님이 모든 것입니다. 이것은 하늘로부터 온 것입니다. 주님께서 나에게 지혜를 주셨습니다. 주님께만 영광을 돌리십시오."

여러분 우리의 모습은 어떻습니까? 우리는 무슨 일을 이룰 때 자신의 이름을 높이기를 원하지는 않습니까? 성령 충만한 사람은 무슨 일을 하든지 예수의 이름을 높이고자 하는 소원과 목표를 가지고 사는 사람입니다.

둘째, 담대히 예수 그리스도만이 구주라고 증거 하는 것입니다.

즉 구원의 문제에 있어서 절대로 타협하지 않는 것입니다. 오직 유일하신 구원자, 예수 그리스도, 그분의 절대성을 주장하는 것입니다.

> "이 예수는 너희 건축자들의 버린 돌로서 집 모퉁이의 머릿돌이 되었느니라 다른 이로써는 구원을 받을 수 없나니 천하 사람 중에 구원을 받을 만한 다른 이름을 우리에게 주신 일이 없음이라 하였더라"(11, 12절).

11절 "구원 받을 수 없나니"에서 **'없나니'**는 헬라어로 우크 에스텐으로 현재 시제 즉 과거나 지금이나 변치 않는 영원한 진리를 의미합니다.

12절 "구원을 받을 만한 다른 이름을 우리에게 주신 일이 없음이라"에서 **'주신'**은 헬라어로 데도메논으로 신적 수동태(given by God) 즉 주체가 유일하신 하나님이라는 의미입니다. 곧 하나님께서 만드신 법칙이라는 말입니다.

> "내가 아버지께로부터 너희에게 보낼 보혜사 곧 아버지께로부터 나오시는 진리의 성령이 오실 때에 그가 나를 증언하실 것이요"(요 15:26).

성령은 부활하신 예수 그리스도의 영입니다. 예수님이 성령을 우리에게 보내신 목적은 예수 그리스도를 증거하기 위한 것입니다. 그러므로 성령 충만한 사람은 어떤 상황에서도 예수 그리스도만을 구주로 믿고 고백하고 증거 해야 합니다.

> "예수께서 이르시되 내가 곧 길이요 진리요 생명이니 나로 말미암지 않고는 아버지께로 올 자가 없느니라"(요 14:6).
> "I am the way and the truth and the life. No one comes to the Father except through me."

오늘날 기독교가 핍박 받고 인기가 없는 이유가 무엇입니까? 바로 구원의 문제에 있어서 배타적이기 때문입니다. 예수밖에는 전혀 구원이 없다는 것입니다. 그런데 중요한 것은 이 시대에 이 믿음을 지키는 것, 오직 그리스도만이 유일한 구원자라고 고백하는 것 자체가 좁은 문으로 들어가는 것임을 아는 것입니다. 왜냐하면 지금 우리는 예수만이 유일한 구원의 길이라고 하면 모두가 냉소하는 시대를 살고 있기 때문입니다.

미국에서 가장 큰 교회인 텍사스 레이크우드 교회의 조엘 오스틴 목사는 공화당 경선 후보였던 미트 롬니에 대해 몰몬교인이라 할지라도 "나와 같은 그리스도 신자(a believer in Christ like me)"라고 본다는 견해를 밝혀 논란이 되었습니다. 그는 미국 방송의 한 토크쇼에 출연해 롬니와 그의 몰몬교 신앙에 대해 묻는 질문을 받자, "내가 그에 대해 아는 것은 그가 '나는 예수 그리스도가 하나님의 아들임을 믿는다. 그는 죽은 자 가운데서 일어나셨고 그는 나의 구세주다'라고 말한다는 것이다. "나는 그가 나와 같이 그리스도인이라고 본다"라고 말했습니다. 오스틴 목사는 "그 사실이 당신에게 충분한가?"라고 되묻는 진행자의 질문에 "내게는 충분하다"고 대답했습니다. 덧붙여 그는 "모든 종교에는 차이점이 있다. 나는 몰몬교가 기독교와는 다르다는 것을 이해하고 있지만 그는 신앙을 가지고 있고 가치를 중시하는 사람이다. 내게는 그것이 중요하다"고 밝혔다고 합니다.

여러분 이것이 기독교입니까? 조엘 오스틴이 진정으로 성령 충만한 목사입니까?
몰몬교의 신앙은 예수님은 구원의 길을 만들어주신 분이지만, 구원은 우리에게 달려있다고 합니다. 성경은 하나님의 말씀이라고 주장하지만, 그 중 오류가 없는 부분만이 진실이라고 합니다. 이런 몰몬교는 기독교가 아닙니다. 이런 모습이 바로 예수만이 유일한 구원의 길이라고 담대히 이야기하지 못하고 주저하고 타협하는 부끄러운 모습인 것입니다.

우리가 예수 그리스도를 부끄러워한다면 진정한 그리스도인일 수 있겠습니까? 비록 세상에서 '교양 없다', '배타적이다', '개독교'라는 말은 들을지라도, 복음을 양보하고 타협하며 살아가서는 안 됩니다. 우리는 담대히 예수만이 나의 구주, 나의 구원의 길, 나의 삶의 주인 되심을 고백하는 모습으로 살아가야 합니다.

08
(2) 하나님의 나라와 고난/환난
행: 4:19-28

[19] 베드로와 요한이 대답하여 이르되 하나님 앞에서 너희의 말을 듣는 것이 하나님의 말씀을 듣는 것보다 옳은가 판단하라 [20] 우리는 보고 들은 것을 말하지 아니할 수 없다 하니 [21] 관리들이 백성들 때문에 그들을 어떻게 처벌할지 방법을 찾지 못하고 다시 위협하여 놓아주었으니 이는 모든 사람이 그 된 일을 보고 하나님께 영광을 돌림이라 [22] 이 표적으로 병 나은 사람은 사십여 세나 되었더라 [23] 사도들이 놓이매 그 동료에게 가서 제사장들과 장로들의 말을 다 알리니 [24] 그들이 듣고 한마음으로 하나님께 소리를 높여 이르되 대주재여 천지와 바다와 그 가운데 만물을 지은이시오 [25] 또 주의 종 우리 조상 다윗의 입을 통하여 성령으로 말씀하시기를 어찌하여 열방이 분노하며 족속들이 허사를 경영하였는고 [26] 세상의 군왕들이 나서며 관리들이 함께 모여 주와 그의 그리스도를 대적하도다 하신 이로소이다 [27] 과연 헤롯과 본디오 빌라도는 이방인과 이스라엘 백성과 합세하여 하나님께서 기름 부으신 거룩한 종 예수를 거슬러 [28] 하나님의 권능과 뜻대로 이루려고 예정하신 그것을 행하려고 이 성에 모였나이다

우리가 살고 있는 이 시대는 핍박이 가장 심한 시대입니다. 통계적으로 보면 세계 60개국의 2억 이상의 그리스도인이 핍박을 받고 있으며, 4억의 그리스도인이 갖가지 차별 대우를 받고 있습니다. 또한 20세기 순교자의 수가 1억을 넘어섰습니다.

환난/고난이라는 말은 구약에 100번, 신약에 45번 기록되어 있습니다. 특별히 다윗의 시편을 보면 이 환난/고난이라는 말이 얼마나 많이 나옵니까? 이것은 우리의 인생에서 환난과 고난이 실존이라는 사실을 말해줍니다. 예수를 믿게 되면 이 세상에서 반드시 고난당하게 되어 있습니다. 고난은 피해갈 수 없는 것입니다.

"무릇 그리스도 예수 안에서 경건하게 살고자 하는 자는 박해를 받으리라"(딤후 3:12).

"우리가 하나님의 나라에 들어가려면 많은 환난을 겪어야 할 것이라"(행 4:22).

그러나 이유도 의미도 모르고 당하는 고난은 가장 참기 어렵습니다. 의미를 알면 그것은 고난이 아닌 것입니다. 출산의 고통은 매우 고통스럽지만 그 고통 때문에 임산부를 구제하고 슬퍼하는 사람은 없습니다. 왜냐하면 그 고통의 의미를 잘 알기 때문입니다. 그것은 아무리 힘들고 아파도 고난이 아닌 축복의 과정이기 때문입니다("구제의 대상이 아니므로 슬퍼할 필요가 없다." 곽선희) 그러므로 우리가 당하는 고난과 환난의 신앙적 이해가 필요합니다. 그래야 고난을 신앙적으로 대처할 수 있고, 고난 중에서도 소망을 가지고 승리하는 믿음의 삶을 살 수 있습니다.

그렇다면 우리 그리스도인이 주님을 따를 때, 왜 삶에 고난이 있습니까? 왜 우리가 하나님의 나라에 들어가려면 고난을 많이 겪어야 합니까?

첫째, 우리가 세상에 속하지 않았기 때문입니다.

"너희가 세상에 속하였으면 세상이 자기의 것을 사랑할 것이나 너희는 세상에 속한 자가 아니요 도리어 내가 너희를 세상에서 택하였기 때문에 세상이 너희를 미워하느니라"(요 15:19).

"세상이 그들을 미워하였사오니 이는 내가 세상에 속하지 아니함 같이 그들도 세상에 속하지 아니함으로 인함이니이다"(요 17:14).

이 세상은 어둠의 영들이 지배하는 곳이므로 빛의 존재인 우리 신자를 미워할 수밖에 없습니다. 우리가 빛의 사명을 수행할 때 악한 영들은 우리를 공격합니다.

파키스탄에는 1억7천명의 인구가 있지만 오직 2%만이 기독교인입니다. 이 나라는 합법적, 그리고 조직적으로 기독교인들을 핍박합니다. 개종하면 법적으로 상속권을 박탈하며, 크리스천 마을을 따로 만들어 밖으로 나오지도 못하게 합니다. 기독교인 중 약 2%만이 직업이 있는데 보통 인분을 치우는 일을 합니다. 기독교인들의 인권 운동에 앞장선 바티 장관은 2011년 이슬람 세력에 의해 살해되었습니다. 카작 농아 선교사였던 이민교 선교사는 예수를 믿은 후 군대에서 성경을 읽다 심하게 매를 맞고 항문이 빠지는 고통을 당했다고 합니다.

우리가 그리스도인으로서 당하는 고난은 우리가 하나님께 속하였음을 나타내는 증거입니다.

둘째, 고난은 우리가 하나님만을 의지하게 만들기 때문입니다.

"형제들아 우리가 아시아에서 당한 환난을 너희가 알지 못하기를 원치 아니하노니 힘에 지나도록 심한 고생을 받아 살 소망까지 끊어지고 우리 마음에 사형 선고를 받은 줄 알았으니 이는 우리를 자기를 의뢰하지 말고 오직 죽은 자를 다시 살리시는 하나님만 의뢰하게 하심이라"(8-9절).

"너희 믿음의 확실함은 불로 연단하여도 없어질 금보다 더 귀하여 예수 그리스도께서 나타나실 때에 칭찬과 영광과 존귀를 얻게 할 것이니라"(벧전 1:7).

불 시험, 즉 고난은 우리를 연단하여 하나님만을 의지하고 하나님 나라를 기다리는 믿음의 사람으로 만들기 위해 하나님이 주시는 훈련입니다. 사실 예수님도 고난 받으실 때에 이렇게 기도하셨습니다.

"아버지여, 내 영혼을 아버지 손에 부탁하나이다"(눅 23:46).

그러므로 믿음으로 인해 감당할 수 없는 힘든 고난과 어려움을 당할 때, 낙심하고 좌절하고 포기해서는 안 됩니다. 사람을 의지하지 말고 오직 죽은 자를 살리시는 전능하신 하나님만 의지해야 합니다.

셋째, 고난을 통해서 우리는 다른 사람을 도울 수 있는 사람이 되기 때문입니다.

> "우리가 환난 받는 것도 너희의 위로와 구원을 위함이요 혹 위로 받는 것도 너희의 위로를 위함이니 이 위로가 너희 속에 역사하여 우리가 받는 것 같은 고난을 너희도 견디게 하느니라"(고후 1:6).

> "나는 나의 고통의 체험을 통하여 흑암이 얼마나 나에게 도움이 되는가를 배웠다 주님을 믿을 때 고통은 오히려 창조적인 능력으로 변한다는 것을 여러 번 체험하였다. 나의 개인적인 불행은 나를 변화시키며 다른 사람들을 고쳐줄 수 있는 기회인 것이다"(마틴 루터 킹).

"내가 다른 사람에게 할 수 있는 최선의 봉사는 내가 당한 고난을 통해서 이루어진다."

사람들은 자신의 장점과 강점을 통해서 일하려고 하며 자신의 부족함, 실수, 부끄러운 일은 가능한 한 숨기기를 원합니다. 그러나 하나님은 기억하기도 언급하기도 싫은 일, 가난과 질병, 내가 당한 핍박과 천대 등의 고난을 통해서 사람들을 돕고 위로하십니다. 그것을 사명으로 주십니다. 예수 믿는다고 집에서 쫓겨나는 고통을 당하는 사람을 누가 가장 잘 도울 수 있겠습니까? 이미 쫓겨나 본 사람이 가장 잘 이해하고 도울 수 있을 것입니다.

그렇다면 하나님은 우리가 당하는 고난을 통해서 어떻게 다른 사람들을 돕기 원하십니까? 고난을 통해서 깨달은 진리를 고통 중에 있는 사람들에게 전하는 것입니다. 우리가 고난을 통해서 깨닫게 되는 진리는 다음과 같습니다.

> **우리가 고난을 통해서 깨닫게 되는 진리:**
>
> ① 오직 하나님만이 믿고 의지할 수 있는 분이시다.
> 사람은 의지할 존재가 아닌, 사랑하고 이해해야 하는 존재입니다. 하나님 한 분만이 우리가 믿고 의지해야 하는 분입니다.
>
> "형제들아 우리가 아시아에서 당한 환난을 너희가 알지 못하기를 원치 아니하노니 힘에 지나도록 심한 고생을 받아 살 소망까지 끊어지고 우리 마음에 사형 선고를 받은 줄 알았으니 이는 우리를 자기를 의뢰하지 말고 오직 죽은 자를 다시 살리시는 하나님만 의뢰하게 하심이라"(고후 1:8-9)
>
> ② 오직 예수만이 모든 문제의 해결자이시다.
> 우리는 고난을 통해서 인생의 모든 문제로부터 자유하게 됩니다. 죽음의 문제까지도 해결하실 수 있는 분은 예수 그리스도밖에는 없음을 깨닫게 됩니다. 특별히 핍박과 고난에도 불구하고 우리가 그리스도의 십자가와 부활을 전할 때, 비로소 듣는 사람도 그리스도를 통하여 죽음의 문제를 해결할 수 있는 것을 믿게 됩니다.
>
> "내가 궁핍하므로 말하는 것이 아니니라 어떠한 형편에든지 나는 자족하기를 배웠노니 나는 비천에 처할 줄도 알고 풍부에 처할 줄도 알아 모든 일 곧 배부름과 배고픔과 풍부와 궁핍에도 처할 줄 아는 일체의 비결을 배웠노라 내게 능력 주시는 자 안에서 내가 모든 것을 할 수 있느니라"(빌 4:11-13)

고난 가운데 비로소 이 사실을 깊이 깨달은 자는 어떻게 해야 합니까? 오직 살아계신 하나님만이 우리가 믿고 의지할 분이시며, 오직 예수만이 모든 인생 문제의 해결자가 되시고 그 안에 소망이 있음을 증거 해야 합니다. 그래서 그들이 예수 앞으로 나아와 그분을 인생의 구주와 주로 믿고 영접하도록 해야 합니다.

> "그러나 의를 위하여 고난을 받으면 복 있는 자니 그들이 두려워하는 것을 두려워하지 말며 근심하지 말고 너희 마음에 그리스도를 주로 삼아 거룩하게 하고 너희 속에 있는 소망에 관한 이유를 묻는 자에게는 대답할 것을 항상 준비하라"(벧전 4:14-15).

선교사 짐 엘리엇(Jim Elliot, 1927-1956)의 이야기입니다. 1927년 미국의 오레곤 포틀랜드에서 태어난 그는 휘튼 대학을 수석으로 졸업한 뒤 남아메리카를 향한 하나님의 부르심을 느꼈습니다. 그는 에콰도르에서 사역했던 선교사와 교제하면서, 한 번도 복음을 듣지 못한 아우카 부족에 대해 듣고는 그의 길을 정했습니다. 1953년 엘리자베스와 결혼한 후, 그를 포함한 다섯 명의 젊은이들이 아우카 마을로 들어갑니다. 하지만 그들 모두는 도착한 직후 아우카족 전사들에 의해 창과 도끼로 죽임을 당했습니다. 그때 짐 엘리엇의 나이 29세였습니다. 당시 Life지와 Time지는 이 사실을 보도하면서 분노했습니다. 그들의 선교에 대해 "이 얼마나 불필요한 낭비인가!"(What a unnecessary waste!)라고 의문을 제기했습니다. '이 장래가 촉망되는 젊은이들이 도대체 무엇 때문에 남미까지 가서 제대로 선교도 못하고 죽음을 당해야 했는가'라는 질문이었습니다. 하지만 짐 엘리엇의 아내, 당시 20대 초반의 엘리자베스는 그녀를 찾아온 기자에게 이렇게 말합니다. "낭비라니요? 나의 남편은 어렸을 때부터 이 순간을 위해 준비했던 사람입니다. 내 남편은 이제야 그 꿈을 이룬 것뿐입니다. 이후로 다시는 내 남편의 죽음을 낭비라고 말하지 마십시오." 그 후 그녀는 남편의 글과 일기를 모아 책을 출간하였습니다. 그 책에서 짐 엘리엇은 "하나님! 제가 감히 하나님께 기도합니다. 이 부족한 나무 토막 같은 인생에, 주여! 불을 붙여주소서. 제가 주를 위해 탈 수 있도록 나의 삶을 주께서 소멸시키십시오. 이 몸은 주의 것입니다. 나는 오래 사는 것을 원치 않습니다. 완전하고 풍성한 삶을 원합니다. 바로 주님과 같이…"라고 썼습니다. 또한 일기장 한쪽 구석에 그 유명한 구절을 적어 놓았습니다. **"결코 놓치지 말아야 하는 것을 얻기 위해 언젠가는 놓아야 할 것을 포기하는 사람은 현명한 사람이다."**

그 후 이 젊은이들의 아내 다섯 명은 간호 훈련을 받고 한두 살밖에 안 되는 어린 아이들을 부둥켜안고 남편이 순교한 그 아우카 부족을 다시 찾아갑니다. "나는 당신들이 5년 전에 죽였던 그 남자의 아내입니다. 남편이 당신들을 향해 가지고 있던 그 사랑을 당신들에게 전하기 위해 제가 다시 이곳에 왔습니다." 이때 아우카족은 여자를 해치는 것은 비겁한 짓이라고 생각하여 부인들을 해치지 않았습니다. 아내들은 그 곳에서 아우카족을 위해 여러 해 동안 헌신하였습니다. 그들의 사역에 감동한 추장은 예수를 믿게 되었고, 선교사를 살해한 사람들은 현재 와오라니 교회의 담임 목사와 지도자로 활동하고 있습니다. 그 마을에는 수백 개의 교회가 생겨났으며, 짐 엘리엇이 죽고 나서 태어난 그의 아들은 그 마을 교회의 목사가 되었습니다.

여러분, 인생의 슬픔과 아픔도 죽음에 대한 두려움도, 그리고 죄책감도 해결하실 수 있는 분은 오직 예수님밖에 없습니다. 그것을 믿으시기를 간절히 소원합니다.

우리는 고난에 대하여 어떤 자세를 가져야 합니까? 그리스도인으로서 받는 고난은 불행이고 저주이고, 무조건 피해야 할 것이 아닌 복의 채널입니다. 그 고난에는 하나님의 섭리적인 뜻이 있습니다. 고난을 통하여 하나님은 우리의 믿음을 단련하실 뿐 아니라, 하나님의 놀라운 일들을 하게 하십니다. 이것을 믿고 기꺼이 주님과 복음을 위해 고난도 감내하는 삶을 사실 수 있기를 소원합니다.

09

옳은가 판단하라
행: 4:12-22

[12] 다른 이로써는 구원을 받을 수 없나니 천하 사람 중에 구원을 받을만한 다른 이름을 우리에게 주신 일이 없음이라 하였더라 [13] 그들이 베드로와 요한이 담대하게 말함을 보고 그들을 본래 학문없는 범인으로 알았다가 이상히 여기며 또 전에 예수와 함께 있던 줄도 알고 [14] 또 병 나은 사람이 그들과 함께 서 있는 것을 보고 비난할 말이 없는지라 [15] 명하여 공회에서 나가라 하고 서로 의논하여 이르되 [16] 이 사람들을 어떻게 할까 그들로 말미암아 유명한 표적 나타난 것이 예루살렘에 사는 모든 사람에게 알려졌으니 우리도 부인할 수 없는지라 [17] 이것이 민간에 더 퍼지지 못하게 그들을 위협하여 이 후에는 이 이름으로 아무에게도 말하지 말게 하자 하고 [18] 그들을 불러 경고하여 도무지 예수의 이름으로 말하지도 말고 가르치지도 말라 하니 [19] 베드로와 요한이 대답하여 이르되 하나님 앞에서 너희의 말을 듣는 것이 하나님의 말씀을 듣는 것보다 옳은가 판단하라 [20] 우리는 보고 들은 것을 말하지 아니할 수 없다 하니 [21] 관리들이 백성들 때문에 그들을 어떻게 처벌할지 방법을 찾지 못하고 다시 위협하여 놓아주었으니 이는 모든 사람이 그 된 일을 보고 하나님께 영광을 돌림이라 [22] 이 표적으로 병 나은 사람은 사십여 세나 되었더라

복음을 전하다가 붙잡힌 전도사가 예수를 부인하지 않자 매를 맞습니다. 그러나 이 전도사는 매를 맞는데도 예수를 부인하지 않고 더 크게 찬양합니다. 그때 옆에 있던 사람이 이렇게 말합니다. "저 사람은 때려봐야 아무 소용이 없습니다. 때리면 때릴수록 더 좋아합니다. 맞으면 맞을수록 하늘나라의 상급이 더 크다고 좋아합니다. 죽이면 순교자의 상을 받는다고 더 좋아합니다. 귀향을 보내면 그곳에서 조용히 기도만 할 수 있다고 좋아할 것입니다. 그러나 좋은 방법 한 가지가 있습니다. 저 사람에게 돈을 많이 주어 석방을 시키면, 그 돈으로 죄를 짓고 살다가 망할 것입니다. 예수 믿는 사람들이 무서워하는 것은 죄밖에 없기 때문입니다."

오늘 본문은 베드로와 요한이 공회 앞에 잡혀 와서 위협을 당하고 심문을 받는 장면입니다. 바로 이 공회는 대제사장과 바리새인들이 예수님께 십자가 사형을 언도한 곳입니다. 그리고 베드로와 요한에게도 같은 형을 내릴 수 있는 권력 기구입니다. 그럼에도 불구하고 베드로와 요한은 그들의 위협과 경고 앞에서 담대히 예수 그리스도를 전합니다.

"베드로와 요한이 대답하여 이르되 하나님 앞에서 너희의 말을 듣는 것이 하나님의 말씀을 듣는 것보다 옳은가 판단하라 우리는 보고 들은 것을 말하지 아니할 수 없다 하니"(19, 20절).

여기서 중요한 것은 어떻게 베드로와 요한이 이처럼 담대할 수 있었느냐 하는 것입니다. 어디서 이와 같은 용기가 생겼습니까?

첫째, 하나님의 말씀 안에서 해답을 얻었기 때문입니다.

"이 예수는 너희 건축자들의 버린 돌로서 집 모퉁이의 머릿돌이 되었느니라"(11절).

"또 주의 종 우리 조상 다윗의 입을 통하여 성령으로 말씀하시기를 어찌하여 열방이 분노하며 족속들이 허사를 경영하였는고"(25절).

그들이 담대할 수 있었던 것, 즉 예수를 위하여 핍박을 당할 수 있었던 것은 본문에 나오는 구약 시편 118:22과 2:12의 예언이 그대로 성취되고 있음을 믿었기 때문입니다. 다시 말하면 그들은 이 모든 것이 하나님의 구속사 안에 있는 놀라운 섭리의 결과일 뿐만 아니라 그 하나님의 섭리 속에 오늘의 우리도 있다는 사실을 말씀을 통해 깨달았던 것입니다.

그래서 우리가 처한 현실을 하나님의 말씀 안에서 이해하고 산다는 것은 참으로 중요합니다. 오늘의 시대는 구속사적으로 어떤 시대이고, 이 시대에 우리가 하고 있는 일은 무엇이며, 왜 중요한지를 알고 행하는 것과 모르고 행하는 것은 큰 차이가 있습니다. 그것을 알고 행할 때 기쁘게, 그리고 담대히 행할 수 있으며 절대 후회하지 않습니다. 또 방해와 핍박이 있어도 절대 물러서지 않습니다.

둘째, 하나님의 함께 하심을 확인했기 때문입니다.

"또 병 나은 사람이 그들과 함께 서 있는 것을 보고 비난할 말이 없는지라"(14절).

　베드로와 요한은 40년 이상 장애인으로서 살던 그 거지가 완전히 나아 그들과 함께 서 있는 것을 보며, 하나님이 그들과 함께 하시고 또 그들을 사용하고 계신다는 사실을 분명히 확인했습니다. 그렇기 때문에 아무것도 두렵지 않았습니다.
　만약 오늘 나를 통해서 이런 엄청난 일이 일어난다면 어떻겠습니까? 물론 놀라기도 하겠지만 하나님의 함께 하심을 확신하게 될 때 우리는 그 어떤 상황에서도, 그리고 누구 앞에서도 낙심하거나 두려워하지 않게 될 것입니다.
　'나 같이 부족한 사람도 이렇게 하나님이 쓰시는구나'라고 생각할 때 용기가 나고 담대해질 것입니다. 다른 사람이 볼 때 이상하다고 생각될 만큼 변화하게 될 것입니다.
　과거에 베드로는 예수님을 세 번씩 부인하고 저주했습니다. 그러나 하나님의 함께 하심을 확인한 후 베드로는 전혀 다른 사람으로 변했습니다. 비겁한 자였던 베드로가 담대히 예수 그리스도를 전하게 되었습니다.

"그들이 베드로와 요한이 담대하게 말함을 보고 그들을 본래 학문 없는 범인으로 알았다가 이상히 여기며 또 전에 예수와 함께 있던 줄도 알고"(13절).

　인도 유피주에서 있었던 일입니다. 다른 곳보다 기독교에 대한 핍박이 심한 이 곳에서 사역자들이 복음을 전할 때, 경찰들이 와서 그들을 다 잡아갔습니다. 그러나 이 사역자들은 잡힌 후에도 포기하지 않고 복음을 담대히 전했습니다. 이들이 석방되었을 때 그들을 잡아갔던 경찰 두 명이 뒤따라와서 자기 마을에 복음을 전해달라고 했다고 합니다. 이처럼 하나님의 함께 하심을 확신하고 담대히 복음을 전할 때 불가능한 일도 가능하게 되는 것입니다. 하나님이 그들을 통해서 일하시는 것을 체험하면 돌을 맞아도, 경찰에 잡혀가도, 마을에서 쫓겨나도 새 힘을 얻어 사역을 담대히 감당할 수 있는 것입니다.

셋째, 하나님 앞에 있다는 의식을 가지고 살았기 때문입니다.

"베드로와 요한이 대답하여 이르되 하나님 앞에서 너희의 말을 듣는 것이 하나님의 말씀을 듣는 것보다 옳은가 판단하라"(19절).

왜 우리는 사람 앞에서 비겁하고 또 사람을 두려워합니까? 하나님 앞에서(Coram Deo) 산다는 의식, 신전 의식이 없기 때문입니다. 다시 말하면 하나님의 눈치를 보지 않고 늘 사람의 눈치만 보기 때문입니다. 하나님이 다 보고 알고 계신다는 사실을 망각하고 살기 때문입니다. 우리가 어떤 상황과 어떤 사람 앞에서도 담대히 하나님이 원하시는 일을 하고, 하나님이 원하시는 말을 하기 위해서는 내가 지금 하나님 앞에 있다는, 하나님이 우리를 보고 계신다는 의식을 가져야 합니다. 우리는 이 의식을 가질 때만이 담대할 수 있습니다.

19절 '옳은가 판단하라'는 헬라어로 디카이오스입니다. 이것은 옳고 그름을 판단하라는 말이 아니라 하나님과의 관계에서 내가 지금 어떤 상태, 어떤 관계에 있느냐를 판단하라는 것입니다. 즉 하나님과의 관계에서 옳은 관계에 있느냐를 묻는 것입니다. 우리는 세상의 기준으로, 법으로, 교양과 상식으로 옳고 그름을 판단합니다. 그러나 그리스도인인 우리는 항상 하나님 편에서, 하나님의 기준에서 무엇이 옳은지를 생각하고 담대히 행할 수 있어야 합니다.

링컨이 변호사로 있을 때 한 고객이 찾아와 자기를 변호해달라고 부탁합니다. 사건 내용을 들은 링컨은 "듣고 보니 이것은 당신의 잘못입니다. 그래서 나는 당신을 변호할 수 없습니다"라고 말합니다. 그러나 그 고객은 불쾌한 어투로 이렇게 되묻습니다. "변호사란 어떤 경우에도 자기 고객의 편에서 최선을 다해야 하는 것 아닙니까?" 링컨은 조용히 대답합니다. "저는 이 변호를 거절하겠습니다. 제가 평생 먹을 것은 나의 아버지께서 이미 약속해 주셨으니, 아버지께서 원치 않으시는 불의를 옹호할 수는 없습니다."

여러분 무엇이 옳습니까? 하나님의 편에 서서 옳은 일을 할 때 우리는 담대할 수 있습니다. 하나님 앞에 있다는 의식을 가지고 살 때 우리는 담대할 수 있습니다.

우리는 주님을 위해서, 하나님의 나라를 위해서 산다고 말합니다. 그러나 이를 위해서 우리는 지금 어떠한 일을 하고 있습니까? 그것이 주님을 위한 것이면 우리는 누구 앞에서도 담대할 수 있어야 합니다. 진리가 아닌 것은 아니라고 담대하게 말할 수 있어야 하는 것입니다. 담대하기 위해서는 하나님의 말씀, 하나님의 함께하심에 대한 확신, 하나님 앞에 있다는 의식을 가지고 있어야 합니다. 하나님이 원하시는 일을 하기 위해서는 사람의 눈치를 보지 말고 담대하게 주님을 높이고 주님을 기쁘시게 하는 삶을 살아가시기를 바랍니다.

10 성령 충만한 교회

행: 4:23-37

²³사도들이 놓이매 그 동료에게 가서 제사장들과 장로들의 말을 다 알리니 ²⁴그들이 듣고 한마음으로 하나님께 소리를 높여 이르되 대주재여 천지와 바다와 그 가운데 만물을 지은이시요 ²⁵또 주의 종 우리 조상 다윗의 입을 통하여 성령으로 말씀하기를 어찌하여 열방이 분노하며 족속들이 허사를 경영하였는고 ²⁶세상의 군왕들이 나서며 관리들이 함께 모여 주와 그의 그리스도를 대적하도다 하신 이로소이다 ²⁷과연 헤롯과 본디오 빌라도는 이방인과 이스라엘 백성과 합세하여 하나님께서 기름 부으신 거룩한 종 예수를 거슬러 ²⁸하나님의 권능과 뜻대로 이루려고 예정하신 그것을 행하려고 이 성에 모였나이다 ²⁹주여 이제도 그들의 위협함을 굽어 보시옵고 또 종들로 하여금 담대히 하나님의 말씀을 전하게 하여 주시오며 ³⁰손을 내밀어 병을 낫게 하시옵고 표적과 기사가 거룩한 종 예수의 이름으로 이루어지게 하옵소서 하더라 ³¹빌기를 다하매 모인 곳이 진동하더니 무리가 다 성령이 충만하여 담대히 하나님의 말씀을 전하니라 ³²믿는 무리가 한마음과 한 뜻이 되어 모든 물건을 서로 통용하고 자기 재물을 조금이라도 자기 것이라 하는 이가 하나도 없더라 ³³사도들이 큰 권능으로 주 예수의 부활을 증언하니 무리가 큰 은혜를 받아 ³⁴그 중에 가난한 사람이 없으니 이는 밭과 집 있는

자는 팔아 그 판 것의 값을 가져다가 ³⁵사도들의 발 앞에 두매 그들이 각 사람의 필요를 따라 나누어 줌이라 ³⁶구브로에서 난 레위족 사람이 있으니 이름은 요셉이라 사도들이 일컬어 바나바라(번역하면 위로의 아들이라) 하니 ³⁷그가 밭이 있으매 팔아 그 값을 가지고 사도들의 발 앞에 두니라

보약에 대한 오해가 있습니다. 보약을 먹으면 무조건 건강과 몸에 좋다고 생각합니다. 그러나 꼭 그렇지는 않습니다. 우리의 몸에 칼로리가 남으면 그것이 지방이 되어 몸에 병을 일으키는 요인으로 작용하기 때문입니다.

성령 충만도 마찬가지입니다. 성령 충만에 대한 오해가 있습니다. 우리는 성령 충만을 받으면 무엇이든지 잘 할 수 있다고 생각합니다. 또한 성령 충만을 받기 위해서는 성령 충만을 위해 기도해야 한다고 말합니다. 그런데 꼭 그렇지는 않다는 사실입니다. 왜냐하면 오늘의 본문에서 사도들과 교회가 성령 충만 자체를 위해서 기도한 것이 아니고 단지 하나님의 말씀을 담대히 전할 수 있게 해달라고 기도했는데 온 교회가 다 성령 충만을 받았기 때문입니다. 여기서 우리가 깨닫게 되는 것이 무엇입니까? 성령 충만은 무엇보다 복음 증거를 위해 필요한 것이라는 사실입니다. 어떤 상황과 형편에 처해 있든지 담대히 그리스도의 복음을 전하는 목사와 성도들이 되게 해달라고 기도하면 성령의 충만을 받게 됩니다.

그러므로 본문의 사도들과 초대 교회 성도들처럼 오늘날에도 우리가 고난과 핍박 중에도 담대히 복음을 증거하게 해달라고 기도해야 합니다. 그때 하나님은 우리에게 성령으로 충만하게 하실 뿐만 아니라 우리

에게 필요한 용기도, 은사도, 능력도 주실 것입니다.

그렇다면 우리가 성령 충만을 받으면 어떻게 됩니까? 성령 충만의 결과는 무엇입니까?

첫째, 고난을 보는 시각이 달라집니다.

사도들은 고난을 당연한 것으로 받아들였습니다. 핍박을 받으면서도 억울하다고 생각하거나 하나님을 원망하거나, 또 왜 내가 이런 고생을 해야 하나라고 생각하지 않았습니다.
그렇다면 그들은 고난을 어떻게 보았습니까?

① 주님이 당하신 그 고난의 연장선에 있는 것으로 보았습니다.

"세상의 군왕들이 나서며 관리들이 함께 모여 주와 그의 그리스도를 대적하도다 하신 이로소이다. 과연 헤롯과 본디오 빌라도는 이방인과 이스라엘 백성과 합세하여 하나님께서 기름 부으신 거룩한 종 예수를 거슬러 하나님의 권능과 뜻대로 이루려고 예정하신 그것을 행하려고 이 성에 모였나이다"(26-28절).

26-28절의 의미는 예수님을 십자가에 못 박은 것도 모자라 이제 우리도 죽이려고 한다는 말입니다. 즉 사도들은 그들이 받는 고난을 그리스도의 고난에 동참하는 의미 있는 고난으로 보았습니다. 그래서 조금도 두려워하지 않았고 억울해하지도 않았습니다. 골로새서 1장 24절에

서의 사도 바울도 마찬가지였습니다.

"내가 이제 너희를 위하여 받는 괴로움을 기뻐하고 그리스도의 남은 고난을 그의 몸 된 교회를 위하여 내 육체에 채우노라"(골 1:24).

성령 충만을 받으면 고난을 보는 시각이 이렇게 달라집니다. 그들은 고난의 의미를 알기 때문에 오히려 고난 속에서도 담대히, 그리고 기쁘게 해야 할 일을 계속했습니다.

② 하나님의 능력과 뜻 안에서 일어난 것으로 보았습니다.

"하나님의 권능과 뜻대로 이루려고 예정하신 그것을 행하려고 이 성에 모였나이다"(28절).

성령 충만을 받으면 고난조차도 하나님의 능력과 뜻 안에 있는 것으로 보게 됩니다. 우연히, 그리고 내 잘못으로 생긴 일이라고 생각하지 않고 복음 증거를 위해서 하나님께서 허락하시고 섭리하신 일로 본다는 것입니다.

바울이 로마 감옥 안에서 고난을 당하면서 친위대를 전도하게 되었을 때, "나의 당한 일이 도리어 복음의 진보가 된 줄을 너희가 알기를 원하노라"(빌 1:12)라고 간증했습니다. 내가 당한 모든 일들이 하나님의 섭리 안에 있다고 말한 것입니다. 이것이 바로 성령 충만 받은 사람과 교회의 모습입니다.

둘째, 교회가 한마음과 한 뜻이 됩니다.

"믿는 무리가 한마음과 한 뜻이 되어 모든 물건을 서로 통용하고 자기 재물을 조금이라도 자기 것이라 하는 이가 하나도 없더라"(32절).

여기서 "믿는 무리"는 교회 공동체를 의미합니다. 성령 충만을 받으면 분명히 달라지는 것이 있는데 그것은 교회가 하나 된다는 것입니다. 다시 말하면 성령 충만 받은 우리는 그리스도를 머리로 하여 한 몸을 이룬 지체라는 의식을 갖게 됩니다. 성령은 머리이신 그리스도의 뜻을 온 지체에 전달하는 신경 조직과 같습니다. 교회를 하나 되게 하시는 분이 바로 성령님이시라는 것입니다.

"성령의 하나 되게 하신 것을 힘써 지키라"(엡 4:2).

여러분, 오늘날 왜 교회들이 서로 비판하고 분쟁합니까? 그 이유는 교회가 성령 충만하지 않기 때문입니다. 요 17:21에서 주님이 "아버지여, 아버지께서 내 안에 내가 아버지 안에 있는 것 같이 그들도 다 하나가 되어 우리 안에 있게 하사 세상으로 아버지께서 나를 보내신 것을 믿게 하옵소서"라고 기도하였는데, 정말 교회가 하나 되는 것이 우리 주님의 소원이라면 교회는 반드시 성령 충만을 받아야 합니다.

셋째, 물질을 대하는 자세가 달라집니다.

"믿는 무리가 한마음과 한 뜻이 되어 모든 물건을 서로 통용하고 자기

> 재물을 조금이라도 자기 것이라 하는 이가 하나도 없더라"(32절).

> "그 중에 가난한 사람이 없으니 이는 밭과 집 있는 자는 팔아 그 판 것의 값을 가져다가 사도들의 발 앞에 두매 그들이 각 사람의 필요를 따라 나누어 줌이라"(34, 35절).

성령 충만을 받으면 물질에 대한 가치관, 소유관이 달라집니다. 성령 충만을 받으면 물질을 어떻게 대합니까? 물질(부)도 하나의 은사 개념으로 보게 됩니다.

① 물질도 다른 사람을 섬기기 위한 것으로 봅니다.

> "바리새인 가말리엘은 율법교사로 모든 백성에게 존경을 받는 자라 공회 중에 일어나 명하여 사도들을 잠깐 밖에 나가게 하고 말하되 이스라엘 사람들아 너희가 이 사람들에게 대하여 어떻게 하려는지 조심하라"(34, 35절).

성령의 충만을 받으면 물질은 나의 필요만을 위해서 주신 것이 아닌, 다른 사람의 필요를 채워주기 위해서 주신 것으로 보게 됩니다. 세상의 원리는 능력에 따라 나누어 줍니다. 그러나 성령 충만한 교회는 각 사람의 필요를 따라 나누어 주는 것입니다.

② 물질을 소유가 아니라 맡기신 것으로 봅니다.

"믿는 무리가 한마음과 한 뜻이 되어 모든 물건을 서로 통용하고 자기 재물을 조금이라도 자기 것이라 하는 이가 하나도 없더라"(32절).

성령 충만을 받으면 청지기 의식을 가지고 물질을 사용하게 됩니다. 모든 물질이 하나님이 맡기신 것임을 고백합니다. 그러므로 주님과 복음의 필요, 그리고 형제의 필요를 분명히 알면서도 기꺼이 내 것을 드리고 나누지 못한다면 그것은 성령의 충만을 받지 못했기 때문입니다.

저자 누가는 본문 36-37절에서 바나바의 물질에 대한 청지기 의식에 대해 이야기하고 있는데 행 11:24에서 다음과 같이 분명히 소개하고 있습니다. "바나바는 착한 사람이요 성령과 믿음이 충만한 사람이라." 그런데 놀라운 것은 후에 이방인 선교의 모체가 되는 안디옥 교회의 설립을 위해 예루살렘 교회가 바로 이 바나바라는 사람을 파송하였다는 사실입니다(22절).

"예루살렘 교회가 이 사람들의 소문을 듣고 바나바를 안디옥까지 보내니"(행 11:22).

"지극히 작은 것에 충성된 자는 큰 것에도 충성되고 지극히 작은 것에 불의한 자는 큰 것에도 불의하니라"(눅 16:10-11).

물질은 소유를 위해 주신 것이 아니라 섬김을 위해 맡기신 은사임을 믿으시기 바랍니다. 그러므로 물질은 반드시 청지기 의식을 가지고 사용해야 합니다. 물질을 잘 사용해야 우리에게 더 큰 것도 맡기십니다.

다음은 조지 뮬러와 런던 선박 회사 회장의 대화입니다.

"사업이 많이 어려우시다고 들었는데 어떻게 이렇게 많이 주셨습니까?"

"그것은 하나님이 나로부터 모든 것을 거두어 가시기 전에 내게 맡긴 것을 더 잘 사용해야 하기 때문입니다."

'유산의 십일조'도 마찬가지입니다. 혹 은퇴했거나 은퇴를 계획한다면 늦기 전에 유산의 십일조를 계산해서 하나님께서 우리에게 맡기신 청지기 역할을 할 수 있어야 합니다.

여러분은 성령 충만을 받았다고 생각하십니까?

우리가 성령 충만을 받았다면 반드시 3가지의 증거가 있어야 합니다. 고난을 다르게 볼 수 있어야 하고, 한마음과 한 뜻이 되어 서로 섬길 수 있어야 하며, 물질에 대한 은사 개념과 청지기 의식을 가지고 물질을 바르게 사용할 수 있어야 합니다. 우리가 또 우리 교회가 이런 성령 충만한 사람, 그리고 성령 충만한 교회가 되기를 소원합니다.

11

교회의 표적
행: 5:1-11

¹아나니아라 하는 사람이 그의 아내 삽비라와 더불어 소유를 팔아 ²그 값에서 얼마를 감추매 그 아내도 알더라 얼마만 가져다가 사도들의 발 앞에 두니 ³베드로가 이르되 아나니아야 어찌하여 사탄이 네 마음에 가득하여 네가 성령을 속이고 땅 값 얼마를 감추었느냐 ⁴땅이 그대로 있을 때에는 네 땅이 아니며 판 후에도 네 마음대로 할 수가 없더냐 어찌하여 이 일을 네 마음에 두었느냐 사람에게 거짓말 한 것이 아니요 하나님께로다 ⁵아나니아가 이 말을 듣고 엎드러져 혼이 떠나니 이 일을 듣는 사람이 다 크게 두려워하더라 ⁶젊은 사람들이 일어나 시신을 싸서 메고 나가 장사하니라 ⁷세 시간쯤 지나 그의 아내가 그 일어난 일을 알지 못하고 들어오니 ⁸베드로가 이르되 그 땅 판 값이 이것뿐이냐 내게 말하라 하니 이르되 예 이것뿐이라 하더라 ⁹베드로가 이르되 너희가 어찌 함께 꾀하여 주의 영을 시험하려 하느냐 보라 네 남편을 장사하고 오는 사람들의 발이 문 앞에 이르렀으니 또 너를 메어 내가리라 하니 ¹⁰곧 그가 베드로의 발 앞에 엎드러져 혼이 떠나는지라 젊은 사람들이 들어와 죽은 것을 보고 메어다가 그의 남편 곁에 장사하니 ¹¹온 교회와 이 일을 듣는 사람들이 다 크게 두려워하니라

영국의 일간지 텔레그래프가 3000명의 여성을 대상으로 '당신은 어떤 거짓말을 가장 많이 하는가?'에 대한 주제로 설문 조사를 했습니다. 그 결과 여성들은 먹고 마시는 것과 관련해서 1년에 474번 거짓말을 하는 것으로 나타났습니다.

"여성들은 주변 사람들에게 창피를 당하지 않기 위해 음식이나 술에 대해 솔직하지 못하거나 심지어 부정하는 경향이 있다"(커샌드라 맥시멘코 박사)

UC 버클리 사회 심리학 연구진에 따르면, 자신을 상위 계층이라고 생각하는 사람일수록 협상에서 거짓말을 하거나 게임에서 속임수를 쓰고 고객에게 대금을 과다 청구하는 등 비윤리적인 행동을 보통 사람보다 3~4배 많이 한다고 합니다. 이것은 아마도 자존심과 경쟁 의식 때문일 것입니다. 그리고 오늘 본문 아나니아와 삽비라의 거짓말의 동기도 이와 유사할 것입니다.

그렇다면 아나니아와 삽비라의 거짓말 사건이 주는 교훈은 무엇입니까?

첫째, 사탄은 교회가 해야 할 사역을 잘 하고 있을 때에도 시험합니다.

초대 교회는 여러 가지로 교회의 모범이 되었습니다. 그 중에서도 서로의 필요에 따라 물질을 유무상통한 것은 특별히 자랑할 만한 것입니다. 그런데 놀라운 것은 바로 이 유무상통의 근거가 되었던 구제 사역(헌금)에 있어서 사탄이 시험을 했다는 사실을 우리는 기억해야 합니다. 이 땅에 완전한 교회는 없습니다. 성령 충만한 교회, 모범적으로 사역을 잘하고 있는 교회도 언제든지 사탄의 시험에 빠져 죄를 지을 가능성이 있습니다. 교회가 모범적으로 사역을 잘 하고 있을 때 사탄은 더 집중적으로 공격한다는 것을 우리는 잊지 말아야 합니다.

둘째, 하나님은 교회 내의 거짓말과 위선을 경계하십니다.

"그 동안에 무리 수만 명이 모여 서로 밟힐 만큼 되었더니 예수께서 먼저 제자들에게 말씀하여 이르시되 바리새인들의 누룩 곧 외식을 주의하라"(눅 12:1).

위선, 외식은 누룩과 같은 영향력이 있습니다. 외식은 교회의 거룩함과 순결함을 더럽힐 수 있는 가장 강력한 영적 암(sprital cancer)입니다. 그렇기 때문에 발견되었을 때는 빨리 제거해야만 합니다. 오늘날 교회 안에 거짓과 위선이 정말 많습니다. 교회의 출석/헌금 통계를 부풀려서 실제보다 더 많이 출석하는 큰 교회처럼 서로 자랑하고 경쟁합니다. 이것이 바로 교회 안에서 제거되어야 할 '영적 암'입니다.

특별히 본문의 사건은 하나님께서 초대 교회의 거짓 문제를 심각하게 다루신 것을 보여줍니다. 소위 "첫 단추를 잘 끼워야 한다"는 말처럼, 교회의 시작 초기에 하나님은 장차 세상의 빛과 소금이 되어야 할 교회가 그 사명을 바로 감당하기를 원하셨습니다. 이를 위해서는 교회가 반드시 진리 위에 기초해야 한다고 하셨습니다. 그리고 이방인들에게 복음을 전하는 선교가 시작되는 시점에서 교회가 세상을 향하여 하나님의 하나님 되심을 선포하는 사명을 제대로 감당하기를 원하셨습니다.

이런 의미에서 아나니아와 삽비라 사건은 교회는 살아계신 참 하나님을 믿는 사람들의 신앙 공동체임을 나타내는 표적 사건인 것입니다. 이것은 여호수아 7장의 여리고 정복과 아간 사건이 주는 교훈과 비슷합니다. 타락한 세상 나라인 가나안 땅을 정복하고 거룩한 하나님의 나라를 세우기 위해서 이스라엘은 무엇보다 그들의 성결한 삶을 통해서 하나님의 거룩을 나타내야 했습니다. 하나님의 거룩을 나타내야 할 사람들이 모여있는 공동체는 거룩해야 합니다. 그래서 하나님께서는 교회의 이 거룩의 문제를 철저히 다루십니다.

그럼에도 불구하고 아나니아와 삽비라의 죽음은 좀 심하다고 생각할 수 있습니다. 그러나 본문 4절에서 그들의 죄는 단순히 교회에 지은 죄가 아닌 하나님께 지은 죄라는 사실을 알 수 있습니다. 다시 말하면 베드로만을 속인 것이 아니라 자기 양심을 속이고 고의적으로 하나님을 속이려고 한 것입니다. 사실 그들은 바나바의 헌신을 보며 교회 내에서 명예를 얻으려는 동기, 그리고 물질에 대한 탐욕 때문에 땅을 판 돈의 일부를 바치면서 전부를 바치는 것처럼 거짓말을 합니다. 더 중요한 것은 하나님께서 회개할 기회를 주실 때에 회개하지 않았습니다.

> "땅이 그대로 있을 때에는 네 땅이 아니며 판 후에도 네 마음대로 할 수가 없더냐 어찌하여 이 일을 네 마음에 두었느냐 사람에게 거짓말 한 것이 아니요 하나님께로다"(4절).

> "베드로가 이르되 그 땅 판 값이 이것뿐이냐 내게 말하라 하니 이르되 예 이것뿐이라 하더라"(8절).

안타까운 것은 오늘날 한국 교회 안에 이와 같은 헌신과 경건의 위선이 많다는 것입니다. 그런데 이것은 일반 도덕적인 죄보다 교회에 더 치명적인 죄임을 우리는 깨달아야 합니다. 쉽지 않은 일이지만 교회와 목사는 교인들의 위선적인 헌신을 교회의 재정과 사역에 도움이 된다고 하여 묵인해서는 안 됩니다. 오히려 재정적인 손해나 사역의 어려움이 생긴다고 할지라도 참된 헌신과 정직한 헌금을 하도록 지도해야 합니다.

셋째, 교회에는 하나님이 주신 놀라운 영적 권위가 있습니다.

본문을 통해 우리가 깨달아야 할 것은 하나님이 세우신 교회는 영적 권세와 위상이 있다는 것입니다. 그래서 교회는 그 영적 권위를 나타내야 합니다. 교회는 이 세상에서 하나님을 대신하는 기관이고, 하나님의 하나님 되심을 나타내야 할 사명을 가지고 있습니다. 따라서 교회가 세상에 전하는 말은 하나님의 말씀과 같은 권위가 있고, 교회가 하는 일은 하나님이 하시는 것과 같은 권위가 나타나야 합니다.

아나니아와 삽비라 사건은 우리에게 교회는 성도들이 하나님께 드리는 헌물을 받아 사용할 영적 권위가 있음을 보여줍니다. 또한 교회는 하나님께 드려야 할 것(**하나님께 드린 물질의 사용도**)은 정직하게, 그리고 반드시 하나님께 드려야 한다고 말할 권위가 있습니다. 혹 그렇지 못할 때, 그것은 하나님께 대한 죄로 징책할 수 있는 권위가 교회에게 주어졌음을 우리는 알아야 합니다.

"온 교회와 이 일을 듣는 사람들이 다 크게 두려워하니라"(11절).

왜 이와 같은 결과가 나타났습니까? 교회 안의 신자들과 교회 밖의 불신자들이 이 사건을 통해 모두 하나님이 교회와 함께 하심을 보았기 때문입니다. 사실 하나님은 하나님의 교회가 하나님의 교회되게 하기 위해서, 교회의 영적 권위를 세우시고 나타내시기 위해서 때때로 교회에 이런 표적을 주신다는 사실입니다. 이런 표적을 통하여 하나님이 주신 영적 권위가 교회에 나타날 때 복음의 능력이 나타나고 교회는 더욱 흥왕하게 됩니다.

"그 나머지는 감히 그들과 상종하는 사람이 없으나 백성이 칭송하더라 믿고 주께로 나아오는 자가 더 많으니 남녀의 큰 무리더라"(13, 14절).

여러분은 우리 교회가 어떤 교회가 되기를 원하십니까? 정말 복음의 능력이 나타나고 영적으로 더욱 흥왕하기를 소원하십니까? 그렇다면 하나님께서 이 교회에 함께 하셔서 때마다 교회의 주인 되심을 세상에 선포하는 표적이 나타나는 교회가 되도록 기도할 수 있기를 바랍니다.

12

우리가 소망하는 교회
행: 5:12-16

¹²사도들의 손을 통하여 민간에 표적과 기사가 많이 일어나매 믿는 사람이 다 마음을 같이하여 솔로몬 행각에 모이고 ¹³그 나머지는 감히 그들과 상종하는 사람이 없으나 백성이 칭송하더라 ¹⁴믿고 주께로 나아오는 자가 더 많으니 남녀의 큰 무리더라 ¹⁵심지어 병든 사람을 메고 거리에 나가 침대와 요 위에 누이고 베드로가 지날 때에 혹 그의 그림자라도 누구에게 덮일까 바라고

"진실한 생활은 감리교에서 배우라"
"체험적인 신앙은 침례교에서 배우라"
"교회에 대한 충성은 부터교에서 배우라"
"교회에 대한 긍지는 성공회에서 배우라"
"단순한 믿음은 퀘이커 교도에게서 배우라"
"기도 생활은 장로교에서 배우라"
"봉사 생활은 구세군 교회에서 배우라"
"기쁨에 찬 신앙생활은 흑인 교회에서 배우라"
"교회를 널리 드러냄은 천주교에서 배우라"
"종교를 높이는 태도는 유대교에서 배우라"

기독교의 각 교파별 특징을 잘 설명하는 문구들입니다.

교회를 히브리어로 카할(קהל)이라고 하는데 집회 또는 회중을 의미합니다. 헬라어로는 에클레시아(εκκλησια)라고 하는데 "주 예수 그리스도를 구주로 믿고 구원 받은 성도들이 최고의 통치자 되시는 예수 그리스도를 예배하기 위하여 모인 신앙 공동체"를 의미합니다. 우리는 사도행전에서 이 교회의 본래 모습을 찾을 수 있습니다. 특별히 오늘 본문은 교회가 어떠해야 하는지, 어떻게 본래의 모습으로 돌아갈 수 있는지를 잘 설명하고 있습니다.

그렇다면 우리가 소망해야 할 교회의 본래 모습은 어떤 것일까요?

첫째, 표적과 기사가 많이 일어나는 교회입니다.

"사도들의 손을 통하여 민간에 표적과 기사가 많이 일어나매 믿는 사람이 다 마음을 같이하여 솔로몬 행각에 모이고"(12절).

"예루살렘 부근의 수많은 사람들도 모여 병든 사람과 더러운 귀신에게 괴로움 받는 사람을 데리고 와서 다 나음을 얻으니라"(16절).

표적과 기사가 많이 일어나야 교회의 권세가 나타납니다. 예루살렘 교회에는 나면서 못 걷게 된 장애인을 비롯해서 여러 병자들이 고침을 받고, 귀신들린 자들에게서 귀신이 나가는 사건들이 계속 일어났습니다. 그리스도의 대리자이며 교회의 지도자인 사도 베드로를 통하여 이와 같은 표적과 기사가 많이 일어났습니다. 한 예로 성령을 속이고 외식으로 헌금했던 아나니아와 삽비라가 갑자기 죽었습니다. 이와 같은 표적이 왜 중요합니까? 표적을 통하여 하나님의 사심과 능력, 임재(**함께하심**)를 경험하게 되고 그리스도와 교회의 권세가 나타나기 때문입니다.

"심지어 병든 사람을 메고 거리에 나가 침대와 요 위에 누이고 베드로가 지날 때에 혹 그의 그림자라도 누구에게 덮일까 바라고"(15절).

둘째, 잘 모이는 교회입니다.

"사도들의 손을 통하여 민간에 표적과 기사가 많이 일어나매 믿는 사람이 다 마음을 같이하여 솔로몬 행각에 모이고"(12절).

아무리 교회의 역사가 오래되고 건물과 시설이 훌륭해도 모이지 않는다면 그 교회는 생명이 없는 교회요, 죽은 교회인 것입니다. 그러나 잘 모이는 교회는 살아 움직이는 교회요, 능력있는 교회임을 믿으시기를 바랍니다.

"날마다 마음을 같이하여 성전에 모이기를 힘쓰고 집에서 떡을 떼며 기쁨과 순전한 마음으로 음식을 먹고"(행 2:46).

초대 교회는 날마다 성전에 모이기를 힘쓰는 교회였습니다. 여기서 생각할 것은 그들의 모임 장소가 솔로몬 행각, 즉 예루살렘 성전이라는 것입니다. 그들은 골방이나 마당, 들이 아닌 성전 한가운데에서 모였습니다. 이것이 무엇을 뜻하는 것일까요? 예수님을 십자가에 못 박고, 사도들을 잡아 위협하고 있는 장본인들이 있는 곳이지만 그들을 두려워하지 않고, 또 핍박을 피하지 않고 오히려 공개적으로 그들의 믿음을 담대히 드러내면서 모였다는 것입니다. 이런 의미에서 모이는 것 자체가 믿음을 고백하는 것입니다. 그리스도인들은 모임을 통해서 우리에게 있어 무엇이 더 중요한지, 또 우리의 정체성이 무엇인지를 세상 사람들에게 분명히 보여줄 수 있어야 합니다.

잘 모이지 않는 교인의 종류에 대한 재미있는 이야기가 있습니다.
"감투 교인은 감투를 안 주면 나오지 않는 교인"
"인력거 교인은 심방을 가서 끌어내야만 겨우 나오는 교인"
"핑계 교인은 항상 핑계하며 잘 빠지는 교인"
"오락 교인은 친목회, 야유회 때만 나오는 교인"
"광고 교인은 사업 목적으로 이 교회 저 교회 다니는 교인"
"국회 의원 교인은 한 가정에 대표로 혼자 나오는 교인"

모일 때에 하나님이 함께하시고 하나님의 은혜를 체험할 수 있고, 모일 때에 우리의 정체성을 드러낼 수 있습니다.

"모이기를 폐하는 어떤 사람들의 습관과 같이 하지 말고 오직 권하여 그날이 가까움을 볼수록 더욱 그리하자"(히 10:25).

셋째, 백성들에게 칭찬을 듣는 교회입니다.

"그 나머지는 감히 그들과 상종하는 사람이 없으나 백성이 칭송하더라"(13절).

여기서 '그 나머지'는 복음을 듣고 표적을 보았으나 아직 믿지 아니하는 자들을 말합니다. '상종한다'는 헬라어로 콜라스다이라는 말인데 "밀착시키다, 붙어있다, 연합하다"라는 뜻입니다. 즉 이 말씀은 복음을 듣고 성령의 역사를 보았지만, 또 아직 그들처럼 공개적으로 믿음을 고백하고 그리스도인이 되지는 못했지만, 그 사람들이 교회와 성도들을 칭찬했다는 말입니다.

"믿고 주께로 나오는 자가 더 많으니 남녀의 큰 무리더라"(14절).

이런 역사는 우리 주위에 이와 같이 칭찬하는 사람들이 많이 생겨야 가능해진다는 사실을 기억하시기 바랍니다. 그러므로 교회가 성장하려면 먼저 교회에 대해서, 성도들에 대해서 좋은 인식을 가질 수 있도록 해야 합니다. 또 좋은 소문이 나야합니다. 성도들이 교회와 목사를 비난하는 한은 절대 전도할 수 없습니다.

지난 10년 통계청 인구 조사 결과를 보면, 카톨릭은 74.4% 증가, 불교 신자도 13.9% 증가했으나 기독교 신자는 1.6% 감소했다고 합니다. 교회의 대외 이미지 실추가 가장 큰 이유입니다. 이만재 작가의 『교회 가지 않는 이유 77가지』라는 책이 있습니다. 이 중 교회 경험이 있는 사람들이 교회가지 않는 이유는 38가지입니다. 몇 가지 내용은 다음과 같습니다.

- ✓ 기업화 된 교회의 위화감이 싫다.
- ✓ 빈민 구제의 외면이 싫다.
- ✓ 감사할 줄 모르는 탐욕 메카니즘이 싫다.
- ✓ 진짜 신앙인을 보지 못했다.
- ✓ 양보 없는 일등주의 세속성이 싫다.
- ✓ 세상과 타협하는 기회주의가 싫다.
- ✓ 이중인격자가 많다.
- ✓ 신분 차별 때문에 벽을 느꼈다.
- ✓ 교회에 쓸 만한 총각이 없다.

교회에 관심을 가지고 있는 사람도 이처럼 교회가 교회답지 않다고 생각합니다. 정말 우리가 섬기는 교회는 본문의 예루살렘 교회와 같은 교회다운 교회가 되길 소원합니다.

13

복음 증거와 성령
행: 5:17-32

¹⁷대제사장과 그와 함께 있는 사람 즉 사두개인의 당파가 다 마음에 시기가 가득하여 일어나서 ¹⁸사도들을 잡아다가 옥에 가두었더니 ¹⁹주의 사자가 밤에 옥문을 열고 끌어내어 이르되 ²⁰가서 성전에 서서 이 생명의 말씀을 다 백성에게 말하라 하매 ²¹그들이 듣고 새벽에 성전에 들어가서 가르치더니 대제사장과 그와 함께 있는 사람들이 와서 공회와 이스라엘 족속의 원로들을 다 모으고 사람을 옥에 보내어 사도들을 잡아오라 하니 ²²부하들이 가서 옥에서 사도들을 보지 못하고 돌아와 ²³이르되 우리가 보니 옥은 든든하게 잠기고 지키는 사람들이 문에 서 있으되 문을 열고 본즉 그 안에는 한 사람도 없더이다 하니 ²⁴성전 맡은 자와 제사장들이 이 말을 듣고 의혹하여 이 일이 어찌 될까 하더니 ²⁵사람이 와서 알리되 보소서 옥에 가두었던 사람들이 성전에 서서 백성을 가르치더이다 하니 ²⁶성전 맡은 자가 부하들과 같이 가서 그들을 잡아왔으나 강제로 못함은 백성들이 돌로 칠까 두려워함이더라 ²⁷그들을 끌어다가 공회 앞에 세우니 대제사장이 물어 ²⁸이르되 우리가 이 이름으로 사람을 가르치지 말라고 엄금하였으되 너희가 너희 가르침을 예루살렘에 가득하게 하니 이 사람의 피를 우리에게로 돌리고자 함이로다 ²⁹베드로와 사도들이 대답하여 이르되 사람보다 하나님께 순종하는 것

이 마땅하니라 [30]너희가 나무에 달아 죽인 예수를 우리 조상의 하나님이 살리시고 [31]이스라엘에게 회개함과 죄 사함을 주시려고 그를 오른손으로 높이사 임금과 구주로 삼으셨느니라 [32]우리는 이 일에 증인이요 하나님이 자기에게 순종하는 사람들에게 주신 성령도 그러하니라 하더라

유명한 골프 선수 버바 왓슨은 한 번도 스윙 레슨을 받지 않았고, 골프 레슨 비디오도 본 적이 없다고 합니다. 그러나 450 야드의 장타를 치고, 공을 똑바로 치는 것보다 커브로 치는 것이 쉽다고 하는 훌륭한 선수입니다. 각종 미디어에서 그를 소개할 때 독실한 크리스천이라는 점을 가장 먼저 이야기합니다. 사실 그는 자신의 트위터에서 자신을 '크리스천이며, 남편이자 아버지이고, 프로 골퍼'라고 소개할 뿐 아니라 프로 골퍼들의 성경 공부도 인도하고 있다고 소개합니다.

우리 그리스도인이 세상에 영향을 미치는 삶을 살려면 이처럼 정체성을 분명히 해야 합니다. 누구에게나 자신이 그리스도인임을 드러낼 수 있어야 합니다.

그럼 내가 그리스도인이라는 정체성을 어떻게 잘 드러낼 수 있을까요? 그것은 그리스도의 복음을 전하는 것입니다. 복음의 증인이 될 때 그것을 가장 잘 나타낼 수 있습니다. 본문은 복음의 증인으로 사는 삶의 의미에 대해서 말하고 있습니다.

복음의 증인이 된다는 것은 무엇을 의미합니까?

첫째, 그리스도의 죽으심과 부활을 증언하는 것입니다.

"이스라엘에게 회개함과 죄 사함을 주시려고 그를 오른손으로 높이사 임금과 구주로 삼으셨느니라"(31절).

예수님의 죽음과 부활은 역사적 사실이고 부정할 수 없는 실제적 사건입니다. 사도들이 보고 듣고 경험한 사건입니다. 그들 모두는 부활하신 예수 그리스도를 만났습니다. 증언은 자기가 보고 듣고 경험해서 알고 믿게 된 것을 그대로 전하는 것입니다. 이런 의미에서 증언의 목적은 믿지 못하는 사람들, 경험하지 못한 사람들을 믿게 하는데 있습니다.

"태초부터 있는 생명의 말씀에 관하여는 우리가 들은 바요 눈으로 본 바요 자세히 보고 우리의 손으로 만진 바라"(요일 1:1).

부활의 역사적 사건을 신앙적 사건으로 경험하게 될 때 우리는 부활하신 주님을 만납니다. 예수 그리스도께서 나를 위해 죽으시고 부활하신 사실을 믿고 내 삶의 구주와 주로 영접할 때, 예수의 영이신 성령께서 내 안에 들어와 거하시게 되는 영적 경험을 하게 됩니다. 이런 신앙적 사건이 일어났다면 그 사람은 부활하신 주님을 만난 것입니다. 그리고 부활하신 주님을 만난 사람은 반드시 자신이 만난 그리스도에 대해 증언해야 합니다.

우리가 그리스도의 부활을 증언하기 위해서, 부활을 믿지 못하는 자들을 믿게 하기 위해서 필요한 것이 무엇입니까? 죽음을 두려워하지 않는 담대함입니다. 순교적 각오로 복음을 전하는 모습입니다. 또한 현재의 보이는 가치에 집착하지 않는 모습입니다.

"물건을 통용하고 자기 재물을 조금이라도 자기 것이라 하는 이가 하나도 없더라"(행 4:32).

"가서 성전에 서서 이 생명의 말씀을 다 백성에게 말하라 하매"(20절).

"사람이 와서 알리되 보소서 옥에 가두었던 사람들이 성전에 서서 백성을 가르치더이다 하니"(25절).

우리는 자기의 재물을 팔아 성도들의 필요를 채우는 예루살렘 교회와 생명의 위협을 받으면서도 담대히 복음을 전하는 사도들에게서 부활의 증인의 모습을 볼 수 있습니다.

둘째, 하나님께 순종하는 것입니다.

"우리는 이 일에 증인이요 하나님이 자기에게 순종하는 사람들에게 주신 성령도 그러하니라 하더라"(32절).

"가서 성전에 서서 이 생명의 말씀을 다 백성에게 말하라"(20절): **명령**
"그들이 듣고 새벽에 성전에 들어가서 가르치더니"(21절): **순종**

순종은 헬라어로 '휘파코에'로서 신약 성경에 오직 4번만 등장하는 단어입니다. 이것은 절대적인, 이유가 없는 순종을 말합니다. 그리스도의 복음을 증거 하는 것은 하나님께 순종하는 것입니다. 내가 하고 싶어서 혹은 다른 사람을 위해 하는 일이 아닙니다. 복음 증거는 내 선택

사항이 아닌 하나님의 뜻이고 명령입니다. 때문에 어떤 상황과 조건에서도 그리스도인들은 복음을 증거 해야 합니다.

"너는 말씀을 전파하라 때를 얻든지 못 얻든지 항상 힘쓰라"(딤후 4:3).

특별히 복음 증거는 그리스도의 주되시고 왕 되심을 선포하는 것입니다. 죄로 멸망할 자들을 구원하는 사역이기 전에, 그리스도의 주되시고 왕 되심을 세상에 선포하는 일에 순종하는 것에 그 중요성이 있습니다.

"하늘과 땅의 모든 권세를 내게 주셨으니 그러므로 너희는 가서 모든 민족을 제자로 삼아 아버지와 아들과 성령의 이름으로 세례를 베풀고 내가 너희에게 분부한 모든 것을 가르쳐 지키게 하라 볼지어다 내가 세상 끝날까지 너희와 항상 함께 있으리라 하시니라"(마 28:18-20).

복음 증거는 하늘과 땅의 모든 권세를 가지신 왕 되신 주님께 순종하는 것입니다. 본문의 사도들이 부활을 증거 하는 것은 예수님을 죽인 장본인들에게는 자신을 정죄하는 행위요(28절), 부활을 믿지 않는 사두개인들에게는 그들의 교리에 정면 도전하는 것이었기 때문에 분노와 시기의 대상이 될 수밖에 없었습니다. 그러나 그들은 왕이신 주님께 받은 명령이고 사명으로 복음을 증거 했던 것입니다. 입술로 예수 그리스도를 주님, 주님하며 고백할지라도 혹 내가 당하는 불이익 때문에 복음을 증거 하지 않는다면 그 고백은 온전할 수가 없습니다. 오늘날도 복음 증거에는 반드시 고난과 핍박, 그리고 죽음의 위험이 있습니다. 일제 강점기 때는 '예수의 이름 권세요'라는 찬송을 부르지 못하도록 찬송가에 종이를 부치고 예배당에 들어갈 때마다 조사했다고 합니다.

그러므로 우리가 복음을 증거 할 때는 왕이신 주님께 순종하는 자세로, 사람 이전에 하나님을 기쁘시게 하려는 마음으로 해야 합니다. 사람을 두려워하거나 사람의 눈치를 보면서 복음을 타협해서는 절대 안 됩니다.

셋째, 성령과 동역하는 것입니다.

> "이스라엘에게 회개함과 죄 사함을 주시려고 그를 오른손으로 높이사 임금과 구주로 삼으셨느니라"(31절).

복음을 증거 할 때는 반드시 성령이 함께 역사하십니다. 위협과 핍박, 시기도 있지만 성령께서 감당할 용기와 피할 수 있는 지혜를 주시고, 능력과 표적, 기사를 행하십니다.

> "오직 성령이 너희에게 임하시면 너희가 권능을 받고 예루살렘과 온 유대와 사마리아와 땅끝까지 이르러 내 증인이 되리라"(행 1:8).

성령의 권능은 병자를 치유하고 기적을 일으키는 것만이 아닙니다. 핍박과 위협 앞에서도 두려움 없이 담대히 복음을 전할 수 있는 용기와 지혜, 구변도 성령의 권능입니다. 이것이 바로 복음의 증인이 될 때 우리가 누리는 특권입니다.

"내가 매일 기쁘게 순례의 길 행함은 주의 팔이 나를 안보함이요…성령이 계시네 할렐루야 함께 계시네 좁은 길을 걸으며 밤낮 기뻐하는 것 주의 영이 함께 함이라"(찬 192).

표적과 기사가 일어날 때 교회와 성도는 하나님의 동행하심과 도우심을 믿게 됩니다. 단 한 번의 표적과 기사로도 하나님의 살아계심과 약속을 믿게 되고 계속해서 담대히 복음을 증거 할 수 있게 됩니다. 선교지에서 소경이 눈을 뜨는 표적을 직접 눈으로 보게 되면, 어떤 어려운 상황에서도 하나님이 함께 하심을 증거로 믿게 됩니다. 그런 표적을 통해 아무리 위험한 곳이라도 복음을 위해서 또 나아갈 수 있게 되는 믿음이 생깁니다.

그러므로 우리가 복음을 전할 때 반드시 기억해야 할 것은 복음 증거는 나 혼자 하는 것이 아니라 성령과 동역하는 것임을 기억하는 것입니다. 나 혼자 하는 일이면 불가능도 실패도 있을 수 있지만 하나님의 성령과 동역하는 것이기 때문에 불가능도 없고 실패도 없습니다.

"너희는 가서 모든 족속으로 제자로 삼아 아버지와 아들과 성령의 이름으로 세례를 베풀고 내가 너희에게 분부한 모든 것을 가르쳐 지키게 하라 **볼지어다(강조) 내가 세상 끝날까지 너희와 항상 함께 있으리라 하시니라**"(마 28:19-20).

주님이 함께 하심을 언제, 누구에게 약속했습니까? 주님의 명령에 순종하여 땅끝까지 복음의 증인으로 살아 갈 때에 주님께서 함께 하시고 도우시겠다고 약속하셨음을 항상 기억하시기를 바랍니다.

주님은 우리가 그리스도인의 정체성을 드러내며 살기를 원하십니다. 그리스도인의 정체성을 분명히 드러낼 수 있는 방법은 복음을 증거 하는 것입니다. 부활하신 그리스도를 만나고, 그분의 영이신 성령께서 우리 안에 거하신다면 우리가 만난 그리스도를 증거 할 수 있어야 합니다. 하나님께 순종하는 자세로, 그리고 성령과 동역하는 확신과 기쁨으로 복음을 전할 수 있을 것입니다.

14 예수를 위해 사는 삶

행: 5:33-42

³³그때에 그들이 듣고 크게 노하여 사도들을 없이하고자 할새 ³⁴바리새인 가말리엘은 율법교사로 모든 백성에게 존경을 받는 자라 공회 중에 일어나 명하여 사도들을 잠깐 밖에 나가게 하고 ³⁵말하되 이스라엘 사람들아 너희가 이 사람들에게 대하여 어떻게 하려는지 조심하라 ³⁶이전에 드다가 일어나 스스로 선전하매 사람이 약 사백 명이나 따르더니 그가 죽임을 당하매 따르던 모든 사람들이 흩어져 없어졌고 ³⁷그 후 호적할 때에 갈릴리의 유다가 일어나 백성을 꾀어 따르게 하다가 그도 망한즉 따르던 모든 사람들이 흩어졌느니라 ³⁸이제 내가 너희에게 말하노니 이 사람들을 상관하지 말고 버려 두라 이 사상과 이 소행이 사람으로부터 났으면 무너질 것이요 ³⁹만일 하나님께로부터 났으면 너희가 그들을 무너뜨릴 수 없겠고 도리어 하나님을 대적하는 자가 될까 하노라 하니 ⁴⁰그들이 옳게 여겨 사도들을 불러들여 채찍질하며 예수의 이름으로 말하는 것을 금하고 놓으니 ⁴¹사도들은 그 이름을 위하여 능욕 받는 일에 합당한 자로 여기심을 기뻐하면서 공회 앞을 떠나니라 ⁴²그들이 날마다 성전에 있든지 집에 있든지 예수는 그리스도라고 가르치기와 전도하기를 그치지 아니하니라

사람은 누구나 자기가 중요하다고 생각하는 것을 위해 삽니다. 우리

에게 가장 중요한 것은 무엇입니까? 외모입니까? 세계에서 외모 지상주의가 가장 심한 나라는 미국이라고 합니다. 한국도 아시아 국가 중 5위일 정도로 외모를 중요하게 생각합니다. 건강입니까? 한국의 기혼 여성 10명 중 6명은 자신의 건강을 위해 한 달에 지출하는 비용이 0원이라고 합니다. 특히 한국 주부들은 1년 동안 건강검진을 받는 비율이 30%에도 미치지 못한다고 합니다. 자녀입니까? 한국 사람에게 자녀는 참 중요한 것 같습니다. 다른 나라에는 없는 기러기 아빠(아내와 자식을 외국 유학 보내고 혼자 사는 삶)가 있는 것만 봐도 그렇습니다. 이들의 월평균 송금액은 300~500만원이 34%, 500~700만원이 30%, 이들 중 15%는 자신의 소득보다도 더 많은 돈을 자녀를 위해 송금합니다. 아니면 돈, 명예입니까?

우리 그리스도인들에게는 무엇이 가장 중요합니까? 구원 받은 그리스도인들은 이 땅에서 무엇을 위해 살아가야 합니까? 전에 교회를 핍박하던 바울은 예수 그리스도를 만난 후 이렇게 고백합니다.

> "그가 모든 사람을 대신하여 죽으심은 살아 있는 자들로 하여금 다시는 그들 자신을 위하여 살지 않고 오직 그들을 대신하여 죽었다가 다시 살아나신 이를 위하여 살게 하려 함이라"(고후 5:15).

> "그런즉 누구든지 그리스도 안에 있으면 새로운 피조물이라 이전 것은 지나갔으니 보라 새 것이 되었도다"(고후 5:17).

> "내가 그를 위하여 모든 것을 잃어버리고 배설물로 여김은 그리스도를 얻고 그 안에서 발견되려 함이니"(빌 3:8).

예수를 믿는 우리 그리스도인들은 이 땅에서 예수 그리스도를 위해서 살아야 할 존재입니다. 그리스도인에게 가장 중요한 것은 바로 예수 그리스도입니다. 본문에서 부활하신 예수 그리스도를 만난 사도들은 정말 예수를 위해 살았습니다.

40절--예수의 이름으로 말하고(예수 그리스도의 왕 되심을 선포함)

41절--예수의 이름을 위하여 능욕을 받으며

42절--날마다 어디서든지 예수는 그리스도라고 가르치고 전도하는 일을 그치지 아니함

사도들의 삶의 중심이 예수였음을 보여줍니다. 그들은 정말 예수를 위한 삶, 즉 예수가 목적이 되고 예수가 이유가 되는 삶을 살았습니다.

그렇다면 예수를 위해 사는 삶은 어떤 것입니까? 본문을 통해서 예수를 위하여 사는 삶의 3가지 특징에 대해 생각해보려고 합니다.

첫째, 예수를 위해 사는 삶은 반드시 고난이 있습니다.

> "너희가 세상에 속하였으면 세상이 자기의 것을 사랑할 것이나 너희가 세상에 속한 자가 아니요 도리어 내가 너희를 세상에서 택하였기 때문에 세상이 너희를 미워하느니라 내가 너희에게 종이 주인보다 더 크지 못하다 한 말을 기억하라 사람들이 나를 박해하였은즉 너희도 박해할 것이요"(요 15:19-20).

그러므로 우리가 예수를 위해 살기 위해서는 핍박과 고난을 각오해야 합니다. 고난에 대한 생각이 바뀌어야 합니다. 예수 때문에 이 땅에

서 핍박과 고난을 당하는 것을 가치 있게 여길 수 있어야 합니다. 본문 41절의 헬라어 뜻은 "모욕당하는 것을 가치 있게 생각하고 명예롭게 여겼다"입니다. 그런데 왜 그들은 모욕당하는 것을 가치 있게 여기고 기뻐할 수 있었습니까? 왜냐하면 당하는 모든 고난으로 인하여 하늘에 상급이 더 큰 것을 알았기 때문입니다.

"나로 말미암아 너희를 욕하고 박해하고 거짓으로 너희를 거슬러 모든 악한 말을 할 때에는 너희에게 복이 있나니 기뻐하고 즐거워하라 하늘에서 너희의 상이 큼이라 너희 전에 있던 선지자들도 이같이 박해하였느니라"(마 5:11-12).

조선 시대에는 매품팔이꾼이 있었습니다. 매를 맞는 것을 직업으로 삼고 사는 사람들이었습니다. 부자나 양반 중에 돈이 있는 사람은 잘못을 저지르고 곤장을 맞게 되면 매품팔이를 돈을 주고 삽니다. 한 대에 한 냥씩 주기로 하고 매품팔이 하는 사람을 대신 보냅니다. 적지 않은 돈입니다. 매품팔이 하는 사람이 관가에 나아가면 관원이 밧줄로 형틀에 붙들어 맨 다음 죄 값만큼 곤장을 칩니다. 그러면 이 사람이 웃을 것 같습니까? 죽겠다고 야단할 것 같습니까? 그들은 고통을 잘 참아냅니다. 내심으로는 기뻐하면서 한 번 치면 한 냥, 두 번 치면 두 냥. 이렇게 세어가며 수 십대를 맞는 것입니다. 즉 돈을 보고 매를 맞는 것입니다. 매품팔이꾼들은 매를 맞으며 고난을 당하면서도 돈을 보고 내심으로 기뻐하였습니다. 그렇다면 우리는 주님을 생각하고 고난에도 기뻐해야 합니다. 그들은 매를 맞으면서 돈을 보고 기뻐했지만 우리는 고난 속에서도 하늘의 상급을 기대하며 기뻐해야 합니다.

둘째, 예수를 위해 사는 삶은 반드시 하나님의 도우심이 있습니다(33-40절)

본문에서 우리는 하나님의 섭리적 도우심을 확인할 수 있습니다. 사도들이 산헤드린 공회 앞에서 판결을 받는, 사형도 얼마든지 가능한 절망적인 상황에 있을 때, 하나님께서 뜻하지 않게 경건한 바리새인 공회원 가말리엘을 통해 사도들을 구원하셨습니다(35-39절)

> "말하되 이스라엘 사람들아 너희가 이 사람들에게 대하여 어떻게 하려는지 조심하라 이 전에 드다가 일어나 스스로 선전하매 사람이 약 사백 명이나 따르더니 그가 죽임을 당하매 따르던 모든 사람들이 흩어져 없어졌고 그 후 호적할 때에 갈릴리의 유다가 일어나 백성을 꾀어 따르게 하다가 그도 망한즉 따르던 모든 사람들이 흩어졌느니라 이제 내가 너희에게 말하노니 이 사람들을 상관하지 말고 버려 두라 이 사상과 이 소행이 사람으로부터 났으면 무너질 것이요 만일 하나님께로부터 났으면 너희가 그들을 무너뜨릴 수 없겠고 도리어 하나님을 대적하는 자가 될까 하노라 하니"(35-39절).

가말리엘은 어떤 사람입니까? 바리새인이고 율법교사, 공회원(산헤드린 회원)으로 존경받는 사람입니다. 그런데 그는 정말 하나님을 경외하는 사람이었습니다. 본문 38-39절을 보면 그는 모든 일을 하나님 중심적으로 생각하고 말합니다. 그래서 가말리엘은 이 문제를 충동적으로 처리하지 말고 심사숙고할 것을 촉구합니다. 여기에 누구도 이의를 제기하지 않고, 다만 채찍질하고 그를 놓아줍니다.

예수, 복음 증거를 위해 사는 삶에는 반드시 하나님의 섭리적 도우심이 있습니다. 이것은 주님의 유언적 약속입니다.

"내가 세상 끝날까지 너희와 항상 함께 있으리라."

하나님은 과거에나 현재에나 주님을 위해 사는 주님의 종들의 삶을 돌보시고 섭리하십니다. 많은 경우 사람을 통해서 도우시고, 심지어 하나님의 사자, 천사들을 보내주십니다.

셋째, 예수를 위해 사는 삶은 복음의 열정이 있어야 합니다.

예수를 위해 산다는 것은 예수 그리스도가 우리의 구주가 되심을 모든 순간, 모든 사람들에게 확신을 가지고 전하며 사는 것입니다. 42절의 '날마다'는 매일매일, 그리고 하루 종일을 의미합니다. 또한 '성전에 서든지'는 성전 경비대들이 경계를 서는 성전에서 예전처럼 공개적으로 복음을 전하는 것을 말합니다. 오늘 우리에게도 이와 같은 복음의 열정이 있습니까? 안타깝지만 열정이 보이지 않습니다. 지금까지 다 해봤지만 안 된다는 의식이 많기 때문입니다. 일본의 구원준 선교사의 이야기입니다. 많은 일본 선교사들이 패배주의로 자포자기 하고 있는 상황에서 구원준 선교사는 포기하지 않았습니다. 직접 가정을 방문하여 전도하였고, 100가정 전도하면 적어도 한 가정은 예수를 영접한다고 하며 계속 도전합니다. 주님을 위해 사는 삶에는 이러한 열정이 있어야 합니다.

구 소련 연방을 창건한 블라디미르 레닌에 대해 그의 친구는 이렇게 말합니다.

"레닌은 혁명 이외에는 아무 것도 생각하지 않았습니다. 그의 화제는 혁명뿐입니다. 그는 혁명을 먹고 마십니다. 그가 밤에 꿈을 꾼다면 틀림없이 혁명에 관한 꿈을 꿀 것입니다."

우리도 이와 같은 열정을 가져야 합니다. 입으로만 주님을 사랑한다고 해서는 안 됩니다. 예수 그리스도의 주님 되심을 증거 하는 삶을 살기 위해서는 나에게 먼저 확신이 있어야 합니다. 예수님이 정말 나를 대신하여 죽으신 사실과 그가 다시 부활하신 사실, 그를 믿으면 영원한 생명을 얻는다는 사실을 확실히 믿어야 합니다.

"선생님 세상에 열 손가락과 페달을 밟는 두 다리만 가지고 어떻게 천사가 연주하듯이 아름답게 연주할 수 있습니까? 그 비결이 무엇입니까?"
  음악가 헨델의 오르간 연주를 들은 젊은 음악도의 질문에 헨델은 다음과 같이 대답합니다.
"이 사람아! 이 오르간 연주가 손가락 열 개로 하는 것인가? 두 다리로 페달을 밟는다고 되는 것인가? 사네의 정신 자세가 틀렸네. 나는 오르간을 연주할 때 마음을 다하고 생각을 다하고 뜻을 다하고 힘을 다하고 목숨을 다해서 내가 내 몸 전체를 던져 연주하는 것이지 손가락만 가지고 하는 것이 아닐세."

"네 마음을 다하고 목숨을 다하고 뜻을 다하고 힘을 다하여 주 너희 하나님을 사랑하라 하신 것이요"(막 12:30-31).

주님을 믿고 따르는 우리의 삶도 이처럼 마음을 다하고 뜻을 다하고 몸 전체를 던지는 열정이 있기를 주님께서는 원하십니다.

여러분 구원 받으셨습니까? 정말 주님을 사랑하십니까?

그렇다면 이제는 예수 그리스도를 위해 사는 삶인 줄 믿으시기 바랍니다. 그 삶에는 당연히 고난과 핍박이 있음을 각오하시기 바랍니다. 그러나 그 고난 때문에 하늘의 상급이 큰 것을 믿으시고 고난 중에도 하나님의 세밀한 도우심이 반드시 있음을 믿으시기 바랍니다. 정말 예수를 위해 살기를 원한다면 복음의 확신과 열정을 가지고 사시기를 바랍니다. 언제 어디서든지 예수가 우리의 구주와 주가 되신다고 선포하시기를 바랍니다. 그것이 참 그리스도인이고, 그렇게 복음을 증거하며 사는 삶이 가장 그리스도인다운 삶입니다.

15 교회의 일꾼

행: 6:1-6

¹그때에 제자가 더 많아졌는데 헬라파 유대인들이 자기의 과부들이 매일의 구제에 빠지므로 히브리파 사람을 원망하니 ²열두 사도가 모든 제자를 불러 이르되 우리가 하나님의 말씀을 제쳐놓고 접대를 일삼는 것이 마땅하지 아니하니 ³형제들아 너희 가운데서 성령과 지혜가 충만하여 칭찬받는 사람 일곱을 택하라 우리가 이 일을 그들에게 맡기고 ⁴우리는 오로지 기도하는 일과 말씀 사역에 힘쓰리라 하니 ⁵온 무리가 이 말을 기뻐하여 믿음과 성령이 충만한 사람 스데반과 또 빌립과 브로고로와 니가노르와 디몬과 바메나와 유대교에 입교했던 안디옥 사람 니골라를 택하여 ⁶사도들 앞에 세우니 사도들이 기도하고 그들에게 안수하니라

초대 교회의 부흥은 폭발적이었습니다. 교회가 교회답고, 교회된 본래의 속성을 가지게 되면 부흥합니다. 교회가 해야 할 일을 하고, 본래 모습을 회복하면 반드시 부흥하기 마련입니다. 그러나 부흥하는 교회, 은혜 충만한 초대 교회에도 문제가 있었습니다.

부흥하는 교회나 부흥하지 않는 교회나 문제는 있습니다. 큰 교회나 작은 교회나 문제가 없는 교회는 없습니다. 지상 교회는 구원 받은 죄인들이 모이는 곳이고, 사탄은 계속해서 교회를 공격하고 있기 때문에 완전한 교회는 없습니다. 중요한 것은 이 문제를 어떻게 해결하느냐 하는 것입니다.

> "내가 이 반석 위에 내 교회를 세우리니 음부의 권세가 이기지 못하리라"(마 16:18).

초대 예루살렘 교회는 지금의 이민교회처럼 이중문화권의 두 회중이 있던 교회입니다. 팔레스타인을 떠나지 않고 아람어를 쓰면서 율법의 전통을 지키던 히브리파 유대인과 고국을 떠나 해외에서 살면서 헬라어를 쓰고 헬라 문화권에서 살다가 나이가 들어 고향인 예루살렘에 와서 살던 헬라파 디아스포라 유대인이 교회 안에 함께 있었습니다. 서로 문화와 언어가 다르면 의사소통의 문제가 생기고 자연히 갈등이 생길 수밖에 없습니다. 특히 히브리파 유대인들은 난민 생활을 하다가 돌아온 헬라파 유대인들을 차별했습니다. 서로 문화가 달라도 이해하고 하나 되고, 좀 서운한 것이 있어도 감사한 마음으로 교회에 나와야 하는데 서로 원망하고 비난했습니다.

> "그때에 제자가 더 많아졌는데 헬라파 유대인들이 자기의 과부들이 매일의 구제에 빠지므로 히브리파 사람을 원망하니"(1절).

중요한 것은 교회가 이 문제를 어떻게 해결하였느냐 하는 것입니다. 초대 예루살렘 교회는 일꾼, 즉 일곱 집사를 세웠습니다. 무조건 세운 것이 아닌 확실한 동기와 원리로 세웠습니다. 그것이 무엇입니까?

첫째, 사역의 우선순위에 따라 세웠습니다.

> "열두 사도가 모든 제자를 불러 이르되 우리가 하나님의 말씀을 제쳐놓고 접대를 일삼는 것이 마땅하지 아니하니"(2절).

교회의 세 가지 사역인 복음 증거, 교제, 봉사 중에서 무엇이 가장 중요합니까? 저는 말씀 사역과 복음 증거, 즉 선교와 전도가 최우선이라고 말하고 싶습니다. 교회는 어떤 경우에도 말씀 사역과 복음 증거를 뒤로 미루고 봉사나 친교를 우선해서는 안 됩니다. 말씀이 빠진 교제와 봉사는 세상적이고 인간적인 것이 될 수밖에 없습니다. 그래서 사역의 우선순위를 알고 결정하는 것은 매우 중요합니다. 이것은 교회를 섬길 때 발생하는 문제 해결의 실마리가 됩니다.

시카고 뉴라이프교회는 교회 시작부터 이 우선순위를 바로 알았습니다. 다른 무엇보다도 주님이 교회에 주신 至上命令(Great commission)에 순종하며 선교와 복음 증거를 우선해왔습니다. 앞으로도 이 부분에 있어서 절대 흔들림이 없어야 합니다. 모든 일이 그렇지만 다 잘 할 수는 없습니다. 불가능합니다. 그러므로 우선순위가 무엇인지 반드시 생각하고 그 일을 우선해야 합니다. 목사도 반드시 복음 증거-설교, 성경 공부, 제자 훈련을 우선해야 합니다. 목사가 친교, 봉사, 심방, 상담을 더 중요하게 여기면 탈진하게 되고 능률적으로 사역할 수 없고 절대 부흥할 수 없습니다.

둘째, 위임과 협력의 원칙에 따라 세웠습니다.

"형제들아 너희 가운데서 성령과 지혜가 충만하여 칭찬받는 사람 일곱을 택하라 우리가 이 일을 그들에게 맡기고"(3절).

본문을 보면 구제는 사도들이 맡아 하던 일입니다. 그런데 그 구제에 문제가 생기자 집사를 세워 그 일을 대신 맡겼습니다(*kathistemi*=turn this responsibility, appoint) 사도들이 다른 사역으로 영적, 정서적 자원을 낭비하지 않고 기도와 말씀 증거에 집중할 수 있도록 한 것입니다. 여기에서 우리가 생각해야 할 것은 사도가 먼저이고 그 사도들의 사역을 돕기 위해서 교회가 7 집사를 세웠다는 사실입니다. 즉 교회의 직분자들은 우선적으로 목회자의 사역을 돕기 위해서 세우는 것입니다. 안수식은 사역의 능률을 위해서 직분자에게 목회자의 책임 일부를 위임하는 예식입니다. 우리는 절대로 이것을 잊으면 안 됩니다. 이 원리를 잊어버리면 교회 안에 질서가 무너지고, 직분자를 세우는 일로 문제가 발생하게 됩니다. 직분자는 물론 교인들이 뽑지만 목회자의 책임이 무거워 도울 사람이 필요하다고 판단 될 때 뽑아 세우는 것입니다. 초대 교회는 이 원리에 따라 집사를 세웠고 교회의 문제를 해결했습니다.

셋째, 이해와 사랑의 원리에 따라 세웠습니다.

"온 무리가 이 말을 기뻐하여 믿음과 성령이 충만한 사람 스데반과 또 빌립과 브로고로와 니가노르와 디몬과 바메나와 유대교에 입교했던 안디옥 사람 니골라를 택하여"(5절).

7집사의 이름을 자세히 보면 한 사람만 빼고 다 헬라식 이름인 것을 알 수 있습니다. 한 사람 니골라는 이방인으로 유대교에 입교한 사람입니다(5절). 이것은 초대 교회가 히브리파 회중 가운데서 집사를 세우지 않고 헬라파 회중 가운데에서 집사를 뽑아 세웠다는 것을 의미합니다. 좀 더 자세히 설명하면 헬라파 과부들의 불평을 해결하기 위해서 헬라파 집사를 세워 그 분배를 책임지게 한 것입니다. 불만이 있는 바로 그들에게 사역을 맡겼습니다. 교회가 그들의 문제를 이해했기 때문입니다.

난민으로 살다가 황혼의 나이에 고국으로 돌아와서 고생하는 그들에게 분명히 우리가 모르는 이유가 있을 것이다. 그러니 그들의 사정을 잘 아는 헬라파 유대인들에게 이 문제를 맡기기로 한 것입니다.

교회의 문제는 서로 이해하고 긍휼히 여기는 마음을 가지고 접근할 때 얼마든지 양보하고 해결할 수 있습니다.

넷째, 신앙적 기준에 따라 세웠습니다.

미국 텍사스주의 엘파소 교회를 담임했던 유명한 설교가 헛셀 포드 목사의 일화입니다. 헛셀 포드 목사님에게 어떤 교인이 찾아왔습니다. 그 사람은 다른 교회를 여기저기 다니다가 소문을 듣고 엘파소 교회를 찾아온 교인이었습니다. 그는 "목사님, 나는 교회에서 항상 바른 말만 합니다. 항상 옳고 그른 것을 가려서 판단하는 비판가입니다"라고 말했습니다. 그때 헛셀 포드 목사님이 이렇게 대답합니다. "나는 당신이 우리 교회에 나오는 것을 원치 않습니다. 왜냐하면 우리 교회에는 당신 말고도 비판하고 판단하는 사람은 얼마든지 있기 때문입니다." 헛셀 포드 목사님은 자기 교회에 필요 없는 사람과 꼭 필요한 사람을 다음과 같이 이야기했습니다.

초대 교회는 일꾼을 세울 때 어떤 사람을 필요로 했습니까?

"믿음과 성령이 충만하여 칭찬 듣는 사람"(3, 5절)입니다. 초대 교회 부흥의 비결은 일꾼을 아무나 세우지 않은 것입니다. 요즘말로 하면 세상적 조건과 기준(돈, 지식, 지위 등)에 따라 세우지 않았습니다. 또 교회에서 다른 사람보다 일을 좀 더 한다고, 헌금을 좀 더 했다고 세우지 않았습니다. 교인들이 볼 때 믿음과 성령이 충만한 사람, 교회 밖에서도 칭찬을 듣는 사람을 세웠습니다.

교회에 필요 없는 사람 & 꼭 필요한 사람

1. 교회에 필요없는 사람

- 여전히 죄악 가운데 있는 사람

- 높은 지위를 얻으려고 애쓰는 사람

- 비건설적인 비판에 빠져 있는 사람

- 매사에 부정적인 사람

- 남의 소문이나 퍼뜨리고 다니는 사람

- 감정을 잘 상하는 사람(잘 삐지고 시험에 잘 드는 사람)

2. 교회에 꼭 필요한 사람

- 책임감 있고 성실한 사람

- 솔선수범하는 사람

- 통찰력을 가진 사람

- 낙관적인 사람

- 부지런한 사람

- 인색하지 않은 사람

교회의 일꾼, 직분자를 세울 때 가장 중요한 것은 신앙적 기준입니다. 구원의 확신도 없는 사람, 세상 사람도 비난하는 사람을 교회의 일꾼으로 세울 수 있습니까? 교인들에게 모범이 되지 못하는 사람, 섬김의 직분을 가지고 섬김을 받으려는 사람을 어떻게 교회의 장로, 집사, 권사로 세울 수 있겠습니까? 그러므로 교회의 직분자는 반드시 신앙적 기준에 따라 세워야 합니다. 정말 믿음의 비밀을 가진 사람, 성령 충만한 사람, 지혜의 사람, 세상 사람들에게도 칭찬 받는 사람, 반드시 신앙적으로나 인격적으로나 검증된 사람을 세워야 합니다. 그래야 교회에 문제가 생기지 않습니다. 교회의 질서가 세워지고 효과적으로 사역을 할 수 있게 됩니다. 그러면 교회가 부흥합니다.

초대 교회는 이런 사람들을 집사로 세웠습니다. 때문에 교회의 문제도 해결하고, 또 놀라운 하나님의 부흥도 체험할 수 있었습니다.

"하나님의 말씀이 점점 왕성하여 예루살렘에 있는 제자의 수가 더 심히 많아지고 허다한 제사장의 무리도 이 도에 복종하니라"(행 6:7).

교회는 성장해가는 가운데 문제가 생길 수 있습니다. 교인이 늘고 새로운 사역이 늘어 가면 원하지 않는 문제들이 생길 것입니다. 우리는 그때마다 지혜롭게 문제를 해결하고 교회의 질서를 세워나가야 합니다. 초대 교회가 7집사를 세웠던 그 원리에 따라 교회의 직분자를 세움으로 갈등의 문제를 해결하고 위기를 타개해 나가며 계속 성장하고 쓰임 받는 교회가 되어야 합니다.

하나님이 세우신 우리 교회는 정말 특별한 교회입니다. 교회를 섬기는 동안 하나님께서 우리에게, 그리고 모든 교회에게 이런 은혜를 주시기를 소원합니다.

16

전도자 스데반
행: 6:8–15

⁸스데반이 은혜와 권능이 충만하여 큰 기사와 표적을 민간에 행하니 ⁹이른 바 자유민들 즉 구레네인, 알렉산드리아인, 길리기아와 아시아에서 온 사람들의 회당에서 어떤 자들이 일어나 스데반과 더불어 논쟁할새 ¹⁰스데반이 지혜와 성령으로 말함을 그들이 능히 당하지 못하여 ¹¹사람들을 매수하여 말하게 하되 이 사람이 모세와 하나님을 모독하는 말을 하는 것을 우리가 들었노라 하게 하고 ¹²백성과 장로와 서기관들을 충동시켜 와서 잡아가지고 공회에 이르러 ¹³거짓 증인들을 세우니 이르되 이 사람이 이 거룩한 곳과 율법을 거슬러 말하기를 마지 아니하는도다 ¹⁴그의 말에 이 나사렛 예수가 이곳을 헐고 또 모세가 우리에게 전하여 준 규례를 고치겠다 함을 우리가 들었노라 하거늘 ¹⁵공회 중에 앉은 사람들이 다 스데반을 주목하여 보니 그 얼굴이 천사의 얼굴과 같더라

장로교의 길선주 목사와 성결교의 이성복 목사는 한국 교회 복음의 확산과 부흥의 주역입니다. 길선주 목사는 평안도를 중심으로, 이성복 목사는 호남을 중심으로 사역을 했습니다. 사도행전 1-5장은 베드로를 중심으로 히브리파 유대인들에게 복음을 전한 내용이고, 사도행전 5장 하반부부터 6-8장은 헬라파 유대인들에게 복음을 전한 이야기가 기록되어 있습니다. 그런데 헬라파 유대인들에게 복음을 전한 사람 중의 대표자가 바

로 일곱 집사 중 한 사람인 스데반 집사입니다. 여기서 흥미로운 것은 스데반과 빌립 집사는 사실 구제와 봉사를 위해서 택함 받은 사람들이었지만, 이 두 집사는 구제를 했다는 기록은 없고 오히려 자기와 같은 형편의 헬라파 사람들에게 헬라말로 복음을 전했다는 것입니다.

여기에서 우리가 생각하고 또 받아야 할 교훈이 무엇입니까?

첫째, 성령과 지혜가 충만한 그리스도인은 이 시대에 나를 향한 하나님의 뜻(사명)을 깨닫고 그 일에 헌신하게 된다는 것입니다.

스데반이 헬라파 유대인들에게 복음을 전했다는 사실은 선교학적으로 뿐만 아니라 하나님의 섭리적인 차원에서 매우 중요한 의미를 가집니다. 당시 헬라어는 오늘날의 영어처럼 세계 공용어였습니다. 이중 언어, 즉 히브리어와 헬라어를 할 수 있는 사람이 헬라어를 하는 유대인에게 그들의 교민 회당에서 복음을 전했다는 사실은 복음이 예루살렘으로부터 유대와 사마리아, 그리고 땅끝까지 전해지기 위해서 반드시 선행되어야 할 프론티어 사역의 시작이라는 점에서 선교 전략적으로 매우 중요한 사건이었습니다. 지혜와 성령이 충만한 스데반은 이것이 하나님의 선교 전략이라는 사실을 깨달았습니다. 그래서 이 일에 헌신하다가 순교한 것입니다.

중요한 것은 우리 한민족 디아스포라, 이민교회도 이러한 시대적 사명을 깨닫고 헌신하면 하나님의 뜻과 나라가 이 땅에 이루어질 수 있다는 것입니다. 이민교회와 성도들은 차별적 소명을 깨닫기 위해서 하나님이 기뻐하시는 뜻을 분별해야 합니다.

"너희 몸을 하나님이 기뻐하시는 거룩한 산 제물로 드리라 이는 너희가 드릴 영적 예배니라 너희는 이 세대를 본받지 말고 오직 마음을 새롭게 함으로 변화를 받아 하나님의 선하시고 기뻐하시고 온전하신 뜻이 무엇인지 분별하도록 하라"(롬 12:1-2).

둘째, 선교는 전략적, 문화적으로 접근해도 대적하고 반대하는 사람은 있다는 것입니다.

"이른 바 자유민들 즉 구레네인, 알렉산드리아인, 길리기아와 아시아에서 온 사람들의 회당에서 어떤 자들이 일어나 스데반과 더불어 논쟁할새 스데반이 지혜와 성령으로 말함을 그들이 능히 당하지 못하여 사람들을 매수하여 말하게 하되 이 사람이 모세와 하나님을 모독하는 말을 하는 것을 우리가 들었노라 하게 하고 백성과 장로와 서기관들을 충동시켜 와서 잡아가지고 공회에 이르러 거짓 증인들을 세우니 이르되 이 사람이 이 거룩한 곳과 율법을 거슬러 말하기를 마지 아니하는도다"(9-13절).

논쟁, 변론하기를 좋아하는 헬라 사람들에게 스데반은 같은 방법으로 복음을 전했습니다. 지적으로 설명하고 논리적으로 설득했습니다. 그 결과는 어떠합니까? 10절 "그들이 능히 당하지 못하여" 스데반이 그 논쟁에서 이겼다는 말입니다. 그러나 13절 "거룩한 곳(성전)과 율법을 거슬러 말하였다"에서 말하듯이, 헬라 사람들은 복음을 받아들인 것이 아니라 마음이 완악해져서 거짓 증인을 세우고 스데반을 산헤드린 공회에 끌고 가서 대적하고 정죄했습니다. 여기에서 알 수 있듯이 복음 전도, 즉 믿음을 얻게 하는 일은 절대로 사람을 설득해서 되는 일이 아닙니다. 성령께서 그 마음의 문을 열어주셔야 가능합니다. 마음의 문이 열려야 복음을 받아들일 수 있습니다. 바울은 아테네 전도 경험을 통해 이 사실을 깊이 깨달았습니다. 그래서 고린도전서 2장에서 이렇게 고백합니다.

"내가 너희 중에서 예수 그리스도와 그가 십자가에 못 박히신 것 외에는 아무것도 알지 아니하기로 작정하였음이라…내 말과 내 전도함이 설득력 있는 지혜의 말로 하지 아니하고 다만 성령의 나타나심과 능력으로 하여 너희 믿음이 사람의 지혜에 있지 아니하고 다만 하나님의 능력에 있게 하려 하였노라"(고전 2:2, 4-5).

왜 전도가 잘 되지 않습니까? 마음이 닫혀 있기 때문입니다. 왜 마음이 닫혀 있습니까? 자꾸 말로 설명하고 설득하려고 하기 때문에 듣는 사람의 자존심을 상하게 합니다. 그러므로 전도를 위해서 우리는 먼저 닫힌 문을 열어야 하고 마음이 부드러워지게 만들어야 합니다. 마음의 문을 열고 받아들이기 위해서 필요한 것은 바로 성령의 나타나심과 능력입니다.

> **성령의 나타나심과 능력**
> 1. 표적과 기사
> "제자들이 나가 두루 전파할 새 주께서 함께 역사하사 그 따르는 표적으로 말씀을 확실히 증언하시니라"(막 16:20)
> 2. 능력: 성령의 역사, 변화된 삶과 모습(확실한 간증)

자동차 산업의 메카인 미시간 디트로이트에서 있었던 일입니다. Ford 자동차 회사에서 일하던 수리공이 어느 날 예수를 영접하고 세례를 받았습니다. 디트로이트 강에서 세례를 받은 이 수리공은 바르고 정직하게 살고자 다짐하며, 과거 자신이 저질렀던 잘못들을 깨닫기 시작했습니다. 그 잘못 중 하나는 직장의 수많은 수리 공구들을 집으로 훔쳐온 것이었습니다. 해고당할 것이 두려웠지만, 무엇이 옳은 것인지를 깨달은 그는 잘못을 고백하기 위해 상사를 찾아갑니다. 그러나 그들은 그 문제를 판단하지 못하였고, 새로운 공장 건설을 위해 유럽에 체류 중인 사장 Henry Ford에게 연락을 취합니다. 수리공의 예수 영접 사실, 디트로이트 강에서 세례 받은 일, 공구를 훔쳐갔던 사실, 회개 후 공구를 모두 들고 와 고백한 일이 자세하게 적힌 장문의 전보를 받은 Henry Ford는 다음과 같은 간단명료한 답신을 보냅니다.

"디트로이트 강물을 막아 댐을 만들고, 디트로이트의 모든 시민들이 세례를 받게 하시오!"

성령 충만과 은혜 충만을 받으셨습니까?
성령과 은혜 충만을 받은 사람의 분명한 특징은 이 시대에 나를 향하신 하나님의 뜻(사명)이 무엇인지 알고 그 뜻을 위해 사는 것입니다. 또 말씀이 흥왕하고 은혜가 충만한 교회가 될 때 나타나는 현상 중의 하나는 이렇게 사명에 헌신하는 사람이 생겨나는 것입니다. 하나님은 오늘날도 이런 사람들을 통해서 하나님의 놀라운 섭리적 계획을 이루어 가십니다. 모두 성령 충만, 은혜 충만을 받아 하나님의 뜻을 이루는 성도님들이 되시기를 바랍니다.

17

순교자 스데반
행: 7:54-60

⁵⁴그들이 이 말을 듣고 마음에 찔려 그를 향하여 이를 갈거늘 ⁵⁵스데반이 성령 충만하여 하늘을 우러러 주목하여 하나님의 영광과 및 예수께서 하나님 우편에 서신 것을 보노라 한대 ⁵⁷그들이 큰 소리를 지르며 귀를 막고 일제히 그에게 달려들어 성 밖으로 내치고 돌로 칠새 증인들이 옷을 벗어 사울이라 하는 청년의 발 앞에 두니라 ⁵⁹그들이 돌로 스데반을 치니 스데반이 부르짖어 이르되 주 예수여 내 영혼을 받으시옵소서 하고 ⁶⁰무릎을 꿇고 크게 불러 이르되 주여 이 죄를 그들에게 돌리지 마옵소서 이 말을 하고 자니라

모든 사람에게 죽음은 필연이지만 사람들은 이 사실을 인정하기 싫어합니다. 사람이 죽음을 수용하기까지 여러 단계를 거치는 것을 보면 잘 알 수 있습니다. 나름대로 그럴 이유가 있겠지만 이것은 참으로 안타까운 일입니다.

죽음을 수용하는 단계: 부정(denial), 분노(anger), 협상(bargaining), 우울(depression), 수용(acceptance)

그러나 사람은 죽을 때 잘 죽어야 합니다. 어떻게 사느냐도 중요하지

만 어떻게 죽느냐가 더 중요합니다. 리빙스턴이 "죽음도 하나님의 사업의 일부이다"라고 말 한 것처럼 신자는 죽기 전까지 자신의 사명을 수행해야 합니다. 아니 죽음 그 자체도 하나님께 영광이 되어야 합니다. 우리는 본문에서 정말 귀한 죽음을 볼 수 있습니다. 7명의 집사 중 한 사람인 스데반의 죽음입니다. 그의 죽음은 기독교 역사상 첫 번째 순교자이자 그리스도인의 죽음의 모델입니다.

그렇다면 왜, 그리고 어떤 점에서 스데반의 죽음이 귀하고 중요합니까? 스데반의 순교적 죽음이 주는 교훈은 무엇입니까?

첫째, 스데반은 마지막까지 예수 그리스도를 증거 하다 죽었습니다.

스데반은 돌에 맞아 죽는 순간까지 예수 그리스도만을 증거 하다가 죽었습니다. 세상에는 죽을 때까지 자기 말, 자기 자랑만 하다가 죽는 사람이 있습니다. 또 남을 욕하고 남을 비판하는 말, 불평의 말만 하다가 죽는 사람도 있습니다. 그러나 스데반은 죽기까지 복음과 예수에 대해 말하다가 죽었습니다. 최권능 목사는 매일 새벽 4시 평양 거리를 "예수 천당"을 외치면서 사람들을 깨웠습니다. 일본 형사들에게 고문을 당할 때도 "예수 천당"을 외쳤습니다. "왜 예수 소리만 하냐?"고 묻는 물음에 "내 몸에는 예수가 꽉 차 있기 때문에 나를 때리면 때릴수록 내 몸에서는 예수가 튀어나온다"고 대답했다고 합니다.

세상 사람도 자기의 일에 최선을 다하다가 죽는 죽음을 귀히 여깁니다. 하나님께서도 그분이 주신 사명에 최선을 다하다가 죽는 죽음(순교)

을 가장 귀히 여기십니다. 신자에게는 예수를 위하여 예수의 복음을 전하다가 죽는 죽음이 가장 귀한 죽음입니다.

둘째, 스데반은 죽음을 두려워하지 않는 삶을 살다가 죽었습니다.

스데반은 왜 죽음을 두려워하지 않았습니까? 어떻게 끝까지 담대히 복음을 전할 수 있었습니까? 그것은 부활의 주님을 믿고 또 보았기 때문입니다. 스데반에게는 죽은 자의 부활과 영생을 믿는 믿음이 있었습니다.

> "스데반이 성령 충만하여 하늘을 우러러 주목하여 하나님의 영광과 및 예수께서 하나님 우편에 서신 것을 보고"(행 8:55).

왜 주님이 하나님 우편에 서셨습니까? 그 의미가 무엇일까요? 롱게네커는 이렇게 말합니다. "법정 증인으로서 하나님 앞에서 그를 변호하고 그가 신실함을 잃지 않고 끝까지 담대하게 해달라고 기도한 것이다." 주님은 제자들에게 약속하신대로 스데반이 돌에 맞을 때 일어서서 그를 응원하고 그가 끝까지 담대하도록 도우신 것입니다.

우리의 믿음이 언제 가장 잘 나타납니까? 저는 '죽음 앞에서'라고 생각합니다. 만약 신자가 죽음 앞에서 억울해하거나, 후회하거나 또는 두려움에 떨면서 죽는다면 그것은 신자다운 모습이 아닐 것입니다.

"나는 땅이 물러가고 하늘이 열리는 것을 본다. 하나님이 나를 부르

고 계신다."(무디)

"하늘에서 전보가 왔구나 하나님께서 나를 오라고 하신다."(최봉석, 1944년 4월 25일)

"저 곳은 너무나 아름답구나!"(토마스 에디슨)

셋째, 스데반은 마지막 순간에 기도했습니다.

"그들이 돌로 스데반을 치니 스데반이 부르짖어 이르되 주 예수여 내 영혼을 받으시옵소서 하고 무릎을 꿇고 크게 불러 이르되 주여 이 죄를 그들에게 돌리지 마옵소서 이 말을 하고 자니라"(59-60절).

스데반은 돌에 맞아 피투성이가 되고 정신이 희미해지고 더 이상 몸을 가눌 수 없는 상태가 되었지만, 있는 힘을 다하여 몸을 가누고 무릎을 꿇습니다. 대개 돌에 맞아 죽는 사람은 땅에 드러눕게 됩니다. 그러나 그는 결사적으로 무릎을 꿇고 기도하였습니다.

"주 예수여 내 영혼을 받으시옵소서. 주여 이 죄를 저들에게 돌리지 마옵소서."

이 얼마나 아름다운 신자의 마지막 모습입니까? 그냥 누워서 죽을 수도 있지만 마지막까지 무릎 꿇고 기도하다가 죽는 사람, 인생의 마지막을 아버지의 손에 의탁하고 가는 모습은 너무나 아름답고 귀한 모습입니다.

특별히 우리는 스데반의 기도에서 예수님의 모습을 봅니다. 즉 절박한 상황 속에서도 원수를 위한 기도를 잊지 않는 모습입니다. 놀라운 것은 예수님의 이 기도로 인해 그의 옆에 달렸던 강도가 변화되어 구원을 받은 것입니다.

> "아버지 저들을 사하여 주옵소서 자기들이 하는 것을 알지 못함이니이다"(눅 24:34).

그렇다면 스데반의 기도는 어떻게 되었습니까? 주님께서는 그의 간구 이상으로 넘치게 응답하셨습니다. 그 기도는 능력 있는 기도였습니다. 사도행장 9장 이후 사울의 개종 사건이 기록됩니다. 놀랍게도 사울은 기도대로 전도자 스데반의 자리를 대신하는 자로 세움을 받고 복음을 위해 고난 받는 복음의 증인의 삶을 살아가게 됩니다. 그렇습니다. 리빙스턴의 말처럼 죽음도 하나님의 일의 일부인 것입니다.

영국 전역에 인쇄된 성경이 퍼진 것은 1537년입니다. 1536년 종교개혁자 윌리엄 틴데일과 그의 친구들은 종교 계급을 비판하면서 성경을 번역하는 일에 앞장섰다가 반대파의 밀고로 헨리 8세에 의해 체포, 구금되었습니다. 그는 화형에 처해지기 전 "주여, 왕의 눈을 열어주소서"라는 말을 남깁니다. 그런데 공교롭게도 영국 전역에 성경을 보급시킨 주인공이 바로 헨리 8세였습니다.

그렇다면 우리는 어떻게 스데반처럼, 그리고 그리스도인답게 죽을 수 있습니까?

첫째, 하나님의 섭리와 약속을 믿어야 합니다.

사도행전 7장은 스데반의 설교입니다.

이 설교의 핵심 내용이 무엇입니까?

이스라엘의 모든 역사, 즉 아브라함 때부터 요셉, 모세, 다윗, 선지자들의 삶은 메시야를 보내시겠다는 하나님의 약속 성취를 위한 섭리적 사건이라는 것입니다.

역사를 주관하시고 내 삶의 모든 것을 섭리하시는 하나님, 그리고 하신 약속을 반드시 성취하시는 하나님을 믿는 사람은 자신의 삶과 죽음도 우연이 아니고, 내 자신의 의지와 노력에 달려있는 것도 아님을 믿습니다. 때문에 전적으로 자신의 생명을 하나님께 의탁할 수 있고 죽음 앞에서도 의연할 수 있습니다. 또한 내세의 약속을 믿기 때문에 소망 가운데 죽을 수 있는 것입니다.

둘째, 죽음을 미리 준비해야 합니다.

어떻게 죽는 것이 가장 복되고 아름다운 죽음인지 아는 사람, 그리고 죽음에 대한 준비가 되어 있는 사람이 귀한 죽음을 맞을 수 있습니다. 순교는 갑자기 죽는 죽음이 아닙니다. 그리스도와 복음을 위해서 죽는 죽음으로 가장 생산적인 죽음이고 영광스러운 죽음입니다. 그러나 아는 것으로 충분하지 않습니다. 살아서 그리스도를 위해, 복음을 위해 살고 천국과 내세를 준비하며 살아야 합니다. 복음을 증거하며 주님의 교회를 위해 섬기며 살아야 합니다. 또한 영원한 상급과 보화를 쌓으며 베풀고 살아야 합니다.

또 한 가지 정말 중요한 죽음의 준비가 있습니다. 그것은 살면서 나와 부딪힌 모든 사람들을 용서하는 것입니다. 매일 용서하며 사는 것입니다. 평소에 하지 않고 못하던 일을 마지막 순간, 고통의 순간에 할 수 있을까요? 생각과 소원을 훈련하고, 그래서 습관이 되고 룰이 되지 않으면 절대 할 수 없습니다. 죽음의 순간에도 용서의 기도를 드린다는 것은 아무나 할 수 있는 일이 아닙니다.

히브리인들은 유대 관습으로 자녀들에게 매일 밤 잠자리에 들기 전 드리는 기도를 자녀들에게 이렇게 가르쳤습니다.

"아버지여 저희를 사하여 주옵소서!"
"너희가 각각 중심으로 형제를 용서하지 아니하면 내 천부께서도 너희에게 이와 같이 하시리라"(마 18:35).

과연 여러분은 어떤 죽음을 죽기를 원합니까? '집에서 죽을 것인가 병원에서 죽을 것인가? 화장을 할 것인가 아니면 매장을 할 것인가?' 그러나 이것이 중요한 것이 아니라 어떻게 죽느냐가 중요합니다. 그리스도인답게 살다가 그리스도인답게 죽는 것이 중요합니다. 우리 모두 죽음으로 하나님을 영화롭게 하는 그리스도인이 되기를 소망합니다.

18

흩어진 교회
행: 8:1-8

¹그날에 예루살렘에 있는 교회에 큰 박해가 있어 사도 외에는 다 유대와 사마리아 모든 땅으로 흩어지니라 ²경건한 사람들이 스데반을 장사하고 위하여 크게 울더라 ³사울이 교회를 잔멸할새 각 집에 들어가 남녀를 끌어다가 옥에 넘기니라 ⁴그 흩어진 사람들이 두루 다니며 복음의 말씀을 전할새 ⁵빌립이 사마리아 성에 내려가 그리스도를 백성에게 전파하니 ⁶무리가 빌립의 말도 듣고 행하는 표적도 보고 한마음으로 그가 하는 말을 따르더라 ⁷많은 사람에게 붙었던 더러운 귀신들이 크게 소리를 지르며 나가고 또 많은 중풍병자와 못 걷는 사람이 나으니 ⁸그 성에 큰 기쁨이 있더라

전 세계에서 핍박 받는 성도들은 얼마나 될까요? 약 2억의 그리스도인들이 핍박과 고난을 받는 가운데 신앙생활을 한다고 합니다. 그리고 이 중 2/3가 여자와 아이들입니다. 미국 해외 선교연구센터의 발표에 의하면 지난 10년간 복음을 전하다가 순교한 사람들의 숫자가 100만 명이라고 합니다. 1년에 약 10만 명의 성도들이 복음을 전하다가 순교하는 것입니다.

스데반의 순교를 시발로 예루살렘에 핍박이 일어나고 성도들은 유대와 사마리아로 흩어지게 됩니다. 그런데 그 핍박의 정도가 어느 정도입니까? 3절 '**잔멸할새**'는 헬라어 동사로서 사나운 짐승이 몸을 물어뜯어 죽이는 행동을 말합니다. 또한 '**끌어다가**'는 억지로 질질 끌고 가는 것을 의미합니다. 이토록 심한 핍박을 통해서 행 1:8의 주님의 명령이 문자 그대로 실행되게 되었습니다.

> "오직 성령이 너희에게 임하시면 너희가 권능을 받고 예루살렘과 온 유대와 사마리아와 땅끝까지 이르러 내 증인이 되리라"(행 1:8).

여기서 중요한 것은 성도들이 유대와 사마리아로 가서 복음을 전하게 된 계기입니다. 즉 그들이 성령 충만함을 받고 선교의 비전과 사명감으로 자원해서 간 것이 아니라, 교회에 대한 핍박 때문이었다는 사실입니다.

> "그날에 예루살렘에 있는 교회에 큰 박해가 있어 사도 외에는 다 유대와 사마리아 모든 땅으로 흩어지니라"(1절).

사실 사도들과 예루살렘 교회 성도들은 "본 그대로 다시 오시리라"(행 1:11)는 말씀대로 주님이 감람산, 즉 예루살렘에 다시 재림하실 것만 기대했습니다. 주님의 선교 명령은 까마득히 잊고 있었습니다. 그들은 그곳에서 재림하실 주님을 만날 생각으로 예루살렘을 떠난다는 것은 생각도 못했습니다. 그런데 스데반의 죽음과 함께 엄청난 핍박이 생기고 예루살렘에서 생명의 위협을 느낀 성도들은 할 수 없이 사마리아로 피난을 가게 되었고, 그 곳에서 복음을 전했습니다.

사마리아가 어떤 곳입니까? 앗수르가 이스라엘을 정복한 후, 앗수르 남자들과 이스라엘 여자들을 결혼시켜서 피를 섞어버립니다. 혼혈아를 낳게 함으로 민족의 씨를 말리려는 잡혼 정책입니다. 그래서 유대인이라면 어느 누구도 가기 싫어하는 곳입니다. 사마리아는 유대인에게 더러운 땅이었고, 사마리아인을 짐승처럼 여기던 사람들이었습니다. 그런데 이제 유대인 신자가 사마리아인들에게 복음을 전하게 되었습니다. 정말 놀라운 일 아닙니까?

우리가 여기서 받아야 할 교훈이 무엇입니까?

첫째, 핍박과 고난 속에는 하나님의 놀라우신 선교적 섭리가 있습니다.

교회의 핍박이 예루살렘 교회 성도들을 흩어지게 하였지만, 그 핍박 때문에 성도들은 주님의 선교 명령에 순종하게 되었습니다. 도망간 것은 할 수 없이 간 것이지만 가서 복음을 전한 것은 자원한 일이었습니다. 핍박으로 외지에 나가 살면서 그들의 생각이 바뀐 것입니다. 핍박 속에서, 고난을 당하면서 자신이 당한 사건과 처한 형편에 대한 의미를 생각하게 된 것입니다.

'왜 내가 여기까지 와야 하나?'
'무엇 때문에 이런 일이 일어났나?'
'난 여기에서 무엇을 해야 하나?'
이렇게 생각하다가 핍박과 고난의 의미를 깨닫게 된 것입니다. 그래서 고정 관념이 바뀌고 편견의 틀이 허물어집니다. 그 결과 사마리아에서 두루 다니며 복음을 전하게 되었습니다.

그런 의미에서 흩어졌다는 것은 하나님의 섭리적인 관점에서 보면 보냄을 받은 것입니다. 파송된 것입니다.

1949년 중국 모택동의 공산당이 정권을 잡자 중국 교회는 심한 핍박을 받았습니다. 이때 637명의 중국 내지 선교회 선교사가 모두 중국에서 추방당했습니다. 그 중 286명은 여기서 포기하지 않고 동남아와 일본 미전도 지역에 다시 파송되어 선교를 했습니다. 그때 그들이 중국에서 추방당하지 않았다면, 그 미개척 지역, 미전도 종족에게 누가 복음을 전할 수 있었겠습니까?

일제 식민지 때부터 흩어져온 한민족 디아스포라가 전 세계 176개국에 약 700만이 분산되어 살고 있습니다. 그들이 떠난 이유는 여러 가지이겠지만, 대개는 너무 가난해서, 먹고살기 힘들어서 이주하게 된 것입니다. 그러나 이들 중 신사 참배를 거부하고 자신의 신앙을 지키기 위해서 다른 나라로 이주한 그리스도인들이 있었습니다. 이들은 어디를 가든지 자신의 신앙을 지키고, 교회부터 설립하고, 선교의 교두보로써의 역할을 해왔습니다.

한국의 정민영 선교사님은 이렇게 말했습니다.

"한민족은 만약 흩어지지 않았더라면 가장 선교에 맞지 않는 민족이었다." 하나님께서는 5천년 은둔의 나라, 수구적인 민족이었던 한민족을 핍박을 통하여 흩으시고, 이들을 통하여 복음을 전하는 일을 하게 하셨습니다.

핍박, 쫓겨남, 버림받음, 사업의 실패, 가난, 질병 등 내가 원하지 않는 일 가운데에서도, 하나님의 부르심, 사명, 그리고 뜻이 있습니다. 그러므로 우리 그리스도인들은 어떤 일을 당하든지 단순히 고통과 슬픔, 사고로만 받아들이지 말고 그 속에 담긴 하나님의 뜻을 구하고 하나님의 뜻에 순종하는 삶을 살아야 합니다. 그때 놀라운 역사가, 누구도 이전에 못했던 일들이 일어납니다.

둘째, 교회는 흩어지기 위해서 모입니다.

교회가 모이고 또 모으는 이유는 흩어지기 위한 것이어야 합니다. 그런데 모여만 있고 자원하여 흩어지지 않으면 하나님께서는 교회를 흩어지게 하십니다. 왜냐하면 하나님께서는 모든 교회와 성도를 본래 세상으로 보내셨기 때문입니다. 즉 주님께서는 모든 교회를 '선교하는 교회'로 의도하셨기 때문입니다. 선교는 교회의 존재 목적이므로 선교하지 않는 교회는 존재의 의미가 없습니다. 교회가 교회 밖/세상으로 관심을 돌리지 않고 교회 안의 일에만 관심을 가지게 되면 반드시 하나님은 어떤 사건을 일으켜서 교회를 흩어지게 하십니다.

그렇다면, 흩어지는 교회의 특징은 무엇입니까?

"너희는 세상의 소금이니 소금이 만일 그 맛을 잃으면 무엇으로 짜게 하리요 후에는 아무 쓸 데 없어 다만 밖에 버려져 사람에게 밟힐 뿐이니라 너희는 세상의 빛이라 산 위에 있는 동네가 숨겨지지 못할 것이요 사람이 등불을 켜서 말 아래에 두지 아니하고 등경 위에 두나니 이러므로 집 안 모든 사람에게 비치느니라 이같이 너희 빛이 사람 앞에 비치게 하여 그들로 너희 착한 행실을 보고 하늘에 계신 너희 아버지께 영광을 돌리게 하라"(마 5:13-16).

빛과 소금은 성도 개인이기도 하지만 교회 공동체를 두고 하신 말씀입니다. 그런데 빛과 소금이 제 역할을 하려면 어떠해야 합니까? 퍼져 나가야 합니다. 빛은 숨겨져 있으면 안 되고 소금은 소금통 안에만 보관되어서는 안 되고 뿌려져야 하며 음식 속에 들어가야 합니다. 이런 의미에서 교회는 소금처럼 성도들이 세상 속으로 들어가도록 해야 합니다.

사실 전 세계 전문 선교사는 오직 43,000명뿐인데, 한 번도 복음을 듣지 못한 5억의 민족에게 누가 복음을 전할 것입니까? 세계 인구의 28%가 복음을 접할 기회가 없는 상황 속에서 살고 있는데, 왜 이렇게 많은 사람들이 아직 복음을 듣지 못하고 있습니까? 그것은 교회가 흩어지지 않기 때문입니다. 더 심각한 문제는 대부분의 성도들은 미전도 종족에 대해서 잘 모르고 있고, 또 미전도 종족 선교는 자기들의 책임이 아니라고 생각한다는 것입니다.

그렇다면 어떻게 이들에게 복음을 전할 수 있습니까? 바로 우리가 가야 하는 것입니다. 교회가 흩어져야 합니다. 소금처럼 흩어져서 세상 속에서 복음의 영향을 미치는 성도가 아니면 그들은 이미 존재의 목적을 망각한 자들입니다. 그러므로 교회는 성도를 모으는 일만 해서는 안 됩니다. 성도를 훈련시켜 세상으로 보내는 일을 해야 합니다. 절대로 소금통 안에 담긴 소금처럼 교회 안에 있는 자들을 돌보고, 성도들끼리만 교제하는 교회가 되어서는 안 됩니다. 이것은 절대 주님이 의도하신 교회의 모습이 아니라는 사실을 우리는 기억해야 합니다.

오늘날 교회가 주님이 원하시는 교회되기 위해서 필요한 것이 무엇입니까? 교회가 세상 속으로 들어가는 것입니다. 미전도 종족에게 가는 것입니다. 오늘 본문 말씀처럼 주님께서는 이방인 선교를 위해서 유대인 교회를 흩으셨습니다. 이와 같이 오늘날 우리 교회도 주님이 처음부터 의도하신대로 남은 모든 미전도 종족들에게 가서 복음을 전하고 그들을 그리스도의 제자로 삼는 일을 하기를 소원합니다. 자원해서 "흩어지는 교회, 흩어지는 성도들"이 될 수 있기를 소원합니다.

19 전도자 빌립

행: 8:5-13

⁵빌립이 사마리아 성에 내려가 그리스도를 백성에게 전파하니 ⁶무리가 빌립의 말도 듣고 행하는 표적도 보고 한마음으로 그가 하는 말을 따르더라 ⁷많은 사람에게 붙었던 더러운 귀신들이 크게 소리를 지르며 나가고 또 많은 중풍병자와 못 걷는 사람이 나으니 ⁸그 성에 큰 기쁨이 있더라 ⁹그 성에 시몬이라 하는 사람이 전부터 있어 마술을 행하여 사마리아 백성을 놀라게 하며 자칭 큰 자라 하니 ¹⁰낮은 사람부터 높은 사람까지 다 따르며 이르되 이 사람은 크다 일컫는 하나님의 능력이라 하더라 ¹¹오랫동안 그 마술에 놀랐으므로 그들이 따르더니 ¹²빌립이 하나님 나라와 및 예수 그리스도의 이름에 관하여 전도함을 그들이 믿고 남녀가 다 세례를 받으니 ¹³시몬도 믿고 세례를 받은 후에 전심으로 빌립을 따라다니며 그 나타나는 표적과 큰 능력을 보고 놀라니라

전 세계에 수많은 선교사들이 하나님의 복음을 전하고 있습니다. 그런데 이 선교사의 75%가 평신도 선교사입니다. 한국 선교사의 경우도, 전문 선교사와 평신도 선교사의 비율이 66:34라는 통계가 있습니다. 사실 하나님께서 교회에 주신 인적 자원의 98%가 평신도인데, 우리는 이것을 잘 활용하지 못하고 있습니다. 핸드릭 클래머는 하나님이 교회에 주신 자산 중 사용하고 있지 못하는 이 평신도 자산을 "God's Frozen

Assets"으로 표현했습니다. 평신도 자비량 선교사 또는 선교 지도자로 사용할 수 있는 자원이 전 세계적으로 8억 이상 되지만 오늘날 교회는 하나님께서 주신 이 자원과 은사를 제대로 사용하지 못하고 있습니다.

본문을 보면 빌립 집사는 스데반과 더불어 초대 교회의 전도자였습니다. 그는 초대 예루살렘 교회의 7집사 중 하나입니다. 그런데 사도행전을 보면 빌립이 스데반과 같이 구제와 봉사를 했다는 기록은 없고, 대신 전도에 대한 기록만 나와 있습니다. 특별히 빌립의 경우는 예루살렘을 넘어 사마리아 땅에 가서 복음을 전하였기 때문에 첫 번째 평신도 선교사라고 말할 수 있습니다.

그렇다면 전도자 빌립의 사마리아 선교가 우리에게 주는 교훈과 도전은 무엇일까요?

첫째, 선교는 하나님이 주도적으로 이루어 가십니다.

빌립이 사마리아 지역에 가서 복음을 전한 것은 한 가지 중요한 것을 생각하게 합니다. 빌립은 자원해서 사마리아로 간 것이 아니었습니다. 단지 예루살렘에 핍박이 일어나서 피난 간 것이 계기가 되어 그곳에서 복음을 전하게 된 것입니다. 그런데 놀라운 것은 이것이 사도행전 1:8의 주님의 지상 명령에 순종하는 결과를 낳았다는 것입니다. 뿐만 아니라 사마리아 선교 자체는 선교학적으로 소위 유사 문화권에서의 선교라는 점에서 가장 효과적인 선교의 전략과 방법이었다는 점입니다.

"오직 성령이 너희에게 임하시면 너희가 권능을 받고 예루살렘과 유대와 사마리아와 땅끝까지 이르러 내 증인이 되리라"(행 1:8).

뉴라이프교회 미전도 종족 선교 전략도 이와 같습니다. 문화와 언어를 쉽게 이해하고 적응할 수 있는 헌신된 평신도를 훈련시켜서 사역자로 파송합니다. 선교는 일차적으로 동질 문화권에서 유사 문화권으로, 그리고 문화의 벽을 넘어서 타 문화권으로 넘어가는 것이 원칙이고 전략입니다. 빌립은 계획적으로 한 일이 아니지만 결과적으로 그런 전략적인 선교를 하게 된 것입니다. 여기서 우리가 생각할 것이 있습니다. 선교는 언제나 하나님께서 택한 백성을 구원하시기 위해서 하나님께서 주권적으로 모든 국가와 사회, 그리고 개인의 환경과 상황을 주장하실 뿐만 아니라 **당신의 사람들을 택하시고 보내셔서** 이루신다는 것입니다.

오늘날도 하나님께서는 흩어진 평신도 선교사를 사용하기 원하십니다. 사실 대부분의 미전도 종족 지역은 전문 선교사를 배척하고 있습니다. 따라서 그곳에는 평신도 선교사가 필요합니다. 그러므로 우리는 이민 디아스포라로서 이 시대에 우리가 처한 모든 환경과 사건 속에서 하나님이 어디서 무엇을 어떻게 이루어가시기를 원하시는지에 대해 늘 영적 촉수를 세워야 합니다. 하나님의 섭리적 역사와 인도하심에 순종하고 반응하는 삶을 살아야 합니다. 이렇게 할 때에 하나님의 나라가 이 땅 가운데에 이루어지게 됩니다.

둘째, 바른 복음을 전할 때 하나님의 능력이 나타납니다.

"빌립이 사마리아 성에 내려가 그리스도를 백성에게 전파하니 무리가 빌립의 말도 듣고 행하는 표적도 보고 한마음으로 그가 하는 말을 따르더라 많은 사람에게 붙었던 더러운 귀신들이 크게 소리를 지르며 나가고 또 많은 중풍병자와 못 걷는 사람이 나으니 그 성에 큰 기쁨이 있더라"(5-8절).

전도자 빌립이 전한 복음의 메시지가 무엇입니까? 예수 그리스도와 하나님의 나라입니다(5, 12절). 빌립은 예수 그리스도가 왕이시고 주권자 되시며 그를 믿는 자는 구원 받게 된다는 것을 전했습니다.

빌립이 복음을 전할 때 어떤 일이 일어났습니까?

① **참 구원의 복음, 하나님의 말씀을 들으면 우리 심령에 기쁨이 생깁니다.**

"그 성에 큰 기쁨이 있더라"(7절).

참 복음을 듣고 그것을 믿으면 근심, 슬픔, 절망을 이기고 열등감에서 벗어나고 소망과 평안을 갖게 합니다. 이것은 말로 설명할 수 없는 진리입니다. 빌리 선데이는 이렇게 말합니다.

"신앙생활하는 가운데 전혀 기쁨을 누리지 못한다면 당신의 기독교에 어딘가 구멍이 났음에 틀림없다."

② **변질되지 않은 바른 복음을 전하면, 사도행전뿐 아니라 언제 어디서든지 그리스도의 제자들이 생깁니다.**

"시몬도 믿고 세례를 받은 후에 전심으로 빌립을 따라다니며 그 나타나는 표적과 큰 능력을 보고 놀라니라"(13절).

귀로 듣고 눈으로 직접 보아도 따르지 않으면 아무 의미가 없습니다. 예수가 구주되심을 듣고 그의 능력을 체험했다면 반드시 따라야 합니다. 그리스도의 제자가 되어야 합니다. 그분의 말씀에 순종하는 삶을 살아야 합니다.

특히, 주님을 따르기 위해서는 복음을 듣고 하나님의 능력을 체험하는 것도 중요하지만 반드시 내 안에 기쁨이 있어야 합니다. 주님의 뜻을 좇아 사는 삶이 즐거워야 합니다. 시련이 오고 마음에 근심과 슬픔이 찾아올지라도 늘 주의 일을 행하는 것이 기쁨이 되어야 합니다. 이렇게 할 때 우리는 주님을 따를 수 있습니다.

오늘날 한국 교회에서 복음이 얼마나 변질되었습니까? 교회는 예수 믿으면 병 낫고 성공하고 출세한다는 복음을 전합니다. 예수 그리스도와 십자가, 그리고 구원에 대해서 말하지 않거나 너무 적게 말하고 있습니다. 영생과 천국보다는 현세의 가치와 복에 대해 너무 많이 강조하기 때문입니다. 문제는 참 복음이 없기 때문에 우리의 교회와 삶 안에 하나님의 능력이, 사도행전의 표적과 기사가 나타나지 않습니다. 그래서 교회는 세상에 대한 영적 영향력을 상실했습니다. 더 이상 보여줄 것이 없으며, 세상 사람들에게 자신 있게 "와 보라!"고 말할 수 없게 된 것입니다. 그러므로 우리는 참 복음을 회복해야 합니다. 그리고 참 복음이 무엇인지 바로 알고, 그 복음을 전하는 교회와 성도들이 되어야 합니다. 그래야 하나님의 능력, 복음의 능력이 나타납니다. 하나님의 말씀을 입증하시기 위해서 표적과 기사 등으로 하나님의 능력을 나타내시기 때문입니다. 그래야 비로소 하나님의 사심을, 그리고 능력을 세상이 보고 놀라게 됩니다.

지금 우리는 하나님의 주권을 전적으로 인정하고, 순종하고 있습니까? 복음을 받은 자들로서 하나님의 능력을 경험한 사람으로서 정말 예수 그리스도를 좇는 삶을 살고 있는지, 그 가운데에 기쁨과 즐거움이 있는지 점검해야 합니다.

20 하나님의 선물인 성령

행: 8:14-25

¹⁴예루살렘에 있는 사도들이 사마리아도 하나님의 말씀을 받았다 함을 듣고 베드로와 요한을 보내매 ¹⁵그들이 내려가서 그들을 위하여 성령 받기를 기도하니 ¹⁶이는 아직 한 사람에게도 성령 내리신 일이 없고 오직 주 예수의 이름으로 세례만 받을 뿐이더라 ¹⁷이에 두 사도가 그들에게 안수하매 성령을 받는지라 ¹⁸시몬이 사도들의 안수로 성령 받는 것을 보고 돈을 드려 ¹⁹이르되 이 권능을 내게도 주어 누구든지 내가 안수하는 사람은 성령을 받게 하여 주소서 하니 ²⁰베드로가 이르되 네가 하나님의 선물을 돈 주고 살 줄로 생각하였으니 네 은과 네가 함께 망할지어다 ²¹하나님 앞에서 네 마음이 바르지 못하니 이 도에는 네가 관계도 없고 분깃 될 것도 없느니라 ²²그러므로 너의 이 악함을 회개하고 주께 기도하라 혹 마음에 품은 것을 사하여 주시리라 ²³내가 보니 너는 악독이 가득하며 불의에 매인 바 되었도다 ²⁴시몬이 대답하여 이르되 나를 위하여 주께 기도하여 말한 것이 하나도 내게 임하지 않게 하소서 하니라 ²⁵두 사도가 주의 말씀을 증언하여 말한 후 예루살렘으로 돌아갈새 사마리아인의 여러 마을에서 복음을 전하니라

우리가 성경을 읽을 때, 쉽게 이해되지 않는 말씀들이 있습니다. 이 때 우리는 성경을 어떻게 해석해야 합니까? 성경 말씀을 있는 그대로

읽는 것이 중요합니다. 소망교회 곽선희 목사님은 성경 해석을 생선구이에 비유했습니다. 생선을 잘 구우려고 여러 차례 뒤집다보면 원래 생선의 모양을 잃어버리는 것처럼, 성경을 잘 해석하려고 너무 머리를 쓰다보면 원래 성경 말씀과 전혀 다른 의미로 이해하게 될 수 있다는 것입니다.

사마리아 사람들은 빌립의 전도를 받고 세례도 받았지만 성령을 받지 못했습니다. 이들은 예루살렘의 두 사도, 베드로와 요한이 그들에게 안수함으로 성령을 받게 됩니다. 세례 후 다시 안수함으로 성령을 받았다는 것(방언 또는 현상)은 가톨릭 교회 견진 성사의 근거가 됩니다. 여기에서 우리가 추론할 수 있는 것은 다음과 같습니다.

첫째, 사마리아의 그리스도인들이 신앙을 고백하고 물 세례까지 받았지만 심령으로 온전하게 복음을 영접하지 않았음을 의미합니다. 빌립이 행한 신유의 기적을 보고 추종하기는 했지만 그가 전한 복음 그 자체는 바로 깨닫고 믿지 못했다는 것입니다. 둘째, 사마리아에 새로 그리스도인들과 교회가 생기는 중요한 시점에 하나님께서 사마리아 교회 역시 예루살렘 교회의 사도들과 영적으로 밀접하게 연관을 맺게 하기 위하여 일부로 성령 세례를 늦추신 것입니다. 즉 예루살렘 교회나 사마리아에 세워지는 교회, 모든 그리스도의 교회는 다 같은 사도들의 터 위에 세워진 단 하나의 교회임을 보여주시기 위한 하나님의 섭리였습니다. 이를 통해서 서로가 이질감을 갖지 않고 그리스도 안에서 하나 되어 나아갈 수 있었습니다.

그렇다면 본문의 마술사 시몬의 사건을 통해서 우리에게 주시는 교훈은 무엇입니까?

첫째, 참 믿음은 반드시 삶의 변화를 가져옵니다.

세례는 외적 형식일 뿐 삶을 변화시키지는 못합니다. 마술사 시몬의 말과 행동에서 알 수 있는 것은 그에게 세례는 단지 형식이었다는 것입니다. 안타깝게도 오늘날 교회 안에도 이런 사람들이 있습니다.

"내 형제들아 만일 사람이 믿음이 있노라 하고 행함이 없으면 무슨 유익이 있으리요 그 믿음이 능히 자기를 구원하겠느냐…. 이와 같이 행함이 없는 믿음은 그 자체가 죽은 것이라"(약 2:14, 17).

그렇다면, 참 믿음은 어떤 변화를 가져옵니까?

죄를 사랑하던 사람이 거룩과 성결을 사랑하게 되고, 자기 자신을 위해 살던 사람이 예수 그리스도와 그의 나라를 위해 살게 됩니다.

"그가 모든 사람을 대신하여 죽으심은 살아 있는 자들로 하여금 다시는 그들 자신을 위하여 살지 않고 오직 그들을 대신하여 죽었다가 다시 살아나신 이를 위하여 살게 하려 함이라"(고후 5:15).

"그런즉 누구든지 그리스도 안에 있으면 새로운 피조물이라 이전 것은 지나갔으니 보라 새 것이 되었도다"(고후 5:17).

둘째, 성령은 하나님이 주시는 선물입니다.

성령은 우리의 노력이나 헌신에 대한 보상과 대가가 아닙니다. 하나님의 뜻에 따라 주고자 하는 자에게 주시는 하나님의 선물입니다. 그러나 시몬은 돈을 주고 그런 능력을 사고자 했습니다. 아마도 당시의 마술사들이 자기만의 기술과 마법, 주문을 서로 사고팔던 관습 때문이었겠지만, 하나님의 성령을 인위적인 방법으로 사려고 하는 것은 아주 잘못된 것입니다. 가슴 아픈 것은 오늘날 교회에도 이처럼 직분을 돈으로 사는 잘못된 일들이 일어나고 있다는 사실입니다.

> *Simony
>
> - 성물 매매에 의한 이득
> - 인위적으로(돈) 하나님의 은사와 복을 받고자 하는 것
> - 오늘날 교회의 직분(성직)을 돈으로 얻으려고 하는 것
> - 직분을 얻으려면 돈을 내야 한다는 것 등 이 모든 것이 simony이다.

이것에 대해 사도들이 시몬에게 어떻게 정죄합니까?

"네 마음이 바르지 못하니 이 일에는 관계도 없고 분깃도 없다"(21절).
"악독이 가득하고 불의에 매인 바 되었다"(23절) - 회개하라고 함
chole: 쓸개(gall, bitterness), **구약적 표현**=하나님을 대적하는 가장 악한 죄.

그러므로 만일 누가 이런 악한 마음과 생각을 품고 있다면, 그리고 어떤 명분으로든지 악한 일을 하고 있다면 반드시 회개해야 합니다.

"마음에 품은 것(intention of your heart)"(22절) - **성령까지 이용해서 자기를 증명하고 높이고자 함.**

또 한 가지 생각할 것은 예루살렘에 교회가 처음 세워질 때 아나니아와 삽비라 사건이 있었듯이 사마리아 땅에 처음 복음이 전해지고 교회가 세워질 때 시몬의 사건이 일어났다는 것입니다. 이 사실에서 우리가 받아야 할 교훈은, 교회를 침투하는 사탄의 첫 번째 전략은 돈이라는 것입니다.

우리의 돈(헌금)이 정말 하나님을 섬기기 위한 것입니까, 아니면 나를 증명하고 내가 원하는 것을 얻기 위한 것입니까? 우리는 그 의도를 반드시 점검해야 합니다.

그런데 시몬은 회개했을까요? 아마 회개하지 않은 것 같습니다. 교회사를 보면 시몬이 나중에 한 이단 무리의 우두머리가 되었다는 기록이 여러 군데 나온다고 합니다. 어쩔 수 없는 결과 아니겠습니까?

혹 우리는 믿음의 고백도 하고 세례도 받았지만 여전히 나를 위해 사는 변화 없는 삶을 살고 있지 않은가요? 본문을 통하여 우리의 삶을 점검할 수 있기를 바랍니다. 또한 하나님이 주시는 은사와 직분을 인위적인 방법으로 받으려고 하지는 않는지 점검하시기를 바랍니다. 자신의 마음을 점검하고 진실되게 회개하는 자마다 참 변화된 그리스도인의 삶을 살 뿐만 아니라 하나님이 주시는 온갖 좋은 신령한 은사를 받아 누리는 복을 주시기를 소원합니다.

21

빌립의 전도
행: 8:26-40

²⁶주의 사자가 빌립에게 말하여 이르되 일어나서 남쪽으로 향하여 예루살렘에서 가사로 내려가는 길까지 가라 하니 그 길은 광야라 ²⁷일어나 가서 보니 에디오피아 사람 곧 에디오피아 여왕 간다게의 모든 국고를 맡은 관리인 내시가 예배하러 예루살렘에 왔다가 ²⁸돌아가는데 수레를 타고 선지자 이사야의 글을 읽더라 ²⁹성령이 빌립더러 이르시되 이 수레로 가까이 나아가라 하시거늘 ³⁰빌립이 달려가서 선지자 이사야의 글 읽는 것을 듣고 말하되 읽는 것을 깨닫느냐 ³¹대답하되 지도해 주는 사람이 없으니 어찌 깨달을 수 있느냐 하고 빌립을 청하여 수레에 올라 같이 앉으라 하니라 ³²읽는 성경 구절은 이것이니 일렀으되 그가 도살자에게로 가는 양과 같이 끌려갔고 털 깎는 자 앞에 있는 어린 양이 조용함과 같이 그의 입을 열지 아니하였도다 ³³그가 굴욕을 당했을 때 공정한 재판도 받지 못하였으니 누가 그의 세대를 말하리요 그의 생명이 땅에서 빼앗김이로다 하였거늘 ³⁴그 내시가 빌립에게 말하되 청컨대 내가 묻노니 선지자가 이 말한 것이 누구를 가리킴이냐 자기를 가리킴이냐 타인을 가리킴이냐 ³⁵빌립이 입을 열어 이 글에서 시작하여 예수를 가르쳐 복음을 전하니 ³⁶길 가다가 물 있는 곳에 이르러 그 내시가 말하되 보라 물이 있으니 내가 세례를 받음에 무슨 거리낌이 있느냐

³⁷(없음) ³⁸이에 명하여 수레를 멈추고 빌립과 내시가 둘 다 물에 내려가 빌립이 세례를 베풀고 ³⁹둘이 물에서 올라올새 주의 영이 빌립을 이끌어간지라 내시는 기쁘게 길을 가므로 그를 다시 보지 못하니라 ⁴⁰빌립은 아소도에 나타나 여러 성을 지나 다니며 복음을 전하고 가이사랴에 이르니라

현대는 평신도 선교 시대입니다. 전 세계 40만 선교사 중 목사가 아닌 평신도 선교사가 2/3 정도라고 합니다. 한국의 경우도 목사 선교사보다 평신도 선교사가 더 많습니다. 실제로 선교사 비자 문제로 전통적인 선교사가 갈 수 없는 지역이 약 85개국에 달하며, 이것은 전체 인구의 65%에 해당하는 나라입니다. 대부분의 선교하는 교회의 특징은 전임 선교사가 아닌 평신도 선교사를 주로 파송합니다. 전주 안디옥교회는 380가정을 선교지로 파송하였으며, 모두 장기 선교사로 사역하고 있습니다. 토론토 큰빛교회는 약 50명의 선교사를 파송하였고, 그 중 70%가 평신도입니다. 또한 LA 은혜한인교회는 집사들을 베트남에 파송하여 약 800교회를 개척하였습니다.

본문에서 평신도 선교사인 빌립 집사의 선교를 통해서 우리가 받는 교훈은 무엇입니까?

첫째, 선교에는 늘 하나님의 섭리적 역사가 있습니다.

예루살렘 교회는 오순절 성령 강림으로 성령의 권능을 받았지만 핍박이 일어나 흩어지게 됩니다. 그러나 이를 통해서 비로소 유대와 사마

리아, 땅끝까지 복음이 전파되는 것이 실현됩니다. 이것이 바로 하나님의 섭리이자 전략입니다.

빌립은 디아스포라 이민자로서 헬라어를 할 뿐만 아니라 타 문화를 잘 이해하고 쉽게 적응할 수 있는 사람이었습니다. 그를 사마리아로 보내고 또 이디오피아 내시에게 복음을 전하게 한 것, 평신도(집사)로서 복음을 전한 것은 모두 하나님의 섭리적 역사입니다. 왜냐하면 핍박이 있는 시기와 지역에서는 평신도가 복음을 전하는 것이 훨씬 더 쉽기 때문입니다. 오늘날의 이슬람과 공산권도 마찬가지로 생각할 수 있습니다. 그리고 이디오피아 내시, 아프리카 북단의 땅끝 나라에서 예루살렘을 방문한 구도자에게 복음을 전하도록 인도하신 것도 하나님의 섭리적 역사입니다. 그는 외국을 여행하는 사람이고 구도자였기 때문에 다른 것과 새로운 것에 대해 개방적인 사람으로 복음에 대한 수용성이 매우 높았습니다. 뿐만 아니라 내시의 사회적 지위는 복음의 확산과 선교의 전략적 중요성을 가지고 있었습니다.

한국도 선교사가 들어와서 전도하고 교회를 세우기 전에 이미 중국에 가서 복음을 듣고 예수 믿은 사람들이 돌아와 교회들을 세웠습니다. 그 대표적인 교회가 소래교회입니다. 여기에서 우리는 미국에서의 유학생과 난민(부탄, 네팔, 미얀마 등), 그리고 탈북자 선교의 중요성을 찾을 수 있습니다.

둘째, 최선의 선교의 방법은 하나님의 인도하심에 순종하는 것입니다.

전도자와 선교사에게 필요한 것은 전적으로 하나님께 순종하는 것입니다.

"주의 사자가 빌립에게 말하여 이르되 일어나서 남쪽으로 향하여 예루살렘에서 가사로 가는 길까지 가라 하니 그 길은 광야"(26절).

"성령이 수레로 가까이 나아가라"(29절).

사도행전 11장에서 베드로는 기도 시간에 세 번의 환상을 보고, 같은 시간 가이사랴의 고넬료에게는 천사가 나타나 베드로에게 사람을 보내어 청하라고 지시합니다. 고넬료가 보낸 사람들이 베드로가 거처한 집에 도착했을 때 성령께서 베드로에게 의심하지 말고 그들을 따라가라고 명령하십니다. 베드로가 순종하여 복음을 전하자 성령이 그들에게 임하고 세례를 주게 됩니다.

우리가 선교할 때, 왜 하나님께서는 이런 직접적이고 신비적인 방법(환상, 음성 등)으로 인도하시지 않습니까? 그것은 내 방법대로, 우리가 선교를 하려고 하기 때문입니다. 그러나 하나님의 뜻에 순종하고 하나님의 방법으로 선교하고자 할 때, 하나님께서는 예기치 못한 신비한 방법으로 인도하시고 일하십니다. 그러므로 선교사에게 있어서 가장 중요한 것은 하나님에 대한 전적 순종입니다.

빌립이 순종한 결과는 어떻습니까? 이디오피아 내시는 복음을 믿고 즉시 세례를 받은 후 돌아갑니다. 그곳에서 교회를 세우고 자국 복음화의 기초를 놓게 됩니다. 바울의 로마 감옥 수감 시 시위대에게 복음을 전하게 하심도 똑같은 하나님의 선교 방법입니다. 이로써 로마 제국의 고관들이 먼저 예수를 믿게 되고 마침내 기독교를 국교로 선포하게 됩니다. 그러므로 선교에 있어서 무엇보다 중요한 것은 성령의 인도하심에 순종하는 것입니다. 내가 결정해서 내가 가고 싶은 곳, 내가 하고 싶은 일을 선택하는 것이 아니라 성령의 음성을 분명히 듣고 가서 성령께서 원하시는 일을 할 때 선교의 열매를 맺을 수 있습니다.

케냐에서 사역 중인 안찬호 선교사님은 이렇게 이야기합니다. "선교에 관한 책 중에는 하나님의 방법과 사람의 방법을 소개하는 책이 있는데, 하나님의 방법보다 사람의 방법을 소개하는 책이 너무나 많다. 이것이 선교에 실패하는 이유이다."

셋째, 선교의 본질은 예수를 가르쳐 복음을 전하는 것입니다.

선교를 위해서 교육 사역, 의료 사역, 긍휼 사역 등을 하지만 진정한 의미의 선교는 예수 그리스도가 구주이심을 전함으로 듣는 사람이 예수를 인격적으로 만나게 하는 것입니다. 미전도 종족을 위한 교육, 의료 진료, 구제 등은 선교사나 교회가 아니라도 할 수 있습니다. 그러나 복음을 전하고 성경을 가르치는 것은 선교사와 교회만이 할 수 있는 일입니다.

그러므로 계속해서 복음을 확산하고 모든 종족에게 복음을 전파하기 위해서 교회와 선교사가 해야 할 일은 바로 어떤 상황 속에서도 하나님의 말씀을 가지고 예수가 그리스도이시고 구원자 되심을 가르치고 지도할 수 있는 사람들을 양육하는 것이고, 교회를 개척하는 것입니다.

특별히 1~2주간의 짧은 단기 선교를 갈 때에도 선교다운 선교를 해야 하며, 언어를 공부하여 예수 그리스도가 어떤 분이신지 소개하고 복음을 전할 수 있는 준비를 하고 가야합니다.

22

예수를 만난 사울
행: 9:1-19

¹사울이 주의 제자들에 대하여 여전히 위협과 살기가 등등하여 대제사장에게 가서 ²다메섹 여러 회당에 가져갈 공문을 청하니 이는 만일 그 도를 따르는 사람을 만나면 남녀를 막론하고 결박하여 예루살렘으로 잡아오려 함이라 ³사울이 길을 가다가 다메섹에 가까이 이르더니 홀연히 하늘로부터 빛이 그를 둘러 비추는지라 ⁴땅에 엎드러져 들으매 소리가 있어 이르되 사울아 사울아 네가 어찌하여 나를 박해하느냐 하시거늘 ⁵대답하되 주여 누구시니이까 이르시되 나는 네가 박해하는 예수라 ⁶너는 일어나 시내로 들어가라 네가 행할 것을 네게 이를 자가 있느니라 하시니 ⁷같이 가던 사람들은 소리만 듣고 아무도 보지 못하여 말을 못하고 서 있더라 ⁸사울이 땅에서 일어나 눈은 떴으나 아무것도 보지 못하고 사람의 손에 끌려 다메섹으로 들어가서 ⁹사흘 동안 보지 못하고 먹지도 마시지도 아니하니라 ¹⁰그때에 다메섹에 아나니아라 하는 제자가 있더니 주께서 환상 중에 불러 이르시되 아나니아야 하시거늘 대답하되 주여 내가 여기 있나이다 하니 ¹¹주께서 이르시되 일어나 직가라 하는 거리로 가서 유다의 집에서 다소 사람 사울이라 하는 사람을 찾으라 그가 기도하는 중이니라 ¹²그가 아나니아라 하는 사람이 들어와서 자기에게 안수하여 다시 보게하는 것을 보았느니라 하시거늘 ¹³아나니아가 대답하되 주여 이 사람에 대하여 내가 여러 사람에게 듣사온즉

그가 예루살렘에서 주의 성도에게 적지 않은 해를 끼쳤다 하더니 [14]여기서도 주의 이름을 부르는 모든 사람을 결박할 권한을 대제사장들에게서 받았나이다 하거늘 [15]주께서 이르시되 가라 이 사람은 내 이름을 이방인과 임금들과 이스라엘 자손들에게 전하기 위하여 택한 나의 그릇이라 [16]그가 내 이름을 위하여 얼마나 고난을 받아야 할 것을 내가 그에게 보이리라 하시니 [17]아나니아가 떠나 그 집에 들어가서 그에게 안수하여 이르되 형제 사울아 주 곧 네가 오는 길에서 나타나셨던 예수께서 나를 보내어 너로 다시 보게 하시고 성령으로 충만하게 하신다 하니 [18]즉시 사울의 눈에서 비늘 같은 것이 벗어져 다시 보게 된지라 일어나 세례를 받고 [19]음식을 먹으매 강건하여지니라

전 영국 수상 처칠공의 회고록에 나오는 처칠과 플레밍의 아름다운 만남에 대한 이야기입니다. 영국 런던에 살던 한 소년이 가족과 함께 시골로 여름 방학 여행을 떠납니다. 조용한 시골마을에 도착하여 너무 아름다운 호수를 발견하고는 그곳으로 달려갔는데, 실수로 그만 깊은 물에 빠지고 말았습니다. 헤엄을 칠 줄 모르는 이 소년이 물 속에서 허우적대고 있을 때 마침 호숫가를 지나던 한 시골 소년이 용감하게 호수 물 속으로 뛰어들어 소년을 구해줍니다. 물에 빠졌던 소년은 아버지에게 달려가 자신을 구해준 시골 소년에 대한 고마움을 말하고, 소년의 아버지는 아들을 구해준 생명의 은인에게 보답을 하기 위해 그 소년을 불러서 물었습니다. "얘야! 너의 꿈이 무엇이니?", "네, 저는 의사가 되고 싶습니다." 하지만 시골 소년은 집이 가난하여 대학에 갈 수 없는 형편이었고, 그 사실을 알게 된 도시 소년은 자신의 생명의 은인인 소년이 대학에 갈 수 있도록 도와달라고 아버지에게 부탁했습니다. 시골 소

년은 그 도움으로 런던 의과 대학에 입학하여 꿈에 그리던 의사가 되었습니다. 친구의 도움으로 의사가 된 그 시골 소년이 알렉산더 플레밍이고, 시골 소년에 의해 구출된 도시 소년이 후일 영국 수상이 된 윈스턴 처칠입니다. 그 후 1940년 영국이 독일군의 침공 앞에 있을 때 수상이 된 처칠은 중동 지방을 순시하러 갔다가 악성 폐렴에 걸립니다. 그런데 당시 치료약도 개발되어 있지 않은 절망적인 상황에서 고열에 시달리며 심한 고통 속에 있던 처칠을 살려낸 사람이 바로 플레밍입니다. 처칠의 도움으로 의사가 된 플레밍은 기적의 약 페니실린을 발견했고, 그 페니실린으로 처칠은 목숨을 구할 수 있었습니다.

심리학 용어, Significant others(중요한 타인)는 어린 시절부터 나와의 관계 속에서 내 인격과 자아를 형성하는데 가장 영향을 준 사람을 말합니다. 부모, 친구, 스승 등입니다. 만남, 즉 누구를 만나느냐 하는 것은 내 삶, 내 운명을 결정합니다. 그렇다면 우리 인생의 만남 중에 가장 중요한 만남은 무엇입니까? 바로 예수 그리스도를 만나는 것입니다.

본문은 사울이 부활하신 예수 그리스도를 만난 사건에 대해 이야기합니다. 사울은 예수 그리스도와의 만남이 있었기 때문에 변화되어 바울이 되었고, 주님과의 만남 때문에 전혀 예상치 못한 위대한 인생을 살게 됩니다. 그래서 바울은 이 극적인 만남의 사건을 사도행전에서만 3번씩 간증합니다. 그럼 바울과 주님의 만남은 어떤 만남입니까?

첫째, 그리스도와의 만남은 일방적으로 주님이 만나주신 만남이기 때문에 특별합니다.

사울이 자원해서 주님을 만난 것이 아니라 주님이 그를 일방적으로 찾아오셔서 만나주신 것입니다. 주님은 전혀 예상치 못한 때와 장소에서, 예기치 못한 방법으로 그를 만나주십니다. 그래서 깨닫고 회개하게 되고, 사울이 바울로 변화되게 된 것이지 자기 스스로 깨닫고 회개한 것이 아닙니다. 루터는 법과 대학 재학 중 방학을 맞아 집으로 가는 시골 길에서 같이 가던 친구가 벼락을 맞아 불에 타 죽는 것을 보고 수도사로 헌신하게 됩니다. 저 역시도 아들의 난산 과정 중에 병원 복도에서 하나님의 음성을 듣고 헌신하게 되었습니다. 여러분은 어떻게 주님을 만났습니까?

우리가 주님을 만난 사건은 하나님의 강권적인 은혜로 인한 것이지 내가 의도하고 자원해서 일어난 사건이 아닙니다. 우리가 이 사실을 깨닫고 기억하며 신앙생활하는 것과 그렇지 못한 것은 엄청난 차이가 있습니다. 이것을 깨닫지 못하기 때문에 여전히 자신을 위해서 살고 주님을 위해 살지 못하는 것입니다. 여전히 내가 내 인생의 주인인 삶을 사는 것입니다.

둘째, 우리가 예수 그리스도를 만날 때, 우리 안에 일어나는 변화들이 있습니다.

① 지금 내가 무엇을 하고 있는지 알게 됩니다.

내가 하는 일이 옳은지 옳지 않은 일인지, 가치 있는 일인지 아닌지, 하나님을 기쁘시게 하는 일인지 아닌지를 알게 됩니다. 사울의 경우, 예루살렘뿐만 아니라 140마일이나 떨어진 다메섹(30~40개 회당과 4만 명의 유대인)까지 가서 교회를 핍박하고 성도들을 옥에 잡아 가두는 일을 할 때, 그는 그것이 유대교와 이스라엘, 그리고 율법을 위해서 꼭 해야 하는 일이라고 확신했습니다. 보통의 열심이 아니었습니다. 그러나 예수 그리스도를 만났을 때, 그는 그 일이 예수 그리스도를 핍박하는 것이라는 사실을 진정으로 깨닫습니다.

"땅에 엎드러져 들으매 소리가 있어 이르시되 사울아 사울아 네가 어찌하여 나를 박해하느냐 하시거늘"(4절).

"내가 전에는 비방자요 박해자요 폭행자였으나 도리어 긍휼을 입은 것은 내가 믿지 아니할 때에 **알지 못하고 행하였음이라**"(딤전 1:12-13).

여러분은 예수 그리스도를 만났을 때 이런 깨달음이 있었나요?

톨스토이의 신앙 고백입니다. 그는 50세에 회심하여 55세에 다음과 같이 고백했습니다.

"나는 어려서부터 신앙생활을 했지만 5년 전에 비로소 예수를 믿게 되었다. 나는 전에 원하던 것을 지금 원치 않고 전에 원치 않던 것을 지금 한다."

저 역시 전문 경영인이 되어 물질로 아버님의 목회를 도우려고 했습니다. 그러나 그것이 하나님이 원하시는 것이 아님을 깨달은 즉시 하나님께 순종했습니다.

② 내 인생을 향한 하나님의 계획을 알게 됩니다.

"주께서 이르시되 가라 이 사람은 내 이름을 이방인과 임금들과 이스라엘 자손들에게 전하기 위하여 택한 나의 그릇이라 그가 내 이름을 위하여 얼마나 고난을 받아야 할 것을 내가 그에게 보이리라 하시니"(15, 16절).

사울은 예수를 만난 후 남은 인생이 하나님의 크신 계획 속에 있음을 깨달았을 뿐만 아니라 자신의 새로운 정체성을 발견하게 됩니다. 그것이 무엇입니까?

바로, 15절의 **"이방인 선교를 위해 주님이 선택하여 쓰실 그릇"**입니다. 사울은 이러한 그리스도와의 만남을 통해 자신의 사명과 정체성을 발견했습니다. 때문에 목표와 사명 의식 없이 자신을 위해서, 하고 싶은 일을 하면서 살 수 없었습니다. 그리스도를 만난 사람은 분명한 목표 의식과 사명 의식을 가지고 살게 되는 줄 믿으시기 바랍니다. 그래서 반드시 의미 있고 가치 있는 삶, 후회 없는 성공적인 인생을 살게 됩니다.

"오직 나는 그리스도 예수께 잡힌 바 된 그것을 잡으려고 달려가노라"(빌 3:12).

마지막으로 우리가 깊이 생각해야 할 한 가지가 있습니다. 사울이 예수를 만났지만, 그의 인생과 사명에 대한 계획은 주님으로부터 받은 직접 계시가 아니었다는 사실입니다. 그것은 아나니아라는 기도하는 사람을 통해서 알게 하신 것입니다.

이 사실이 우리에게 주는 교훈이 무엇입니까? 신앙 공동체, 믿음의 교제권의 중요성입니다. 다른 사람들이 경험하지 못한 신비, 즉 환상,

영음 등의 영적 체험을 하는 사람들은 모든 문제를 자기가 직접 듣고, 보고, 계시 받아서 결정하고 해결하려고 합니다. 그러나 사울의 경우처럼 주님은 많은 경우 교회를 통해서, 하나님의 사람들과 주의 종들을 통해서 가르치고 배우게 하는 방법으로 우리를 인도하십니다. 그러므로 우리는 어떤 영적 체험을 하였어도 늘 겸손한 마음으로 듣고 배우려는 자세를 가져야 합니다.

예수 그리스도를 만나셨습니까? 인생 최고의 복을 받은 것입니다. 그것만으로 운명이 바뀐 것입니다. 만약 아직 만나지 못하셨다면 오늘 그분이 찾아가주시기를 바랍니다. 그래서 하나님의 계획을 따라 사는 복된 삶을 사실 수 있기를 바랍니다.

23

사울의 회심 그 이후
행: 9:19-31

¹⁹음식을 먹으매 강건하여지니라 사울이 다메섹에 있는 제자들과 함께 며칠 있을새 ²⁰즉시로 각 회당에서 예수가 하나님의 아들이심을 전파하니 ²¹듣는 사람이 다 놀라 말하되 이 사람이 예루살렘에서 이 이름을 부르는 사람을 멸하려던 자가 아니냐 여기 온 것도 그들을 결박하여 대제사장들에게 끌어가고자 함이 아니냐 하더라 ²²사울은 힘을 더 얻어 예수를 그리스도라 증언하여 다메섹에 사는 유대인들을 당혹하게 하니라 ²³여러 날이 지나매 유대인들이 사울 죽이기를 공모하더니 ²⁴그 계교가 사울에게 알려지니라 그들이 그를 죽이려고 밤낮으로 성문까지 지키거늘 ²⁵그의 제자들이 밤에 사울을 광주리에 담아 성벽에서 달아 내리니라 ²⁶사울이 예루살렘에 가서 제자들을 사귀고자 하나 다 두려워하여 그가 제자 됨을 믿지 아니하니 ²⁷바나바가 데리고 사도들에게 가서 그가 길에서 어떻게 주를 보았는지와 주께서 그에게 말씀하신 일과 다메섹에서 그가 어떻게 예수의 이름으로 담대히 말하였는지를 전하니라 ²⁸사울이 제자들과 함께 있어 예루살렘에 출입하며 ²⁹또 주 예수의 이름으로 담대히 말하고 헬라파 유대인들과 함께 말하며 변론하니 그 사람들이 죽이려고 힘쓰거늘 ³⁰형제들이 알고 가이사랴로 데리고 내려가서 다소로 보내니라 ³¹그리하여 온 유대와 갈릴리와 사마리아 교회가 평안하여 든든히 서가고 주를 경외함과 성령의 위로로 진행하

여 수가 더 많아지니라

미국 교인의 회심(Conversion)에 관한 통계를 보면, 전체 약 33%가 회심을 경험했다고 응답했습니다. 그 중 18%는 급진적 회심을 경험했고 그 중 5%는 예기치 못한 순간 갑자기 회심을 하게 되었으며, 점진적 회심을 경험한 사람은 전체의 80%였습니다.

바울의 회심이 바로 급진적 회심입니다. 회심한 이후 바울은 어떻게 되었습니까?

그리고 예수 그리스도를 만나고 회심을 경험한 사람의 보편적인 특징은 무엇입니까?

첫째, 확신이 있습니다.

예수 그리스도와 구원, 그리고 죄 용서, 천국과 지옥 등에 대한 확신이 있습니다. 자신이 체험한 사건과 신비에 대해서 신학적으로 완전히 이해하고 정리되지 않아도 확신이 있습니다. 그래서 자신이 믿는 바를 즉시 행동으로 옮기게 됩니다. 그것은 주위 사람들이 볼 때 그의 변화로 나타납니다. 본문 20절에서 사울은 "즉시 예수가 하나님의 아들이심을 전파"하였습니다. 심지어 21절에서 많은 사람들이 그를 의심할 때, 그는 다른 사람의 눈치를 보거나 자신에 대해 변명하지 않고 더 힘을 내어 예수를 그리스도로 증언합니다. 그래서 바나바가 사울을 예루살렘의 제자들에게 소개할 때, 그가 정말 회심하고 소명을 받아 변화된 사실을 설명하고 증언합니다.

"바나바가 데리고 사도들에게 가서 그가 길에서 어떻게 주를 보았는지와 주께서 그에게 말씀하신 일과 다메섹에서 그가 어떻게 예수의 이름으로 담대히 말하였는지를 전하니라"(27절).

중국 미전도 종족이었던 물라오족 선교 때 있었던 일입니다. 2007년 물라오족의 한 자매는 예수를 믿고 구주로 영접한 즉시 집에 모시던 조상신 패와 부적을 다 찢어버렸으며, 2010년 한 노인은 예수를 믿고 영접하자마자 친구들을 전도하고 집으로 초청하여 예배를 드립니다. 자신은 회심했다고 믿지만 변화가 나타나지 않고, 정말 믿는 바를 행동으로 옮기지 못하고 담대히 전하지 못한다면 그것은 회심한 것이 아닙니다. 급진적이든 점진적이든 회심했다면 믿는 바가 삶의 행동으로 나타나야 합니다. 그 중 가장 분명한 변화가 전도입니다.

"핍박하던 자가 그 믿음을 전한다 함을 듣고… 하나님께 영광을 돌리니라"(갈 1:23-24).

여러분은 정말 회심하였습니까? 예수 그리스도를 믿고 거듭났음을 확신하십니까? 급진적이든 점진적이든 거듭남의 확신이 있다면 우리의 삶에 남들이 인정하는 변화가 나타나야 합니다. 믿고 확신하는 바를 행동과 삶에 나타내야 합니다. 이민교 선교사는 원불교의 소록도 선교사였습니다. 그런 그가 회심하여 진리를 찾고 인생관이 **"고행에서 희행"**으로 바뀝니다(『복음에 빚진 사람』, 규장). 회심하기 전에는 눈이 쏟아지는 날 고무신을 신고 지리산 천왕봉을 몇 차례 오르며 고행하던 그가, 회심한 후 모든 신앙의 덕목들(기도, 예배, 헌금, 감사 등)을 기뻐하고 좋아해서 자유하며 사는 삶으로 바뀝니다.

예수를 그리스도라고 담대히 증거 하는 삶, 특히 전도는 구원의 확신, 즉 회심의 경험 없이는 불가능한 것입니다.

둘째, 핍박이 있습니다.

유대인들, 특히 헬라파 유대인들은 사울을 죽이려고 했습니다.

"여러 날이 지나매 유대인들이 사울 죽이기를 공모하더니"(23절).

"또 주 예수의 이름으로 담대히 말하고 헬라파 유대인들과 함께 말하며 변론하니 그 사람들이 죽이려고 힘쓰거늘"(29절).

예수를 만나고 회심한 후 우리는 전에 누리지 못했던 놀라운 평강과 행복을 누리게 됩니다. 기도의 응답을 통해 삶의 문제 해결과 형통의 복도 받게 됩니다. 그러나 예수를 만나고 회심한 사람, 변화된 삶에는 반드시 핍박이 있습니다. 위험에 처하고 불이익을 당하고 목숨도 잃을 수 있습니다. 왜 그렇습니까?

회심하게 되면 지금까지 살던 것과 다른 길과 목적, 그리고 가치를 가지고 살게 되기 때문입니다. 회심 후의 삶은 많은 경우 세상의 반대 입장에서 반대 의견을 말할 수밖에 없는 삶이므로 세상이 미워하게 됩니다. 그들의 입장에서 보면 "배신"입니다(곽선희 목사). 즉 세상은 기독교인들에게 배신의 감정을 느끼기 때문에 죽이고 싶을 만큼 증오하고 핍박하게 됩니다.

> "너희가 세상에 속하였으면 세상이 자기의 것을 사랑할 것이나 너희는 세상에 속한 자가 아니요 도리어 내가 너희를 세상에서 택하였기 때문에 세상이 너희를 미워하느니라"(요 15:19).

지금 우리의 삶은 어떻습니까? 핍박, 불이익, 위협이 전혀 없는 삶을 살고 있다면 우리는 내가 경험한 회심이 진정한 회심인지 다시 확인해야 합니다. 회심했다고 하지만 완전히 돌아서지 못하고 세상과 교회를 양다리 걸치며 살고 있지는 않은지 점검해야 합니다.

셋째, 하나님의 도우심이 있습니다.

회심 이후 바울은 위기의 때마다 하나님의 도우심을 받으며 사역합니다. 25절을 보시면 제자들이 사울을 광주리로 도피시켰고, 27절 바나바를 통해 사울이 제자(사도)들과 교제하게 하시며, 30절 형제들의 도움을 받게 하십니다.

특별히 바나바가 사울을 예루살렘에 있던 예수님의 제자들에게 소개하는 상황을 보면, 사실 본문 19절과 20절 사이에는 시간적 간격이 있는 것에 주목해야 합니다. 갈라디아서 1장 8절은 약 3년이라는 기간 동안 사울이 아라비아 광야에 갔었다고 기록합니다. 이것은 사울이 다메섹 도상에서 예수 그리스도를 만나고 소명을 받은 후 3년이 지났는데도 베드로와 제자들은 여전히 그를 의심했다는 사실을 보여줍니다. 그런데 자신도 사울에 대해 잘 모르는 바나바라는 사람이 사울을 만나 자청해서 그를 제자들에게 소개하고, 바나바의 인격을 신뢰했던 제자들은 사울을 영접하고 함께 사역을 시작하게 된 것입니다.

"사울이 제자들과 함께 있어 예루살렘에 출입하며 또 주 예수의 이름으로 담대히 말하고 헬라파 유대인들과 함께 말하며 변론하니 그 사람들이 죽이려고 힘쓰거늘"(28, 29절).

이처럼 그리스도를 만나고 회심한 후 주님과 복음을 위한 삶을 살아갈 때, 하나님이 예비하신 사람들을 통한 하나님의 도우심이 있습니다. 즉 하나님께 속하게 되고 하나님의 사람이 되었음을 증명하는 증거 중의 하나가 믿음의 사람들을 통한 하나님의 도우심입니다. 특히 귀한 동역자를 붙여주시는 것은 하나님의 특별한 은총입니다.

케냐에서 선교 중인 안찬호 선교사는 공수 부대에서 7년 동안 근무한 후 25세에 제대하고 탄광에서 광부로 일합니다. 하루는 밤 12시에서 오전 8시까지 막장에서 일하는데, 갑자기 막장의 중간 갱도가 무너지고 그때 함께 갇힌 동료로부터 전도를 받게 됩니다. 그는 어둠 속에서 무릎 꿇고 주기도문, 사도 신경을 따라하고 영접 기도를 한 후 대성통곡하면서 "나를 살려주시면 하나님이 명하시는 대로 따르겠다"고 서원(회심)합니다. 그러다 의식을 잃은 후 병원에서 깨어났으나, 전도했던 그 동료는 끝내 죽게 됩니다. 그 후 사모님을 만나 결혼하고, 평범한 회사 생활을 하던 그는 결혼 6년 만에 고교 중퇴를 아내에게 고백하고 남은 삶을 하나님께 드릴 것을 약속합니다. 회사에 사표를 쓰기 전날 밤

안찬호 선교사는 이렇게 기도합니다. "주님, 저를 어디에 쓰려고 하십니까? 이 세상에 쓸 만한 사람들이 얼마나 많은데, 하필이면 접니까? 전 자신이 없고 능력도 없습니다. 그러나 주님이 그토록 원하신다면 순종하겠습니다. 주님 뜻대로 하옵소서!" 그 후 고등학교 검정고시를 거쳐 신학 대학과 대학원을 마치고 그는 감리교 목사가 되어 선교지로 가게 됩니다(『들어쓰심』, 규장).

여러분은 회심하셨습니까? 진정한 회심은 확신이 있기 때문에 믿음대로 살고 행동하며, 반드시 변화로 나타납니다. 또한 세상으로부터 받는 반대와 핍박이 있습니다. 그러나 이것을 하나님 편에 속한 증거로 믿으시기 바랍니다. 회심 이후의 삶에는 반드시 하나님의 도우심과 인도하심이 있습니다. 때마다 위기에서 도우시고 하나님의 사람들을 만나게 하시며 우리를 인도하십니다. 이 믿음과 소망 가운데 우리에게 주신 사명의 길에서 타협하지 않고, 돌아서지 않는 승리의 삶을 사시기를 소원합니다.

24 부흥의 열망
행: 9:26-31

²⁶사울이 예루살렘에 가서 제자들을 사귀고자 하나 다 두려워하여 그가 제자 됨을 믿지 아니하니 ²⁷바나바가 데리고 사도들에게 가서 그가 길에서 어떻게 주를 보았는지와 주께서 그에게 말씀하신 일과 다메섹에서 그가 어떻게 예수의 이름으로 담대히 말하였는지를 전하니라 ²⁸사울이 제자들과 함께 있어 예루살렘에 출입하며 ²⁹또 주 예수의 이름으로 담대히 말하고 헬라파 유대인들과 함께 말하며 변론하니 그 사람들이 죽이려고 힘쓰거늘 ³⁰형제들이 알고 가이사랴로 데리고 내려가서 다소로 보내니라 ³¹그리하여 온 유대와 갈릴리와 사마리아 교회가 평안하여 든든히 서가고 주를 경외함과 성령의 위로로 진행하여 수가 더 많아지니라

종말론적인 관점에서 볼 때 이 시대는 대추수와 대부흥이 일어나고 있는 시대입니다. 남미와 아프리카 등지에서 매일 약 87,000-100,000명이 예수를 믿고 그리스도인이 되고 있으며, 매주 약 4,500개 교회가 개척되고 있습니다. 민족과 나라 단위로 주님께 돌아오고 있는 것입니다. 인도네시아의 경우 1980년대에만 1900만 명이 기독교로 개종했으며, 1989-95년 사이 전체 그리스도인의 수가 1%에서 12%로 증가했습니다. 지금은 인도네시아 대학생의 45%, 의료인의 80%가 기독교인입

니다.

 이 시대에 주님께서 지상 교회를 향한 가장 큰 관심과 열망이 무엇일까요? 저는 부흥이라고 생각합니다. 그런데 부흥이 주님의 참 관심과 열망이라고 할 때, 부흥하는 교회의 모습과 특징은 무엇입니까?

첫째, 교회가 평안합니다.

 부흥하는 교회는 내적으로 평안한 교회입니다. 이것이 부흥하는 교회의 첫 번째 특징입니다. 아무리 사람이 많이 모여도 서로 분쟁하고 파당하는 교회는 절대 부흥하는 교회가 될 수 없습니다.

> "이 모든 것 위에 사랑을 더하라 이는 온전하게 매는 띠니라 그리스도의 평강이 너희 마음을 주장하게 하라 너희는 평강을 위하여 한 몸으로 부르심을 받았나니 너희는 또한 감사하는 자가 되라"(골 3:14-15).

 이 말씀에서 기억할 것은 교회의 평안을 이루는 것은 우리가 한 몸으로 부르심 받았음을 아는 데 있다는 것입니다. 바로 한 몸으로 부름 받았다는 의식, 즉 우리가 한 지체라는 지체 의식입니다. 교우 간에 서로 희생하고 이해하며, 용납하고 사랑할 때만이 교회 안에 평안이 있고, 교회가 평안할 때 부흥하는 교회가 될 수 있습니다. 영락교회(故 한경직 목사)는 한국의 1980년대 이전 2000명이 넘는 유일한 교회였습니다. 교회 부흥의 비결에 대한 물음에 한 목사님은 "안 싸우면 됩니다"라고 대답했습니다. 즉 교회가 평안하면 되는 것입니다. 아무리 좋은 건물과 시설, 좋은 프로그램을 갖추어 많은 교인이 모인다고 해도 싸우면, 곧 교회 안에 평안이 없으면 그 교회 안에서의 신앙생활이 결코 은혜로울 수 없습니다. 우리도 그런 교회를 부흥하는 교회라고 말하지 않습니다.

둘째, 교회 안에 주를 경외함이 있습니다.

부흥하는 교회는 오직 주님만을 경외하는 교회입니다. 교회의 머리와 주인이 바로 예수 그리스도이심을 바로 아는 교회입니다. 모든 것을 주님을 위하여 주님 뜻대로, 주님이 주시는 힘과 지혜로 봉사하는 교회이며, 모든 문제도 주님의 방법으로 해결하는 철저히 주님의 주인되심을 인정하는 교회입니다. 그런데 오늘날 많은 교회들이 부흥을 위해서 교인 중심의 프로그램과 행사를 지향하고 있는 것을 종종 봅니다. 그러나 모든 것이 교회의 주인 되신 예수 그리스도를 위하여, 그분의 뜻대로 이루어질 때 교회는 진정으로 부흥할 수 있습니다.

21세기 초, 시카고 크리스천 저널에서 차세대 목회자를 대상으로 한 이런 인터뷰 질문이 있었습니다.
"앞으로 이민교회는 2세 중심의 목회를 해야 한다고 하는데 어떻게 생각하십니까?"
종종 이민교회는 앞으로 영어권 중심, 2세 중심의 교회를 운영해야 한다는 말이 자주 나옵니다. 그러나 여기서 2세 중심의 교회란 말도 그리스도보다 2세를 위하거나 그리스도의 뜻보다 2세를 우선적으로 이해해야 한다는 의미에서 말하는 것이 아님을 우리는 기억해야 합니다.

셋째, 교회 안에 성령의 위로의 역사가 있습니다.

31절 "성령의 위로로 진행하여"에서 말하는 성령의 위로는 어떤 것입니까? 위로는 헬라어로 *paraklesis*로서 신약 성경에서 대개 말씀을 통한 위로와 격려, 권면 또는 경고의 행위를 의미할 때 사용된 단어입니다. 이런 의미에서 부흥하는 교회는 바로 주님의 종들을 통해서 주시는 하나님의 말씀이 성도들의 마음에 은혜로 임하는 교회입니다. 그때 성령의 위로의 역사가 나타나게 됩니다.

"그 날에 예루살렘에 있는 **교회에 큰 핍박이 나서** 사도 외에는 다 유대와 사마리아 모든 땅으로 흩어지니라"(행 8:1).

"바나바가 데리고 사도들에게 가서 그가 길에서 어떻게 주를 보았는지와 주께서 그에게 말씀하신 일과 다메섹에서 그가 어떻게 예수의 이름으로 담대히 말하였는지를 전하니라"(27절).

"사울이 제자들과 함께 있어 예루살렘에 출입하며 또 주 예수의 이름으로 담대히 말하고 헬라파 유대인들과 함께 말하며 변론하니 그 사람들이 죽이려고 힘쓰거늘"(28, 29절).

실제 본문의 교회는 어떤 상황입니까? 교회에 큰 핍박이 나서 개종한 사울까지 죽이려고 하던 상황이었습니다. 이처럼 힘들고 어려운 상황에서 계속 믿음을 지키고 믿는 바를 담대히 전하기 위해서는 간증과 계시의 말씀을 통한 성령의 위로의 역사가 얼마나 중요한지 모릅니다.

그렇다면, 우리 교회가 이와 같은 부흥하는 교회가 되기 위해서 꼭 필요한 것은 무엇입니까?

부흥하는 교회에 대해 말하는 31절은 "그리하여"라는 말로 시작합니다. 이 말은 헬라어 oun(그러므로)의 뜻으로 결과를 말하는 접속사입니다. 31절 앞에 있는 모든 일들의 결과로 교회의 부흥이 이루어진 것입니다. 즉 이런 교회가 되기 위해서 필요한 것들이 앞에 있는 모든 것들이라는 말입니다. 사도행전 9장에 나타난 교회의 부흥 요인, 앞에 있는 모든 것들은 아나니아(10절), 바나바(27절), 사울(27-28절), 다메섹에 사는 무명의 제자들(19, 25절), 예루살렘 교회의 형제들(30절) 바로 이들입니다. 즉 부흥하는 교회가 되기 위해서는 기도, 금식, 성령 충만, 성령의 역사 등 영적 요소와 함께 한 가지 더 중요한 것이 있는데, 그것은 바로 인적 요소, 사람이라는 말입니다.

교회의 부흥에는 반드시 사람이 있어야 하는데, 그리스도와 복음, 복음의 일꾼들을 위하여 기꺼이 자신을 희생하며 섬기는 사람들이 필요합니다. 특별히 사울을 제자들에게 소개한 바나바와 같은 직분자가 많은 교회는 반드시 부흥하게 된다고 믿습니다.

성경을 자세히 살펴보면 바나바와 바사바를 같은 인물로 볼 수 있습니다. 성경에 등장하는 많은 인물들은 여러 이름을 사용합니다. 베드로(페트로스=헬라어)는 예수께서 시몬에게 지어주신 이름입니다. 이를 또한 '게바'(케파스=아람어)라고도 불렀는데 이는 돌, 바위라는 뜻입니다. 또한 예수께서 시몬을 부를 때에 '바요나(마 16:17, 요나의 아들)로 부르기도 하셨고, 요한의 아들(요 1:42)로도 부르셨습니다. 그러니 성경에서 베드로, 게바, 시몬은 동일인입니다. 그리고 베드로의 부친이었던 '요한'은 '요나'와 동일인이고, 아굴라의 아내인 '브리스길라'는 '브리스가'와 동일인이며, 열두 제자 중의 '바돌로매'는 '나다나엘'과 동일인입니다. 이와 같이 성경에는 다른 이름을 가졌지만 동일인인 경우를 자주 볼 수 있습니다. '바나바'라는 이름은 주님의 제자들이 불러 준 별명이었습니다. 원래 그의 본명은 요셉입니다. 바나바라는 이름의 의미는 '권위자' 라는 뜻으로 권면과 위로의 아들(son of Encouragement)을 의미합니다. 비슷한 이름으로 사도행전 1장 23절에 기록된 '바사바'라는 사람은 가롯 유다를 대신해 12제자에 들어갈 자로 추천되던 사람이었습니다. 그런데 제비뽑기를 해서 맛디아는 당첨이 되고 바사바는 탈락하게 된 것입니다. 이 바사바는 '안식의 아들'이라는 뜻으로 별명이었고, 또 다른 별명 '유스도'라고도 불렸으나 그의 본명은 요셉(행 5:46)이었습니다. 그러므로 바나바와 바사바는 동일인으로 보여집니다. 바사바가 제비뽑기에서 탈락되자 많은 믿음의 동료들이 그를 위로하며 격려했고, 바사바는 도리어 그들을 위로하고 격려했기에 '바사바'(안식의 아들)가 아닌 '바나바'(권면과 위로의 아들)라는 별명을 얻게 됐다고 보여집니다(애틀란타 기독일보, 김근태 목사).

오늘날 교회 안에 장로 등의 직분자 선출에서 탈락되거나 자기 뜻대로 일이 되지 않으면 실망하고 교회를 떠나는 사람들이 있습니다. 그러나 어떤 자리나 직분이든지 주님이 원하시는 곳에서 주님의 뜻을 이루기 위해 하나님이 세우시고 사용하시는 하나님의 일꾼들을 세워주고 섬길 수 있는 바나바와 같은 겸손하고 **이타적인 사람**(=남 잘되는 것을 기쁨으로 삼는 사람)이 많이 있다면 그 교회는 반드시 부흥하게 될 것입니다.

여러분은 마음속 깊은 곳에서 진정한 교회의 부흥을 열망합니까? 교회 부흥의 요건은 무엇보다도 사람임을 깊이 인식하시기 바랍니다. 교회 부흥의 길은 바로 내가 주님과 복음, 그리고 복음의 일꾼들을 위해 기꺼이 희생하며 섬길 수 있을 때 이루어집니다. 다른 무엇보다도 바나바와 같이 겸손히 섬길 수 있는 지도자, 남 잘되는 것을 기쁨으로 삼는 직분자가 교회 안에 많이 세워질 때 진정한 교회 부흥의 기쁨과 감격을 누릴 수 있음을 믿으시기 바랍니다. 우리가 바로 이런 교인이요 지도자가 될 수 있기를 소원합니다.

25

기적과 구원의 역사
행: 9:32-43

³²그때에 베드로가 사방으로 두루 다니다가 룻다에 사는 성도들에게도 내려갔더니 ³³거기서 애니아라 하는 사람을 만나매 그는 중풍병으로 침상 위에 누운 지 여덟 해라 ³⁴베드로가 이르되 애니아야 예수 그리스도께서 너를 낫게 하시니 일어나 네 자리를 정돈하라 한대 곧 일어나니 ³⁵룻다와 사론에 사는 사람들이 다 그를 보고 주께로 돌아오니라 ³⁶욥바에 다비다라 하는 여제자가 있으니 그 이름을 번역하면 도르가라 선행과 구제하는 일이 심히 많더니 ³⁷그때에 병들어 죽으매 시체를 씻어 다락에 누이니라 ³⁸룻다가 욥바에서 가까운지라 제자들이 베드로가 거기 있음을 듣고 두 사람을 보내어 지체 말고 와 달라고 간청하여 ³⁹베드로가 일어나 그들과 함께 가서 이르매 그들이 데리고 다락방에 올라가니 모든 과부가 베드로 곁에 서서 울며 도르가가 그들과 함께 있을 때에 지은 속옷과 겉옷을 다 내보이거늘 ⁴⁰베드로가 사람을 다 내보내고 무릎을 꿇고 기도하고 돌이켜 시체를 향하여 이르되 다비다야 일어나라 하니 그가 눈을 떠 베드로를 보고 일어나 앉는지라 ⁴¹베드로가 손을 내밀어 일으키고 성도들과 과부들을 불러들여 그가 살아난 것을 보이니 ⁴²온 욥바 사람이 알고 많은 사람이 주를 믿더라 ⁴³베드로가 욥바에 여러 날 있어 시몬이라 하는 무두장이의 집에서 머무니라

전 세계의 기독교 인구는 23억, 무슬림 인구는 16억입니다. 이 무슬림 인구는 세계 인구의 약 23%으로 30년간 2배가 증가하였으며, 앞으로 수년 내에 2배가 더 증가 할 것을 예상하고 있습니다. 이렇게 이슬람교가 급속도로 확장되는 이유는 다음과 같습니다.

① 엄청난 선교비 지출 - 사우디아라비아는 하루 1억불(1200억원)을 선교비로 지출
전체 이슬람 국가에서 매일 6억불을 선교비로 지출(원유 수익의 20%)
② 구제 및 자선 사업 - 빈곤층 구제와 대학생 장학금 지급
(한국 한동대학교에도 엘리트 무슬림 유학생이 있다고 함)
③ 개인 신앙의 자유를 허락하지 않음 - 종교는 가정과 국가의 선택
통혼, 출산 선교 정책을 통한 포교 정책

초대 기독교는 빠른 시간 내에 많은 나라와 민족에게 전파되었습니다. 이미 그들이 섬기고 있는 신과 종교가 있는 상황에서 어떻게 예수 그리스도가 많은 이방인들의 신앙의 대상이 될 수 있었을까요? 단순히 예수 그리스도의 교훈이 위대해서만은 아닙니다. 그것은 부활하신 예수 그리스도께서 믿는 사람들, 즉 교회와 함께 하시고 현재적으로 역사하시는 것을 그들이 경험했기 때문입니다.

그렇다면 사도행전에서 특별히 본문에서 중풍병자가 치유되고, 죽었던 사람이 다시 살아나는 기적을 기록하고 있는 이유가 무엇입니까? 첫째로, 그리스도인들이 예수 그리스도께서 그들, 곧 교회와 함께 하시고 지금도 역사하시는 것을 믿게 하기 위해서입니다. 둘째로, 믿지 않는

자들로 하여금 복음을 믿게 하기 위해서입니다. 이러한 기적을 표적, 이적(signs)이라고 하며, 이적은 **계시적 사건**(=지금 이곳에 하나님이 계시고 사람을 통해서 말씀하시고 역사하고 계심을 보여줌)을 말합니다. 이것이 바로 오늘날 교회에 이적, 즉 성령의 역사가 필요하고, 이것을 인정해야 하는 이유입니다.

"제자들이 나가 두루 전파할새 주께서 함께 역사하사 그 따르는 표적으로 말씀을 확실히 증거하시니라"(막 16:20).

"우리가 든든히 여겨야 할 것은 교리와 의식의 훌륭한 체계를 소유했다는 사실이 아니라 성령의 은사가 실재라는 사실이다"(롤랜드 알렌)

그렇다면 오늘날 우리가 예수 그리스도는 살아계셔서 믿는 자들과 함께 하시고 우리를 통해서 일하시는 것을 경험하기 위해서는 어떻게 해야 합니까? 오늘날 교회에 계속해서 사도행전의 역사와 이적이 일어나려면 무엇이 필요할까요?

첫째, 순종해야 합니다.

"두루 다니다가 룻다에 있는 성도들에게도 내려갔더니"(32절).

이 말씀은 베드로가 예루살렘에만 있지 않았음을 말해줍니다.

누가는 사도행전에서 의도적으로 베드로와 바울 중심의 복음의 역사를 기록하고 있습니다. 오순절 이후 베드로와 바울 이외의 다른 사도들의 행적은 언급되지 않고 있습니다. 그것은 다른 사도들은 여태 예루살렘을 떠나지 않고 있었지만 베드로는 사도행전 1:8의 주님의 명령대로 유대와 사마리아, 땅끝까지 가라는 말씀에 순종하여 사마리아와 유대 지역에 복음을 전하러 갔기 때문입니다. 그래서 그들에게는 약속하신 성령의 역사, 표적과 기사가 나타나게 되고 복음을 확실히 증거 할 수 있게 된 것입니다.

마가복음 16장 17-18절, "믿는 자들에게는 이런 표적이 따르리니 곧 저희가 내 이름으로 귀신을 쫓아내며 새 방언을 말하며 뱀을 집으며 무슨 독을 마실찌라도 해를 받지 아니하며 병든 사람에게 손을 얹은즉 나으리라"의 약속은 "온 천하에 다니며 만민에게 복음을 전파하라"(막 16:15)는 말씀에 순종하여 가는 사람을 위한 것입니다.

주님의 명령에 순종하고 가면 반드시 놀라운 성령의 이적적 역사를 경험할 수 있습니다.

둘째, 오직 그리스도만을 드러내야 합니다.

① 입으로 - "예수 그리스도께서 너를 낫게 하신다"(34절, Jesus Christ heals you)

여기에서 heals는 현재 시제로, 지금 이 자리에 부활하신 예수님이 함께 계시고 그가 고치신다는 뜻입니다. 사도행전 3:12절, 성전 미문의 하반신 장애인을 치유한 베드로는 이렇게 고백합니다. "이 일을 왜 기이히 여기느냐 우리 개인의 권능과 경건으로 이 사람을 걷게 한 것처럼 왜 우리를 주목하느냐"(It's not me, it's not my power but Jesus' Power)

그러므로 살아계신 주님, 교회와 성도들을 통해서 지금도 일하시는 주님을 우리의 입술로 담대히 고백하고 증거 할 때, 이 시대에도 교회 안에, 그리고 교회를 통하여 놀라운 이적의 역사가 일어날 것입니다.

"예수 그리스도는 어제나 오늘이나 영원토록 동일하시니라"(히 13:8).

② 삶으로 - 다비다처럼 그리스도의 사랑을 실천해야 한다.

"베드로가 일어나 그들과 함께 가서 이르매 그들이 데리고 다락방에 올라가니 모든 과부가 베드로 곁에서서 울며 도르가가 그들과 함께 있을 때에 지은 속옷과 겉옷을 다 내보이거늘"(39절).

"**선행과 구제**하는 일이 심히 많더니…"(36절).

"그의 계명은 이것이니 곧 그 아들 예수 그리스도의 이름을 믿고 그가 우리에게 주신 계명대로 서로 사랑할 것이니라. 그의 계명들을 지키는 자는 주 안에 거하고 주는 저 안에 거하시니라"(요일 3:23).

형제의 쓸 것을 주고 베푸는 사랑을 실천할 때 우리는 지금도 살아계시어 우리와 함께 하시는 그리스도께서 놀라운 역사를 나타내심을 경험하게 됩니다.

"곧 일어나니 룻다와 사론에 사는 사람들이 다 그를 보고 주께로 돌아가니라"(34-35절).

"온 욥바 사람이 알고 많이 주를 믿더라"(42절).

롤렌드, 하이디 베이커 목사 부부는 소외된 자들을 위한 하나님의 사랑의 통로가 되는 귀한 종들입니다. 이들은 영국 킹스 신학 대학에서 유학 중 Time지 표지에서 모잠비크에 일어난 내전의 모습을 보며, "가서 불쌍한 아이들을 돌보라"는 하나님의 음성을 듣고 모잠비크로 떠나 예수님의 사랑과 말씀의 능력으로 아이들을 돌보기 시작합니다. 버려지고 상처입고 굶고 고아된 아이들에 대한 주님의 긍휼한 마음으로 애통하게 되었고, 내전으로 인해 버려진 수천의 아이들을 데려다 키우기 시작했습니다. 하나님께서 이들에게 부어주신 충만한 사랑으로 그 지역에 7000여 개의 교회가 세워지고, 지금도 3,500명의 고아들을 돌보고 있습니다. 그녀의 순회 집회에서는 수십 명의 죽은 자가 살아나고 팔다리가 없던 아이의 팔다리를 자라나게 하는 등의 기적이 일어났으며, 오병이어 같은 이적뿐만 아니라 맹인, 농아인 등이 치유 받는 기적이 함께 일어났습니다. 한 가지 분명한 사실은 지구 한구석 잊혀진 곳에서 그녀는 어느 누구보다 가난한 사람들을 사랑하고 그들을 위해 하나님의 사랑을 실천하고 있다는 것입니다.

기독교의 구제, 그리스도의 사랑을 실천하는 구제는 희생적 줌(giving)이 특징입니다. 다 쓰고 남아서 주는 것이 아니라 주기 때문에 내가 힘들고 불편해지는 것을 알면서도 주는 줌을 실천할 수 있는 교회와 성도들을 통해서 하나님은 오늘도 이적을 행하시고 살아계신 예수 그리스도를 나타내십시다. 이런 놀라운 은혜의 역사가 우리를 통해서, 섬기는 교회를 통해서 계속해서 나타날 수 있기를 소원합니다.

26
바나바와 같은 일꾼
행: 9:26-31, 11:22-26

²⁶사울이 예루살렘에 가서 제자들을 사귀고자 하나 다 두려워하여 그가 제자 됨을 믿지 아니하니 ²⁷바나바가 데리고 사도들에게 가서 그가 길에서 어떻게 주를 보았는지와 주께서 그에게 말씀하신 일과 다메섹에서 그가 어떻게 예수의 이름으로 담대히 말하였는지를 전하니라 ²⁸사울이 제자들과 함께 있어 예루살렘에 출입하며 ²⁹또 주 예수의 이름으로 담대히 말하고 헬라파 유대인들과 함께 말하며 변론하니 그 사람들이 죽이려고 힘쓰거늘 ³⁰형제들이 알고 가이사랴로 데리고 내려가서 다소로 보내니라 ³¹그리하여 온 유대와 갈릴리와 사마리아 교회가 평안하여 든든히 서가고 주를 경외함과 성령의 위로로 진행하여 수가 더 많아지니라

²²예루살렘 교회가 이 사람들의 소문을 듣고 바나바를 안디옥까지 보내니 ²³그가 이르러 하나님의 은혜를 보고 기뻐하여 모든 사람에게 굳건한 마음으로 주와 함께 머물러 있으라 권하니 ²⁴바나바는 착한 사람이요 성령과 믿음이 충만한 사람이라 이에 큰 무리가 주께 더하여지더라 ²⁵바나바가 사울을 찾으러 다소에 가서 ²⁶만나매 안디옥에 데리고 와서 둘이 교회에 일 년간 모여 있어 큰 무리를 가르쳤고 제자들이 안디옥에서 비로소 그리스도인이라 일컬음을 받게 되었더라

이건희 회장 25주년 삼성… '인재 경영의 힘' 삼성 25주년에 대한 뉴스 기사의 헤드라인입니다. 삼성에게 있어서 '인재 경영'은 "기업은 사람이다"고 했던 故 이병철 회장 때부터 강조하던 경영의 키워드입니다. 세계 1위를 차지했던 삼성의 대표적 핸드폰 애니콜의 성공은 이기태 부회장의 파격적인 발탁 때문이었습니다. 그는 구미 공장 직원들 앞에서 애니콜 15만대, 시가 500억원치를 불태운 일화로 유명합니다. "최고 품질이 아니면 만들지 말라"고 말했던 그는 평범한 고등학교와 지방 대학 출신으로 핸드폰에 대한 열정 하나로 발탁된 인물이었습니다.

'교회도 사람이다.'
교회에서도 가장 중요한 것이 사람입니다. 교회가 부흥 성장하고, 교회를 통해 하나님의 나라가 확장되고 하나님의 뜻이 이 땅에서 이루어지기 위해서 필요한 것이 바로 사람입니다. 구체적으로는 본문의 바나바와 같은 일꾼, 사역자가 필요합니다. 바나바는 안디옥 교회가 세계 선교를 할 수 있게 기초를 놓은 사람이고 바울이라는 위대한 선교사를 발굴하고 양육한 사람입니다.

그렇다면 바나바는 어떤 사람이었습니까?

첫째, 하나님의 은혜를 볼 줄 아는 사람입니다.

바나바는 하나님의 임재, 하나님의 역사, 섭리적인 계획을 볼 줄 알았습니다.

"그가 이르러 하나님의 은혜를 보고 기뻐하여 모든 사람에게 굳건한 마음으로 주와 함께 머물러 있으라 권하니"(23절).

"주의 손이 그들과 함께 하시매 수많은 사람들이 믿고 주께 돌아오더라"(21절).

안디옥은 로마 제국에서 3번째로 큰 도시인데, 이 도시에 핍박으로 흩어진 헬라파 디아스포라 유대인들이 이방인들을 전도하여 세운 교회가 안디옥 교회입니다. 안디옥에서 이 흩어진 디아스포라 유대인들은 언어나 문화의 이질감을 잘 극복할 뿐만 아니라, 오히려 그곳 이방인들에게 복음을 전하는 것을 보고 바나바는 하나님의 역사와 섭리를 깨닫게 됩니다. 그것은 안디옥 교회를 통해서 이방인들에게도 복음을 전하려는 하나님의 선교 계획이었습니다. 안디옥 교회를 이방인 선교의 전초 기지로 삼으려는 하나님의 비전을 본 바나바는 안디옥 교회 성도들에게 "굳건한 마음으로 주와 함께 머물러 있으라"고 권하게 됩니다.

더 중요한 것은 25절입니다. 바나바는 왜 굳이 다소에 은둔하고 있던 사울을 찾으러 가서 데리고 왔을까요? 교회에 문제도 없고, 부흥하고 있던 좋은 상황에서 사울을 데리고 온 이유는 바로 이 이방인 선교를 위한 하나님의 놀라운 계획을 보았기 때문입니다. 바나바는 누가 이 비전을 이루기 위한 최적임자일까 생각하며 기도했고, 헬라파 유대인으로서 이미 문화나 언어 장벽이 없고 로마 시민권을 가지고 있으며 무엇보다 부활하신 예수 그리스도로부터 받은 이방인 선교의 사명을 가졌던 사람이 필요했기에 사울을 데리고 온 것입니다. 그리고 1년 동안 그를 양육합니다.

안강희 선교사가 2009년 이후 인도에 들어가 살면서 북인도 지방의 미전도 종족 선교에 집중했던 이유도 여기에 있습니다. 바나바처럼 "하나님의 은혜를 보았기 때문"입니다. 또 우리 뉴라이프교회 인도 미전도 종족 선교에 헌신한 많은 성도들도 마찬가지입니다. 하나님의 은혜를 보고 있기 때문입니다. 하나님께서 교회 안에 이와 같은 하나님의 큰 은혜를 볼 수 있는 더 많은 일꾼들을 세워주시기를 소원합니다.

둘째, 착하고 성령과 믿음이 충만한 사람입니다.

"바나바는 착한 사람이요 성령과 믿음이 충만한 사람이라 이에 큰 무리가 주께 더하여지더라"(24절).

바나바의 본명은 요셉이고, 바나바는 별명으로 '위로의 아들'이라는 뜻입니다. 그는 다른 사람들을 위로하고 배려하며 돕는 사람이었습니다. 사도행전 4장을 보면, 그는 가난한 예루살렘 교회 성도들을 위해서 자기 재산을 모두 팔아 구제하였고, 9장에서는 교회를 핍박하던 사울이 회심한 후 모두가 그를 두려워하고 교제하려고 하지 않았을 때 사울을 사도들에게 소개해 주었습니다. 본문에서는 고향 다소에 가서 약 11년간 은둔하고 있던 사울을 찾아가 격려하고 안디옥으로 데리고 와서 함께 동역했습니다.

그러자 안디옥 교회에 수많은 사람들이 믿고 주께 돌아올 뿐만 아니라, 그 지역 사람들에게 "크리스티아누" 즉 그리스도인이라고 불리게 된 것은 바로 바나바와 같은 일꾼이 있었기 때문입니다.

사도행전 6장에 나타난 교회 집사의 자격 중 하나가 교회 안과 밖에서 칭찬 받는 사람입니다. 칭찬 받기 위해서는 바나바와 같이 다른 사람을 배려하고 위로할 줄 알아야 합니다. 이런 사람들이 집사가 되고, 장로와 권사가 되고, 교역자가 될 때 교회는 부흥하게 됨을 믿으시기 바랍니다. 다른 무엇보다도 위로와 격려가 사람의 마음을 움직이며, 사람을 변화시킵니다.

시신경 장애(난독증) 때문에 학습 부진, 저능아라는 꼬리표가 붙어있던 스티브 글렌의 운명은 초등학교 5학년 '하디' 선생님을 만나면서 바뀌었습니다.
"너는 저능아가 아니야 너는 보통 아이들과 조금 다를 뿐이야"
하디 선생님이 말기 암으로 뉴욕 병원에 입원했을 때 무려 700명이 문병을 옵니다. 그들 중에는 3명의 상원 의원, 12명의 주 의원, 기업체 CEO, 회사 대표 등도 포함되어 있었습니다. 공통점은 그들 중 75%는 하디를 만나기 전까지 모두 '저능아'라고 불리던 사람들이었다는 것입니다.

바나바와 같은 일꾼이 되기 위해서 우리가 해야 할 기도는 다음과 같습니다.

"주 여호와께서 학자들의 혀를 내게 주사 나로 곤고한 자를 말로 어떻게 도와줄 줄을 알게 하소서"(사 50:4).

셋째, 사람을 세워주는 사람입니다.

"바나바가 사울을 찾으러 다소에 가서 만나매 안디옥에 데리고 와서 둘이 교회에 일 년간 모여 있어 큰 무리를 가르쳤고 제자들이 안디옥에서 비로소 그리스도인이라 일컬음을 받게 되었더라"(25-26절).

바나바는 다른 사람을 격려할 줄 아는 사람이었고, 실제로 배려하고 도울 줄 아는 사람이었습니다. 그래서 그는 누구도 체험하지 못한 엄청난 신비적 체험과 성경 지식을 가지고도 11년간 특별히 사역자로 쓰임 받지 못하던 사울을 찾아 안디옥으로 데리고 와서 함께 동역합니다. 사람들이 회피하고 인정하지 않던 사울을 인정하고, 그를 교회의 교사, 즉 영적 지도자의 위치에 세워주고 그와 같은 위치에서 일합니다. 그런데 13장 이후 어떤 일이 일어났습니까? 그 전에는 늘 바나바의 이름이 바울 앞에 나왔는데, 13장 이후에는 바울의 이름이 바나바 앞에 나오며, 뒤로 가면 아예 바나바의 이름은 사라지고 바울의 이름만 나오게 됩니다.

우리가 여기서 받을 교훈은 바나바의 겸손과 용기입니다. 교회와 하나님의 일, 복음이 더 중요한 것을 알고 사신의 권리를 내려놓는 겸손과 용기를 가질 때, 우리는 사람을 세울 수 있습니다. 바나바는 하나님의 비전 성취를 위해서 바울이 자기보다 준비된 사람이고 열정도 있다는 사실을 알았습니다. 때문에 자신은 얼마든지 2인자로서 그를 도울 겸손의 자세와 용기를 가질 수 있었고, 그래서 바울이라는 위대한 선교사가 배출 될 수 있었던 것입니다.

중국을 통일하고 중화 인민 공화국을 세운 것은 모택동 뒤에 주은래가 있었기 때문입니다. 모택동은 거칠고 투박한 사람이고 공부를 못했지만, 주은래는 부유한 가정에서 태어나 귀티가 나고 유학까지 한 지성인이었습니다. 그런데 주은래는 모택동 뒤에서 무려 40년 동안 비하인드 맨으로서 모택동을 도왔고, "나를 불태워 전 중국에 뿌려라"라고 유언하며 정작 자기 묘도 만들지 못하게 했다고 합니다. 리처드 닉슨은 이렇게 말합니다. "모택동이 없었다면 중국 혁명은 결코 불붙지 아니했을 것이지만 주은래가 없었다면 그 불길은 타서 재가 되어버렸을 것이다."

토마스 칼 라일은 『영웅의 역사』라는 책에서 영웅의 특징을 이렇게 말합니다.
- 성실함, 진지함, 지위를 탐하지 않음, 시련에 굴하지 않음, 번영에 교만하지 않음, 자기 소명에 최선을 다함.

바울이 기독교 역사 2000년에 위대한 업적을 남길 수 있었던 것은 바로 바나바라는 위대한 2인자가 있었기 때문임을 믿으시기 바랍니다.

하나님의 나라를 위해서, 하나님의 뜻을 이루어 드리기 위해서, 무엇보다도 바울과 같은 위대한 하나님의 사람들을 배출하기 위해서 바나바와 같이 겸손히 사람을 세울 줄 아는 성도들이 되시기를 소원합니다.

27

고넬료 가정에 임한 성령

행: 10:1-35, 44-48

¹가이사랴에 고넬료라 하는 사람이 있으니 이달리야 부대라 하는 군대의 백부장이라 ²그가 경건하여 온 집안과 더불어 하나님을 경외하며 백성을 많이 구제하고 하나님께 항상 기도하더니 ³하루는 제 구 시쯤 되어 환상 중에 밝히 보매 하나님의 사자가 들어와 이르되 고넬료야 하니 ⁴고넬료가 주목하여 보고 두려워 이르되 주여 무슨 일이니이까 천사가 이르되 네 기도와 구제가 하나님 앞에 상달되어 기억하신 바가 되었으니 ⁵네가 지금 사람들을 욥바에 보내어 베드로라 하는 시몬을 청하라 ⁶그는 무두장이 시몬의 집에 유숙하니 그 집은 해변에 있다 하더라 ⁷마침 말하던 천사가 떠나매 고넬료가 집안 하인 둘과 부하 가운데 경건한 사람 하나를 불러 ⁸이 일을 다 이르고 욥바로 보내니라 ⁹이튿날 그들이 길을 가다가 그 성에 가까이 갔을 그때에 베드로가 기도하려고 지붕에 올라가니 그 시각은 제육 시더라 ¹⁰그가 시장하여 먹고자 하매 사람들이 준비할 때에 황홀한 중에 ¹¹하늘이 열리며 한 그릇이 내려오는 것을 보니 큰 보자기 같고 네 귀를 매어 땅에 드리웠더라 ¹²그 안에는 땅에 있는 각종 네 발 가진 짐승과 기는 것과 공중에 나는 것들이 있더라 ¹³또 소리가 있으되 베드로야 일어나 잡아먹어라 하거늘 ¹⁴베드로가 이르되 주여 그럴 수 없나이다 속되고 깨끗하지 아니한 것을 내가 결코 먹

지 아니하였나이다 한대 ¹⁵또 두 번째 소리가 있으되 하나님께서 깨끗하게 하신 것을 네가 속되다 하지 말라 하더라 ¹⁶이런 일이 세 번 있은 후 그 그릇이 곧 하늘로 올려져 가니라 ¹⁷베드로가 본 바 환상이 무슨 뜻인지 속으로 의아해 하더니 마침 고넬료가 보낸 사람들이 시몬의 집을 찾아 문 밖에 서서 ¹⁸불러 묻되 베드로라 하는 시몬이 여기 유숙하느냐 하거늘 ¹⁹베드로가 그 환상에 대하여 생각할 때에 성령께서 그에게 말씀하시되 두 사람이 너를 찾으니 ²⁰일어나 내려가 의심하지 말고 함께 가라 내가 그들을 보내었느니라 하시니 ²¹베드로가 내려가 그 사람들을 보고 이르되 내가 곧 너희가 찾는 사람인데 너희가 무슨 일로 왔느냐 ²²그들이 대답하되 백부장 고넬료는 의인이요 하나님을 경외하는 사람이라 유대 온 족속이 칭찬하더니 그가 거룩한 천사의 지시를 받아 당신을 그 집으로 청하여 말을 들으려 하느니라 한대 ²³베드로가 불러 들여 유숙하게 하니라 이튿날 일어나 그들과 함께 갈새 욥바에서 온 어떤 형제들도 함께 가니라 ²⁴이튿날 가이사랴에 들어가니 고넬료가 그의 친척과 가까운 친구들을 모아 기다리더니 ²⁵마침 베드로가 들어올 때에 고넬료가 맞아 발 앞에 엎드리어 절하니 ²⁶베드로가 일으켜 이르되 일어서라 나도 사람이라 하고 ²⁷더불어 말하며 들어가 여러 사람이 모인 것을 보고 ²⁸이르되 유대인으로서 이방인과 교제하며 가까이 하는 것이 위법인 줄은 너희도 알거니와 하나님께서 내게 지시하사 아무도 속되다 하거나 깨끗하지 않다 하지 말라 하시기로 ²⁹부름을 사양하지 아니하고 왔노라 묻노니 무슨 일로 나를 불렀느냐 ³⁰고넬료가 이르되 내가 나흘 전 이맘때까지 내 집에서 제구 시 기도를 하는데 갑자기 한 사람이 빛난 옷을 입고 내 앞에 서서 ³¹말하되 고넬료야 하나님이 네 기도를 들으시고 네 구제를 기억하셨으니 [32]사람을 욥바에 보내어 베드로라 하는 시몬을 청하라 그가 바닷가 무두장이 시몬의 집에 유숙하느니라 하시기로 [33]내가 곧 당신에게 사람을 보내었는데 오셨으니 잘하였나이다 이제 우리는 주께서 당신에게 명하신 모든 것을 듣고자 하여 다 하나님 앞에 있나이다 [34]베드로가 입을 열어 말하되 내가 참으로 하나님은 사람의 외모를 보지 아니하시고 [35]각 나라 중 하나님을 경외하며 의를 행하는 사람은 다 받으시는 줄 깨달았도다

[44]베드로가 이 말을 할 때에 성령이 말씀 듣는 모든 사람에게 내려 오시니 베드로와 함께 온 할례받은 신자들이 이방인들에게도 성령 부어 주심으로 말미암아 놀라니 [46]이는 방언을 말하며 하나님 높임을 들음이러라 [47]이에 베드로가 이르되 이 사람들이 우리와 같이 성령을 받았으니 누가 능히 물로 세례 베풂을 금하리요 하고 [48]명하여 예수 그리스도의 이름으로 세례를 베풀라 하니라 그들이 베드로에게 며칠 더 머물기를 청하니라

예루살렘 마가의 다락방에 임했던 성령 사건이 유대인의 오순절이었다면 고넬료 가정에 성령께서 임한 사건은 이방인의 오순절입니다. 성경은 바울의 회심 사건을 3번씩 반복하여 기록하고 있고, 이 고넬료 가정의 성령 강림 사건도 3번씩 반복하여 기록하고 있습니다. 그것은 비로소 이제 땅끝까지 복음이 전파되기 시작되었음을 알리는 중요한 사건이기 때문입니다.

그렇다면 로마 백부장 고넬료의 가정에 어떻게 성령이 임할 수 있었

습니까?

첫째, 고넬료의 참 경건이 있었기 때문입니다.

고넬료는 로마의 군인 장교로 가이사랴(중동 지역을 다스리는 사령부가 있던 곳)에 살고 있었는데 그런 그가 여호와를 믿는 신앙을 가졌습니다. 2절 이하에서 저자 누가는 고넬료의 경건한 신앙에 대해서 이렇게 소개합니다.

① **온 집안과 더불어 하나님을 경외하며**
 - 하나님을 두려워하는 믿음, 특히 혼자가 아닌 모든 가족이 함께 하나님을 두려워하는 믿음을 가졌습니다.

② **백성을 많이 구제하고**
 - 지배자가 피지배자를 불쌍히 여기는 마음을 가지고 도왔습니다.

③ **항상 기도하더니**
 - 유대인의 관례대로 하루 3번, 9시, 12시, 3시에 기도했습니다.
   "제 9시 기도 시간에"(행 10:3)
 - "항상"(디아판토스-헬라어)이라는 단어는 모든 경우에 기도하는 습관을 가졌음을 의미합니다.

④ **우리는 주께서 당신에게 명하신 모든 것을 듣고자 하여 다 하나님 앞에 있나이다(33절)**

- '하나님 앞에'는 하나님을 대면한다는 뜻입니다.
- 이러한 자세로 하나님의 말씀을 들을 때 "성령이 말씀 듣는 모든 사람에게 내려오시니"(44절), "이는 방언을 말하며 하나님 높임을 들음이러라"(46절).

이러한 고넬료의 경건을 하나님이 인정하셨고, 그의 기도에 응답하셨습니다. 고넬료의 외식 없는 참 경건 때문에 하나님께서 그의 가정에 전도자 베드로를 보내시고, 베드로를 통해 증거된 말씀을 하나님의 말씀으로 받을 때 성령께서 역사하신 것입니다.

> "고넬료가 주목하여 보고 두려워 이르되 주여 무슨 일이니이까 천사가 이르되 네 기도와 구제가 하나님 앞에 상달되어 기억하신 바가 되었으니"(행 10:4).

오늘도 성령은 하나님의 말씀을 존중히 여기며 사모하는 자에게 똑같이 역사하십니다.

둘째, 베드로가 자신의 고정 관념을 버렸기 때문입니다.

베드로의 고정 관념은 선민의식, 음식에 대한 종교적, 문화적 편견이었습니다.

① **무두장이(피장-tanner) 시몬의 집에 유숙함**

"그는 무두장이 시몬의 집에 유숙하니 그 집은 해변에 있다 하더라"(6절).

"사람의 시체를 만진 자는 이레동안 부정하리니"(민 19:11).

동물의 가죽, 피(시체)를 만지면 7일간 부정하다고 규정하지만 베드로는 이미 신앙적으로 자신의 문화적 편견을 초월한 것을 볼 수 있습니다.

② 보자기 같은 그릇에 담긴 정결하지 않은 각종 짐승의 환상

"또 소리가 있으되 베드로야 일어나 잡아 먹어라 하거늘 베드로가 이르되 주여 그럴 수 없나이다 속되고 깨끗하지 아니한 것을 내가 결코 먹지 아니하였나이다 한대"(13, 14절).

환상과 함께 3번씩 들려온 소리입니다. 레위기 11장에서는 먹을 수 있는 것과 먹을 수 없는 짐승을 소개하는데, 먹을 수 있는 것은 굽이 갈라지고 새김질 하는 것, 비늘이 있고 지느러미가 있는 것이었습니다. 베드로는 이 규정을 지키고 살아오던 사람입니다. 그런데 베드로는 고넬료가 보낸 이방인 종들을 좇아 가이사랴에 있는 로마 군인 고넬료의 집에 들어가서 복음을 전하고 세례까지 줍니다. 베드로가 그렇게 할 수 있었던 것은 그가 환상을 본 후에 분명히 민족적, 문화적 편견을 버렸기 때문입니다.

사실 음식과 관련해서 바울은 디모데전서 4장 4절에서 "하나님이 지으신 모든 것이 선하매 감사함으로 받으면 버릴 것이 없나니"라고 말합니다.

본문의 베드로 사건을 통하여 우리는 타 문화권 선교에서 중요한 한 가지 교훈을 얻을 수 있습니다. 그것은 복음 자체는 절대적인 것이기 때문에 절대 타협할 수 없지만 문화는 상대적인 것이기 때문에 얼마든지 이해하고 수용할 수 있다는 것입니다.

"오늘 저녁은 뭐 해먹지?" 한국 여자들의 대표적인 이 고민은 중국에서는 모든 남자들의 고민입니다. 문화는 상대적입니다.

> "유대인들에게 내가 유대인과 같이 된 것은 유대인들을 얻고자 함이요 율법 아래에 있지 아니하나 율법 아래에 있는 자 같이 된 것은 율법 아래에 있는 자들을 얻고자 함이요 율법 없는 자에게는 내가 하나님께는 율법 없는 자가 아니요 도리어 그리스도의 율법 아래에 있는 자이나 율법 없는 자와 같이 된 것은 율법 없는 자들을 얻고자 함이라 약한 자들에게 내가 약한 자와 같이 된 것은 약한 자들을 얻고자 함이요 내가 여러 사람에게 여러 모습이 된 것은 아무쪼록 몇 사람이라도 구원하고자 함이니"(고전 9:20-22).

그러므로 우리는 문화적 우월주의 의식을 가지고는 절대 선교할 수 없음을 항상 기억해야 합니다.

셋째, 성령의 인도하심에 순종하였기 때문입니다.

"베드로가 그 환상에 대하여 생각할 때에 성령께서 그에게 말씀하시되 두 사람이 너를 찾으니 일어나 내려가 의심하지 말고 함께 가라 내가 그들을 보내었느니라"(19, 20절).

환상과 함께 들은 주님의 음성과 달리 성령의 음성은 아주 단순하고 사소한 일을 하라는 것이었습니다. 많은 사고와 이해를 필요로 하는 무거운 말씀이 아닌, "내려가 만나서 함께 가라"는 말씀이었습니다. 이런 말씀은 쉽게 지나치고 무시할 수 있는 말씀이었지만 베드로는 그 음성이 성령의 음성임을 알았고, 그 말씀에 순종함으로 하나님이 계획하신 놀라운 일을 경험할 수 있었습니다.

그러므로 선교, 전도는 사소하고 평범한 성령의 음성이라도 들을 수 있을 때, 또 그 음성에 순종할 때 놀라운 역사가 일어난다는 사실을 우리는 기억해야 합니다. 그렇게 순종하기 위해서는 무엇보다 성령과 친밀한 관계를 맺고 살아야 합니다. 그분을 환영하고, 그분의 이름을 부르고 물으며, 감정을 표현해야 합니다. 무엇보다 그분께 민감한 삶을 살아가야 합니다.

28

베드로의 선교 보고
행: 11:1-18

¹유대에 있는 사도들과 형제들이 이방인들도 하나님의 말씀을 받았다 함을 들었더니 ²베드로가 예루살렘에 올라갔을 때에 할례자들이 비난하여 ³이르되 네가 무할례자의 집에 들어가 함께 먹었다 하니 ⁴베드로가 그들에게 이 일을 차례로 설명하여 ⁵이르되 내가 욥바 시에서 기도할 때에 황홀한 중에 환상을 보니 큰 보자기 같은 그릇이 네 귀에 매어 하늘로부터 내리어 내 앞에까지 드리워지거늘 ⁶이것을 주목하여 보니 땅에 네 발 가진 것과 들짐승과 기는 것과 공중에 나는 것들이 보이더라 ⁷또 들으니 소리 있어 내게 이르되 베드로야 일어나 잡아 먹으라 하거늘 ⁸내가 이르되 주님 그럴 수 없나이다 속되거나 깨끗하지 아니한 것은 결코 내 입에 들어간 일이 없나이다 하니 ⁹또 하늘로부터 두 번째 소리 있어 내게 이르되 하나님이 깨끗하게 하신 것을 네가 속되다고 하지 말라 하더라 ¹⁰이런 일이 세 번 있은 후에 모든 것이 다시 하늘로 끌려 올라가더라 ¹¹마침 세 사람이 내가 유숙한 집 앞에 서 있으니 가이사랴에서 내게로 보낸 사람이라 ¹²성령이 내게 명하사 아무 의심 말고 함께 가라 하시매 이 여섯 형제도 나와 함께 가서 그 사람의 집에 들어가니 ¹³그가 우리에게 말하기를 천사가 내 집에 서서 말하되 네가 사람을 욥바에 보내어 베드로라 하는 시몬을 청하라 ¹⁴그가 너와 네 온 집이 구

원 받을 말씀을 네게 이르리라 함을 보았다 하거늘 [15]내가 말을 시작할 때에 성령이 그들에게 임하시기를 처음 우리에게 하신 것과 같이 하는지라 [16]내가 주의 말씀에 요한은 물로 세례를 베풀었으나 너희는 성령으로 세례를 받으리라 하신 것이 생각났노라 [17]그런즉 하나님이 우리가 주 예수 그리스도를 믿을 때에 주신 것과 같은 선물을 그들에게도 주셨으니 내가 누구이기에 하나님을 능히 막겠느냐 하더라 [18]그들이 이 말을 듣고 잠잠하여 하나님께 영광을 돌려 이르되 그러면 하나님께서 이방인에게도 생명 얻는 회개를 주셨도다 하니라

본문에서는 사도행전 10장의 내용이 반복되고 있는데, 내용상으로는 베드로의 선교 보고로서 선교지에서 일어난 일에 대한 설명으로 그만큼 중요한 사건입니다.

"베드로가 그들에게 이 일을 차례로 설명하여"(4절).

이방인의 오순절은 이방인 교회의 시작을 의미하며, 선교적 의미에서 지금까지 유대인에게만 국한된 복음이 이방인에게 전해지는 과정을 설명하는 사건입니다. 그런데 문제는 이방인에게 복음을 전하고 세례를 주었다는 소식을 들은 예루살렘의 유대인 신자들이 율법에 금하는 무할례자의 집에 들어가 함께 먹었다는 이유로 베드로를 힐난(비난, 비판)했다는데 있습니다. 이런 선교 보고를 들으면 파송 교회가 함께 기뻐하고 감사해야 하는데 오히려 그 반대였습니다. 우리 할례자와 무할례자는 유별한데 어떻게 그럴 수가 있느냐, 절대로 함께 교제할 수 없다고 힐난하고 있는 것입니다.

여기서 문제가 무엇입니까? 예수 믿은 후에는 모든 것이 다 변해야 하는데 변하지 못한 것입니다. 믿었다고는 하지만 여전히 믿기 전 전통, 규례, 의식, 습관을 바꾸지 않았기 때문입니다. 본문에서 무할례자의 집에 들어가 식사하지 못한다는 것은 예수 믿기 전 율법의 규범이지만, 차별 의식과 편견 때문에 그 의식을 바꾸지 못한 것입니다. 그 뿌리는 자기중심주의, 이기주의에 있었습니다.

조선 시대, 테이트 선교사로부터 복음을 받아들인 조덕삼과 이자익은 주인과 머슴 관계였습니다. 이 둘은 테이트 선교사가 설립한 김제의 두정리 교회에서 함께 믿음을 키워오다가 교회에서 처음으로 함께 장로로 선출됩니다. 이에 교인들은 술렁거렸지만, 조덕삼은 당황함 없이 교인들을 향해 말했습니다. "우리 교회 교인들은 참으로 훌륭한 일을 해 냈습니다. 저희 집에서 일하고 있는 이자익은 저보다 신앙의 열의가 대단합니다. 참으로 감사합니다." 양반들이 천민과 함께 예배하는 것조차 불만을 느껴 따로 자리를 마련해 달라고 하는 경우가 많았고 장로 선거에서 천민이 당선하자 양반들이 소리를 지르고 나와 따로 교회를 세우던 시절에 있었던 일입니다. 조선 시대 연동 교회에서 백정이 장로로 선출되자, 천민 밑에서 신앙생활을 할 수 없다고 판단한 양반들이 나와서 따로 안국동 교회를 설립한 것이 그 시대의 한 예입니다.

왜 아직도 선교가 되지 않고, 복음을 듣지 못한 사람들이 이렇게 많습니까? 우리는 그리스도 안에서 모두를 형제, 자매로 서로 포용하고 존중해야 하지만, 우리 속에 남아 있는 자기중심적 차별 의식, 병리적 편견 의식, 그리고 특권 의식 때문에 그러지 못하는 것입니다.

그러므로 우리가 복음의 진보와 하나님 나라의 확장을 진정으로 원한다면, 또한 하나님의 소원을 우리의 소원으로 삼았다면 반드시 변화되어야 합니다. "나는 다르다. 특별하다"고 생각하며 차별하고 무시하고 분리하는 옛 습관을 버려야 합니다.

"**내 형제들아 영광의 주 곧 우리 주 예수 그리스도에 대한 믿음을 너희가 가졌으니 사람을 차별하여 대하지 말라** 만일 너희 회당에 금 가락지를 끼고 아름다운 옷을 입은 사람이 들어오고 또 남루한 옷을 입은 가난한 사람이 들어올 때에 너희가 아름다운 옷을 입은 자를 눈여겨 보고 말하되 여기 좋은 자리에 앉으소서 하고 또 가난한 자에게 말하되 너는 거기 서 있든지 내 발등상 아래에 앉으라 하면 너희끼리 서로 차별하며 악한 생각으로 판단하는 자가 되는 것이 아니냐 내 사랑하는 형제들아 들을지어다 하나님이 세상에서 가난한 자를 택하사 믿음에 부요하게 하시고 또 자기를 사랑하는 자들에게 약속하신 나라를 상속으로 받게 하지 아니하셨느냐 너희는 도리어 가난한 자를 업신여겼도다 부자는 너희를 억압하며 법정으로 끌고 가지 아니하느냐 그들은 너희에게 대하여 일컫는 바 그 아름다운 이름을 비방하지 아니하느냐 너희가 만일 성경에 기록된 대로 네 이웃 사랑하기를 네 몸과 같이 하라 하신 최고의 법을 지키면 잘하는 것이거니와 **만일 너희가 사람을 차별하여 대하면 죄를 짓는 것이니 율법이 너희를 범법자로 정죄하리라**"(약 2:1-9).

한 걸음 더 나아가 오늘날 교회 안에 이런 문제가 남아 있다면 어떻게 해결할 수 있습니까? 베드로와 예루살렘 교회는 어떻게 해결했고 그 결과가 어떻게 나타났습니까? 모든 문제의 해결점은 말씀과 성령입니다.

"내가 말을 시작할 때에 **성령이 그들에게 임하시기를** 처음 우리에게 하신 것과 같이 하는지라 내가 **주의 말씀에 요한은 물로 세례를 베풀었으나 너희는 성령으로 세례를 받으리라 하신 것이 생각났노라**"(15, 16절).

성령이 임하시고(방언을 말하고 하나님을 높임) 성령의 역사로 주님의 말씀이 생각나게 되었습니다. "요한은 물로 세례를 베풀었으나 너희는 성령으로 세례를 받으리라" 하신 것이 생각난 것입니다. 언제나 그리스도인은 내 뜻, 경험, 지식, 취향이 아닌 말씀과 성령의 역사에 맞추어 살아가야 합니다.

"성령 그가 너희에게 내가 말한 모든 것을 생각나게 하시리라"(요 14:26).

예루살렘 교회의 반응과 결과는 다음과 같습니다.

"그런즉 하나님이 우리가 주 예수 그리스도를 믿을 때에 주신 것과 같은 선물을 그들에게도 주셨으니 내가 누구이기에 하나님을 능히 막겠느냐 하더라 그들이 이 말을 듣고 잠잠하여 하나님께 영광을 돌려 이르되 그러면 하나님께서 이방인에게도 생명 얻는 회개를 주셨도다 하니라"(17, 18절).

① 잠잠했습니다. - 하나님의 뜻을 생각하고, 조용히 주의 음성을 듣고자 했습니다.

그럴 때 우리는 나의 뜻, 주장, 고집을 굽힐 수 있게 됩니다.

② 하나님께 영광을 돌렸습니다. - '하나님이 하셨구나' 인정하고 감사했습니다.

③ 다른 사람도 이해하고 존중했습니다. - '이방인에게도 생명 얻는 회개를 주셨도다.'

내 믿음, 전통, 방식, 생각만 중요하다고 생각했는데 나와 다른 사람들의 것도 존중하게 되었습니다.

"내가 자녀에게 말하듯 하노니 보답하는 것으로 너희도 마음을 넓히라"(고후 6:13).

은혜로 승리하는 삶을 살기 위해서는 반드시 마음을 넓혀야 합니다. 교회가 열방과 민족을 섬기기 위해서도 17-18절에서 예루살렘 교회의 사도와 성도들이 취했던 바로 이런 자세가 반드시 필요합니다.

29

주의 손이 함께 하는 교회
행: 11:19-30

[19] 그때에 스데반의 일로 일어난 환난으로 말미암아 흩어진 자들이 베니게와 구브로와 안디옥까지 이르러 유대인에게만 말씀을 전하는데 [20] 그 중에 구브로와 구레네 몇 사람이 안디옥에 이르러 헬라인에게도 말하여 주 예수를 전파하니 [21] 주의 손이 그들과 함께 하시매 수많은 사람들이 믿고 주께 돌아오더라 [22] 예루살렘 교회가 이 사람들의 소문을 듣고 바나바를 안디옥까지 보내니 [23] 그가 이르러 하나님의 은혜를 보고 기뻐하여 모든 사람에게 굳건한 마음으로 주와 함께 머물러 있으라 권하니 [24] 바나바는 착한 사람이요 성령과 믿음이 충만한 사람이라 이에 큰 무리가 주께 더하여지더라 [25] 바나바가 사울을 찾으러 다소에 가서 [26] 만나매 안디옥에 데리고 와서 둘이 교회에 일 년간 모여 있어 큰 무리를 가르쳤고 제자들이 안디옥에서 비로소 그리스도인이라 일컬음을 받게 되었더라 [27] 그때에 선지자들이 예루살렘에서 안디옥에 이르니 [28] 그 중에 아가보라 하는 한 사람이 일어나 성령으로 말하되 천하에 큰 흉년이 들리라 하더니 글라우디오때에 그렇게 되니라 제자들이 각각 그 힘대로 유대에 사는 형제들에게 부조를 보내기로 작정하고 [30] 이를 실행하여 바나바와 사울의 손으로 장로들에게 보내니라

"좋은 말은 먹이보다 달려갈 길을 생각하고 열사는 개인적 영예보다 국가의 대사를 걱정한다네."

이 말은 당나라 시인 장적의 격언으로, 큰 목표와 소원을 가지라, 또는 어떤 목표와 소원을 가지느냐 하는 것이 그 사람의 존재와 가치를 결정한다는 교훈을 줍니다. 이것은 비단 개인에게만 해당되는 말이 아니고 교회에도 적용할 수 있는데, 즉 좋은 교회는, 그리고 좋은 교회가 되기 위해서는 좋은 목표와 소원을 가져야 한다고 생각합니다.

우리가 목표하고 소원해야 할 교회는 어떤 교회입니까? 그것은 재정이 든든한 교회, 좋은 교인들이 모이는 교회, 설교 잘하는 목사가 목회하는 교회, 좋은 예배당 건물과 시설이 있는 교회가 아닐 것입니다. 저는 그것이 안디옥 교회와 같은 "주의 손이 함께 하는 교회"라고 생각합니다. 왜냐하면 "주의 손이 함께 하는 교회"가 바로 교회의 프로토 타입이라고 할 수 있는 초대 교회의 모습이며, "주의 손이 함께 하는 교회"만이 우리 주님이 원하시는 교회가 될 수 있기 때문입니다.

"주의 손이 그들과 함께 하시매 수많은 사람들이 믿고 주께 돌아오더라"(21절).

그렇다면 주의 손이 함께 하는 교회는 어떤 교회입니까?
어떻게 주의 손이 함께 하는 교회가 될 수 있으며, 주의 손이 함께 할 때, 교회에 어떤 일이 일어납니까?

첫째, 주의 손은 구약적 표현으로 하나님의 능력, 또는 성령을 의미합니다.

주의 손이 함께 하는 교회란 하나님의 능력이 함께 하는 교회, 하나님이 도우시는 교회, 성령이 역사하는 교회를 의미합니다. 그런데 안디옥 교회가 바로 이런 교회였습니다.

둘째, 어떻게 주의 손이 함께 하는 교회가 될 수 있습니까?

본문 19-20절에 나타난 그 비결은 다음과 같습니다.

① 복음의 열정을 가진 평신도들이 있었다는 사실입니다.
박해로 인하여 흩어진 몇몇의 무명 평신도들('구브로와 구레네 몇사람')이 복음의 열정을 가지고 그리스도를 증거 할 때, 하나님의 능력이 함께 하셨고 성령께서 역사하셨습니다. 안디옥 교회는 베드로, 요한, 바울 같은 사도나, 스데반, 빌립 같은 집사에 의해서가 아닌 단지 복음의 열정을 가진 무명의 평신도들에 의해서 세워졌다는 사실을 기억하고 안디옥 교회처럼 "주의 손이 함께 하는 교회"가 되기 위해서는 복음 증거의 사명이 목사나 선교사에게만 있는 것이 아닌 평신도에게 있음을 자각해야 합니다. 특히, 지역 사회에서, 그리고 선교지에서 이름 없이 빛도 없이 복음을 증거 하고자 하는 복음의 열정을 가진 평신도들이 많이 일어나야 합니다.

② 고정 관념에 사로잡히지 않은 평신도들이 있었다는 사실입니다.

"그 중에 구브로와 구레네 몇 사람이 안디옥에 이르러 헬라인에게도 말하여 주 예수를 전파하니"(20절).

박해로 인해 안디옥에 온 사람들은 두 그룹이었는데, 하나는 유대인에게만 복음을 전하는 그룹(히브리파 신자)이었고, 다른 하나는 이방인인 헬라인에게도 복음을 전하는 그룹(헬라파 신자)이었습니다. 안디옥 교회는 두 번째 그룹인 헬라파 신자들을 통해 형성되었습니다.

그 당시 유대인은 이방인을 개 취급하고 그들과 교제는 물론 같이 앉아서 먹지도 않았는데 이들 헬라파 신자들은 이런 민족 정서, 유대교적 전통에 사로잡혀 있던 히브리파 신자들과는 달리 이방인에게도 복음을 전했습니다. 그런데 하나님의 손은 이런 고정 관념과 문화의 벽을 뛰어넘은 사람들과 함께 하셨습니다.

그러므로 오늘날의 교회도 안디옥 교회처럼 "주의 손이 함께 하는 교회"가 되기 위해서는 목사뿐만 아니라 평신도 사역자들의 전통주의적 고정 관념, 문화적 고정 관념을 뛰어 넘어야 합니다. 그래서 새로운 복음적 패러다임을 가지고 일할 수 있어야 합니다.

셋째, 주의 손이 함께 하면 교회에 어떤 일이 일어납니까?

① 교회에 부흥이 일어납니다.

　수적 부흥 - "수다한 사람이 믿고"(21절), "큰 무리가 주께 더하더라"(24절)

　"만나매 안디옥에 데리고 와서 둘이 교회에 일 년간 모여 있어 큰 무리를 가르쳤고"(26절)

　영적 부흥 - "하나님의 은혜를 보고"(23절, 하나님의 은혜의 역사가 있었다)

　"제자들이 안디옥에서 비로소 그리스도인이라 일컬음을 받게 되었

다"(26절)

그리스도인이란 무슨 뜻입니까? "그리스도를 좇는 무리들"입니다. 단순히 유대교의 변형이나 그 아류가 아닌 문자 그대로 그리스도의 제자들이라는 말입니다. 이 사건에 있는 깊은 메시지는 비로소 이들이 복음의 영향을 미치게 되었다는 것입니다. 그리스도의 제자로서의 그들의 삶이 믿지 않는 사람들에게 큰 영향력을 가지게 된 것입니다.

또한 바나바와 사울의 아름다운 팀 사역/목회가 이루어졌습니다.

"안디옥에 데리고 와서 둘이 교회에 일 년간 모여 있어 큰 무리를 가르쳤고"(26절).

서로가 장점을 극대화하고 단점을 서로 보완하면서 시너지 효과를 일으킬 수 있었습니다. 오늘날도 평신도와 교역자, 이민 1세와 2세의 팀 사역을 통해서 아름다운 사역을 함께 감당할 수 있을 것입니다.

"형제가 서로 연합하여 동거함이 어찌 그리 선하고 아름다운고…"(시 133:1).

오늘날 우리 교회도 안디옥 교회처럼 진정한 부흥을 체험할 수 있게 되기를 소원합니다.

② **구제하는 교회가 됩니다.**

글라우디아 황제 때 팔레스타인에 큰 기근이 일어나 고통을 당한다는 사실을 듣고 안디옥 교회는 예루살렘 교회 성도들을 위하여 구제 헌금을 하고, 그 헌금을 보냈습니다. 그들의 구제는 단순한 구제가 아니었고 주의 손이 함께 하는 역사가 있었습니다. 중요한 것은 자신들을 이방인이라고 쉽게 받아주지 않던 예루살렘 교회의 유대인 성도들에게도 지체 의식, 연대 의식을 가지고 구제하여 도왔다는 사실입니다.

③ 선교하는 교회가 됩니다.

> "성령이 가라사대 내가 불러 시키는 일을 위하여 바나바와 사울을 따로 세우라 하시니 이에 금식하며 기도하고 두 사람에게 안수하여 보내니라"(행 13:2-3).

바울과 바나바를 이방인 선교사로 파송한 안디옥 교회는 이방인 선교의 전초 기지로 아시아 지역 선교에 지대한 공헌을 했습니다. 바라기는 우리 교회도 하나님의 손이 함께 할 때에 안디옥 교회처럼 선교하는 교회, 특히 미전도 종족 선교의 프론트라인에 서는 교회가 되기를 소원합니다.

④ 신앙의 인물을 키우는 교회가 됩니다.

하나님의 손이 역사하는 교회의 열매는 탁월한 신앙의 인물, 일꾼, 지도자 배출로 나타납니다. 안디옥 교회는 바울과 바나바를 배출하였고, 교회사를 보면 2세기 이그나티우스, 데오빌로, 4세기 루시안, 데오도르, 크리소스톰 등의 뛰어난 신학자와 교회 지도자들을 배출하였습니다. 우리 교회도 주의 손이 함께 함으로 여러 시대를 거쳐 수많은 탁월한 신앙의 인물들, 지도자들이 배출되어 쓰임 받는 놀라운 축복의 역사가 있기를 소원합니다.

우리가 진정 꿈꾸며 소원하는 교회는 어떤 교회입니까? "하나님의 손이 함께 하는 교회"를 꿈꾸고 소원하시기 바랍니다. 이것이 교회의 목표가 되기를 바랍니다. 이 목표를 이루기 위해서 무엇보다도 복음의 열정이 넘치는 평신도들, 하나님의 눈으로 이 시대를 볼 수 있는, 그래서 전통주의적 고정 관념을 뛰어넘어 새로운 복음적 패러다임을 가지고 일 할 수 있는 사역자들이 많이 나올 수 있기를 소원합니다. 또 그들과 함께 팀으로 사역하는 동역의 기쁨을 누리기를 소원합니다. 그래서 이 시대에 주님이 원하시는 일, 구제와 선교, 그리고 사람을 키우는 일을 감당하는 귀한 교회와 복된 성도님들이 되시기를 소원합니다.

30 핍박 받는 교회의 위로

행: 12:1-25

[1] 그때에 헤롯 왕이 손을 들어 교회 중에서 몇 사람을 해하려 하여 [2] 요한의 형제 야고보를 칼로 죽이니 [3] 유대인들이 이 일을 기뻐하는 것을 보고 베드로도 잡으려 할새 때는 무교절 기간이라 [4] 잡으매 옥에 가두어 군인 넷씩인 네 패에게 맡겨 지키고 유월절 후에 백성 앞에 끌어 내고자 하더라 [5] 이에 베드로는 옥에 갇혔고 교회는 그를 위하여 간절히 하나님께 기도하더라 [6] 헤롯이 잡아 내려고 하는 그 전날 밤에 베드로가 두 군인 틈에서 두 쇠사슬에 매여 누워 자는데 파수꾼들이 문 밖에서 옥을 지키더니 [7] 홀연히 주의 사자가 나타나매 옥중에 광채가 빛나며 또 베드로의 옆구리를 쳐 깨워 이르되 급히 일어나라 하니 쇠사슬이 그 손에서 벗어지더라 [8] 천사가 이르되 띠를 띠고 신을 신으라 하거늘 베드로가 그대로 하니 천사가 또 이르되 겉옷을 입고 따라오라 한대 [9] 베드로가 나와서 따라갈새 천사가 하는 것이 생시인 줄 알지 못하고 환상을 보는가 하니라 [10] 이에 첫째와 둘째 파수를 지나 시내로 통한 쇠문에 이르니 문이 저절로 열리는지라 나와서 한 거리를 지나매 천사가 곧 떠나더라 [11] 이에 베드로가 정신이 들어 이르되 내가 이제야 참으로 주께서 그의 천사를 보내어 나를 헤롯의 손과 유대 백성의 모든 기대에서 벗어나게 하신 줄 알겠노라 하여 [12] 깨닫고 마가라 하는 요한의 어머니 마리

아의 집에 가니 여러 사람이 거기에 모여 기도하고 있더라 ^{13}베드로가 대문을 두드린대 로데라 하는 여자 아이가 영접하러 나왔다가 ^{14}베드로의 음성인 줄 알고 기뻐하여 문을 미처 열지 못하고 달려 들어가 말하되 베드로가 대문 밖에 섰더라 하니 ^{15}그들이 말하되 네가 미쳤다 하나 여자 아이는 힘써 말하되 참말이라 하니 그들이 말하되 그러면 그의 천사라 하더라 ^{16}베드로가 문 두드리기를 그치지 아니하니 그들이 문을 열어 베드로를 보고 놀라는지라 ^{17}베드로가 그들에게 손짓하여 조용하게 하고 주께서 자기를 이끌어 옥에서 나오게 하던 일을 말하고 또 야고보와 형제들에게 이 말을 전하라 하고 떠나 다른 곳으로 가니라 ^{18}날이 새매 군인들은 베드로가 어떻게 되었는지 알지 못하여 적지 않게 소동하니 ^{19}헤롯이 그를 찾아도 보지 못하매 파수꾼들을 심문하고 죽이라 명하니라 헤롯이 유대를 떠나 가이사랴로 내려가서 머무니라 ^{20}헤롯이 두로와 시돈 사람들을 대단히 노여워하니 그들의 지방이 왕국에서 나는 양식을 먹는 까닭에 한마음으로 그에게 나아와 왕의 침소 맡은 신하 블라스도를 설득하여 화목하기를 청한지라 ^{21}헤롯이 날을 택하여 왕복을 입고 단상에 앉아 백성에게 연설하니 ^{22}백성들이 크게 부르되 이것은 신의 소리요 사람의 소리가 아니라 하거늘 ^{23}헤롯이 영광을 하나님께로 돌리지 아니하므로 주의 사자가 곧 치니 벌레에게 먹혀 죽으니라 ^{24}하나님의 말씀은 흥왕하여 더하더라 ^{25}바나바와 사울이 부조하는 일을 마치고 마가라 하는 요한을 데리고 예루살렘에서 돌아오니라

오늘날 유대인들은 예수님을 믿지 않습니다. 이스라엘에 약 600만의 유대인이 살고 있지만 그 중 기독교인은 2%밖에 되지 않습니다. 뿐만 아니라 유대인들은 기독교인을 핍박합니다. 특히 강경 유대인들(야

드 라킴)은 기독교를 '유대인의 적'으로 보고 그들이 이스라엘에 존재해서는 안 된다며 핍박해 왔습니다.

중세 시대부터 메시야를 죽인 장본인이 유대인이라고 생각하여 유대인을 증오 배척하는 anti-semitism이 유럽 전역에 퍼졌는데 이 때문에 극단적 인종주의 편견을 가졌던 나치 히틀러 시대에는 대량 유대인 학살로까지 이어졌습니다. 따라서 유대인들은 자연히 그들을 학살하고 배척한 원흉이 기독교라고 생각하게 되었고, 그 상처 때문에 오늘날도 예수를 거부하고 기독교인들을 핍박하게 된 것입니다.

사도행전에는 유대인들에 의한 교회의 핍박 이야기가 나옵니다. 사도행전의 첫 순교자는 헬라파 유대인이었던 스데반입니다. 그 스데반의 순교와 핍박으로 인해 헬라파 유대인들이 흩어지게 되었고 이들 흩어진 헬라파 유대인들이 안디옥까지 와서 교회를 세우게 됩니다. 그 교회가 11장 19절 이하에 기록된 안디옥 교회입니다.

그런데 오늘 본문은 히브리파 유대인에 대한 핍박에 대하여 이야기합니다. 당시 분봉 왕이었던 헤롯 아그립바 왕은 사도 야고보를 죽이고 두 번째 수제자 베드로를 투옥합니다. 여기서 중요한 것은 이 핍박이 기독교를 말살하려는 의도에서 이루어졌다는 점입니다. 그들은 다른 사람이 아니라 예수님의 제자들이었고, 당시 교회의 가장 중요한 지도자들이었기 때문입니다. 그렇다면 왜 이런 핍박이 일어났습니까? 그 이유가 무엇입니까?

"유대인들이 이 일을 기뻐하는 것을 보고 베드로도 잡으려 할새 때는 무교절 기간이라"(3절).

헤롯 왕은 로마 황제에게 잘 보이고 유대 사람들(유대교인)에게 환심을 사기 위해서 교회를 핍박했습니다. 순전히 자신의 정치적인 입지를 든든히 하기 위한 정치적인 이유였던 것입니다.

그렇다면 이러한 핍박의 상황에서 하나님은 교회를 어떻게 위로하셨습니까?

첫째, 교회의 기도를 응답하셨습니다.

마가라 하는 요한의 어머니 마리아의 집에 교회가 모여 기도했을 때 하나님께서 그들의 기도에 응답하셨습니다. 어떻게 응답하셨습니까?

① 베드로에게 평안을 주셨습니다.

> "헤롯이 잡아내려고 하는 그 전날 밤에 베드로가 두 군인 틈에서 두 쇠사슬에 매여 누워 자는데 파수꾼들이 문 밖에서 옥을 지키더니"(6절).

내일이면 사형당할 사람이 전혀 두려워하고 염려하지 않고 감옥에서 평안히 잘 수 있을 만큼의 평안을 주셨습니다. 심령의 평안함을 누릴 수 있는 것 자체가 기도의 응답입니다.

우리 단기 선교팀이 힌두교 성지(낙푸르)의 무슬림 마을에 들어가 복음을 전할 때도 두려움이 없는 이유가 무엇입니까? 새벽 기도, 장로/권사 기도, 주일 중보 기도, 토요일 선교 기도 등의 교회의 중보 기도가 있었기 때문입니다.

② 베드로에게 천사를 보내어 구출해 주셨습니다.

"홀연히 주의 사자가 나타나매 옥중에 광채가 빛나며 또 베드로의 옆구리를 쳐 깨워 이르되 급히 일어나라 하니 쇠사슬이 그 손에서 벗어지더라"(7-10절).

홀연히 주의 천사가 옥중에 나타나 잠자던 베드로를 깨워 손에 쇠사슬을 벗기고 파수하는 사람들의 눈을 감기고 마지막 감옥 문까지 열어 베드로가 무사히 감옥을 빠져나올 수 있게 하였습니다. 본문 17절에 보면 베드로는 기도하고 있던 교회에 와서 이 말을 전할 뿐만 아니라 야고보와 형제들에게 이 놀라운 하나님의 역사를 다른 사람들에게도 전하라고 하였습니다. 그 이유가 무엇입니까? 야고보 사도의 순교와 핍박으로 인해 두려움과 불안 속에 있을 교회를 위로하기 위한 것이었습니다. 하나님은 핍박 받는 교회를 위로하시기 위해서 때때로 이런 초자연적인 역사들을 행하십니다.

청교도 목사 토마스 왓슨은 이렇게 말합니다. "천사는 베드로를 옥에서 데리고 나왔다. 그러나 천사를 데리고 온 것은 성도들의 기도였다." 중요한 것은 교회의 기도가 간절한 기도였다는 것입니다. 5절에 **"간절히 하나님께 기도하더라"** 에서 사용된 간절히(에크테노스)는 예수님께서 겟세마네 동산에서 땀방울이 핏방울이 되기까지 간절히 기도하였을 때 사용된 단어와 같습니다(눅 24:22).

"기도는 수학이 아니니 기도의 횟수가 기도의 힘이 되는 것이 아니며 수사학이 아니니 기도의 웅변이 기도의 힘이 되지도 못한다. 또한 기도는 기하학이 아니니 그 장단이 기도의 힘이 되지 못한다. 기도는 음악도 아니니 그 음성의 아름다움이 힘이 되지 못한다. 기도는 또한 논리학이 아니니 그 논조가 문제 되지 못하며, 기도의 논리 정연한 그 방법이 기도의 힘이 되지도 못한다. 심지어 하나님이 가장 관심을 두시는 신학까지도 기도의 힘이 되지는 못한다. 그러나 마음의 열심, 이것은 기도의 가장 큰 힘이며 가장 유용한 요소다"(17세기, 영국의 Hall 감독).

③ 계속해서 베드로가 담대히 복음을 전할 수 있도록 하셨습니다.

"베드로가 그들에게 손짓하여 조용하게 하고 주께서 자기를 이끌어 옥에서 나오게 하던 일을 말하고 또 야고보와 형제들에게 이 말을 전하라 하고 떠나 다른 곳으로 가니라"(17절).

실제로 사도행전 4:29절에 그들은 이런 기도를 했습니다.

"주여 이제도 그들의 위협함을 굽어보시옵고 또 종들로 하여금 담대히 하나님의 말씀을 전하여 주시오며 손을 내밀어 병을 낫게 하시옵고."

주의 복음 전하는 일을 계속 담대히 하기 위해서는 무엇보다 교회의 기도가 필요합니다. 아무리 예수님의 수제자이고, 종이고, 사도일지라도, 또 이미 성령의 충만을 받았고, 전에 기적을 행했어도 계속적인 교회의 기도 후원이 없으면 핍박이 오고, 위험에 처하게 되면, 외로움을 느끼며, 두려워하게 되고, 낙심하게 되며, 결국 영적으로 의기소침해질 수밖에 없습니다. 그러므로 교회는 복음 전도자들을 위해서 하루도 쉬지 않고 계속해서 기도로 도와야 하는 것입니다.

42년간 인도에서 45개 방언으로 성경 전체를 번역한 윌리암 캐리가 방대한 언어 사전을 집필할 수 있었던 것은 영국에서 42년간 병상에 누워 끊임없이 기도해준 누나가 있었기 때문입니다. 또한 전기, 수도도 없는 인도네시아 깔리만탄 섬에 정글 교회와 학교, 병원을 설립한 김익배 선교사도 그 뒤에는 어머니 권사님의 끊임없는 기도 후원이 있었기 때문입니다. 1993년 깔리만탄 섬으로 들어갈 때 당시 77세이셨던 어머니 권사님은 종탑 2층에 올라가 내려오지도 않고 요강을 사용하며 20일 금식 기도를 하셨다고 합니다.

둘째, 교회를 핍박하던 헤롯 왕을 치셨습니다.

전설에 의하면 헤롯 아그립바는 극장의 천막 기둥에 앉아 있던 불길한 징조인 올빼미를 보았고, 그 순간 복통이 일어나 궁전으로 옮겨졌지만 회복되지 못하고 닷새 후에 죽었습니다. 그는 죽으면서 너희가 나를 신이라고 부른 것 때문에 나는 죽게 되었다고 말했습니다. 여러분, 하나님은 교회를 핍박하는 사람을 반드시 심판하십니다. 지금 당장 하지 않으셔도 결국은 반드시 그의 죄로 인하여 망하도록 하십니다.

마지막으로 생각할 것은 하나님께서 이렇게 교회의 기도에 응답하시되 천사를 동원하시고 교회를 핍박하던 교만한 왕을 심판하시는 이유가 무엇입니까? 하나님께서는 무엇을 위해서 초자연적인 역사(기적)를 행하시면서까지 교회를 위로하십니까?

"하나님의 말씀은 흥왕하여 더하더라(24절).

하나님은 누구 개인의 필요를 위해서, 사람들의 호기심을 위해서가 아닌 하나님의 일을 위해서, 복음을 위해서, 그리고 교회를 위해서 이런 놀라운 일들을 행하신다는 사실을 우리는 기억해야 합니다.

그러므로 하나님의 복음을 위해서, 특별히 미전도 종족 선교를 위해서 우리가 수고하고 헌신하며 나아갈 때, 또한 사탄의 공격을 받고 어려움을 당할 때, 우리에게 이런 사도행전 교회에 주셨던 놀라운 위로가 함께 하기를 기도합니다.

31 안디옥 교회의 선교사 파송

행: 13:1-3

¹안디옥 교회에 선지자들과 교사들이 있으니 곧 바나바와 니게르라 하는 시므온과 구레네 사람 루기오와 분봉 왕 헤롯의 젖동생 마나엔과 및 사울이라 ²주를 섬겨 금식할 때에 성령이 이르시되 내가 불러 시키는 일을 위하여 바나바와 사울을 따로 세우라 하시니 ³이에 금식하며 기도하고 두 사람에게 안수하여 보내니라

130년 전 조선에 처음 복음이 전해진 때부터 지금까지 한국에 파송된 외국인 선교사의 수는 얼마나 될까요? 정규 선교사는 약 3000명, 비정규 선교사는 약 1200명이라고 합니다. 그 중 가장 먼저 조선에 파송되어 선교한 개신교 선교사는 독일 선교사 칼 귀츨라프입니다. 그는 1832년 7월 몽금도에 도착하여 선교를 시작했으며, 순교한 토마스 선교사보다 34년, 의료 선교사 알렌보다 52년, 언더우드와 아펜젤러보다 53년 먼저 조선에 온 선교사였습니다.

오늘 본문은 안디옥 교회의 첫 선교사 파송에 관한 기록으로 우리에게 선교와 선교사 파송에 있어 알아야 할 몇 가지 중요한 교훈을 주고 있습니다. 그 교훈이 무엇입니까?

첫째, 누구를 파송해야 하느냐에 대한 교훈입니다.

선교사는 우수한 사역자로서 검증된 사람을 보내야 합니다. 왜냐하면 선교는 교회의 다른 어떤 사역보다도 중요한 사역이기 때문입니다. 그렇다면 교회는 어떤 사람을 선교사로 파송해야 합니까? 우수한 신학생, 부교역자, 그리고 성공적인 목회자 중에서 선발하여 파송할 필요가 있습니다. 중국의 공산화 후에도 혼자 남아 9년간을 사역한 방지일 목사는 선천 신성 중학교와 숭실 대학교에서 공부하고, 평양 대부흥 운동의 본산지인 장대현 교회의 전도사로 시무했습니다. 선교사로 파송되기 전 이미 우수한 신학생이자 부교역자로 검증되었던 그는 중국에서 21년 선교 사역도 잘 감당했습니다.

왜냐하면 사울도 개종(AD 34년) 후 이방인 선교의 소명을 받았지만, 그로부터 약 14년 만인 AD 48년에 공식적으로 선교사로 파송을 받았기 때문입니다.

선교사로 파송할 사람은 아무리 주님으로부터 직접 계시를 받고 소명을 받았어도 사역을 위한 준비 기간과 교회의 검증이 필요합니다. 특별히 사울의 경우와 같이, 선교사는 목회의 경험이 최소 2~3년은 필요하다는 것이 저의 생각입니다. 그래야만 교회를 이해할 수 있고, 교회 중심적인 선교를 할 수 있으며, 선교지의 교회를 선교하는 교회로 만들 수 있습니다.

> **파송 선교사의 자격과 조건**
> - 기둥 같은 훌륭한 두 지도자 바나바, 사울과 같은 사역자
> - 제자 훈련, 팀 사역, 구제 등의 사역을 성공적으로 잘 하는 사역자(행 11:24, 26, 30)

둘째, 무엇을 해야 하느냐에 대한 교훈입니다.

선교지에서 선교사가 해야 할 가장 중요한 사역이 무엇입니까?

바나바와 사울의 직분과 사역에서 우리는 그것이 가르치는 사역, 즉 제자 훈련임을 알 수 있습니다.

> "둘이 교회에 일 년간 모여 있어 큰 무리를 가르쳤고 제자들이 안디옥에서 비로소 그리스도인이라 일컬음을 받게 되었더라"(행 11:26).

또한 본문 1절은 그들의 직분을 '선지자와 교사'라고 기록하고 있습니다.

선지자와 교사가 하는 일이 무엇입니까? 그것은 바로 말씀 사역, 즉 말씀을 가르치고 전하는 일(teaching and preaching)입니다. 그러므로 교회가 선교사를 파송할 때, 선교사는 여러 가지 사역을 할 수 있지만 그 중 가장 중요한 사역은 말씀을 가르치고 전하는 사역, 즉 제자 삼는 일임을 기억해야 합니다. 이를 위해서 선교사는 자기 민족 구원을 위해

순교할 수 있는 복음에 헌신된 제자들을 양육하는 일에 가장 힘써야 합니다.

셋째, 어떻게 파송해야 하느냐에 대한 교훈입니다.

안디옥 교회는 5명의 사역자가 한 교회에서 함께 사역을 하였고 또 함께 금식하며 기도했습니다. 교회가 어렵고 시험이 있어서 비상수단으로 금식 기도를 한 것이 아닙니다. 그들은 교회가 평안하고 또 좋은 소문이 나고 성장할 때도 금식하며 기도했습니다. 왜 금식하였을까요? 교회와 그들을 향하신 하나님의 계획과 섭리를 깨닫고 확인하기 위해서였습니다. 하나님이 '왜 이곳에 교회를 세우셨을까', '왜 출신지 등이 다른 우리를 이곳에 보내어 함께 사역하게 하셨을까', '왜 교회에 이런 큰 부흥과 성장을 허락하신 것일까' 등을 생각하면서 하나님의 계획과 뜻을 알기 원한 것입니다. 그런데 그들은 금식하는 중에 성령의 음성을 들었습니다.

> "주를 섬겨 금식할 때에 성령이 이르시되 내가 불러 시키는 일을 위하여 바나바와 사울을 따로 세우라 하시니"(2절).

여기서 '불러 시키는 일'은 사도행전 13장 47절에서 말한 것처럼 이방인 선교, 즉 땅끝까지 복음을 전파하는 것을 말합니다.

> "주께서 이같이 우리에게 명하시되 내가 너를 이방의 빛으로 삼아 너로 땅끝까지 구원하게 하리라 하셨느니라 하니"(행 13:47).

안디옥 교회는 5명의 영적 지도자들이 성령의 음성을 듣고, 그것이 하나님의 뜻임을 알고 순종했기 때문에 바나바와 사울을 파송할 수 있었습니다. 바나바와 사울은 교회에 너무나 중요하고 필요한 사역자로서 보내는 것이 힘들고 아쉬웠지만, 안디옥 교회는 기꺼이 그들을 파송하였습니다.

마찬가지로 오늘날 교회가 선교할 때 가장 중요한 것은 바로 안디옥 교회처럼 선교의 영이신 성령께서 명하시는 일에 순종하는 것입니다. 그때 성령의 놀라운 역사가, 복음의 능력이 교회를 통해서 나타나게 됩니다.

여러분은 지금 섬기는 교회가 안디옥 교회와 같은 선교하는 교회가 되어 하나님께 계속 쓰임 받기를 원하십니까? 그렇다면 성령의 음성을 듣고 순종하는 교회와 성도가 되기를 소원합니다.

32

첫 번째 선교지
행: 13:4-12

⁴두 사람이 성령의 보내심을 받아 실루기아에 내려가 거기서 배 타고 구브로에 가서 ⁵살라미에 이르러 하나님의 말씀을 유대인의 여러 회당에서 전할새 요한을 수행원으로 두었더라 ⁶온 섬 가운데로 지나서 바보에 이르러 바예수라 하는 유대인 거짓 선지자인 마술사를 만나니 ⁷그가 총독 서기오 바울과 함께 있으니 서기오 바울은 지혜 있는 사람이라 바나바와 사울을 불러 하나님의 말씀을 듣고자 하더라 ⁸이 마술사 엘루마는(이 이름을 번역하면 마술사라) 그들을 대적하여 총독으로 믿지 못하게 힘쓰니 ⁹바울이라고 하는 사울이 성령이 충만하여 그를 주목하고 ¹⁰이르되 모든 거짓과 악행이 가득한 자요 마귀의 자식이요 모든 의의 원수여 주의 바른 길을 굽게 하기를 그치지 아니하겠느냐 ¹¹보라 이제 주의 손이 네 위에 있으니 네가 맹인이 되어 얼마 동안 해를 보지 못하리라 하니 즉시 안개와 어둠이 그를 덮어 인도할 사람을 두루 구하는지라 ¹²이에 총독이 그렇게 된 것을 보고 믿으며 주의 가르치심을 놀랍게 여기니라

2013년은 한국 교회의 첫 타 문화권 선교사 파송 100주년을 기념하는 해였습니다. 그렇다면 한국 교회의 첫 번째 선교사는 누구이고, 또 선교지는 어디입니까? 1913년 조선 장로교 총회는 중국 산동성에 박태

로, 김영훈, 사병순 3명을 선교사로 파송했습니다. 당시 일제 식민지 상태였음에도 불구하고 길선주 목사는 "우리가 나라는 잃었지만 하나님 나라의 일원으로 한국 교회는 세계 선교에 참여해야 한다"고 주장하며 해외 선교를 촉구했습니다. 그러나 타 문화권의 선교 경험이 없었기 때문에 미 북장로교 선교사들, 특히 윌리엄 헌트의 도움을 받아 선교 가능 지역을 여러 차례 조사합니다. 그 후 산동성 해양현과 래양현을 첫 선교지로 결정하고 첫 번째 선교사를 파송했습니다.

본문은 기독교 역사상 처음 공식적으로 교회가 선교사를 파송한 사례를 기록하고 있습니다. 물론 사도행전 8장에 빌립 집사의 사마리아 선교 이야기가 기록되어 있지만, 그것은 교회가 파송하여 간 것이 아닌 핍박에 쫓겨서 간 것이었습니다. 그럼 첫 선교사 파송과 첫 번째 선교지 이야기가 중요한 이유가 무엇일까요? 그것은 기독교 역사상 공식적으로 교회가 선교사를 파송한 첫 번째 사건이기 때문에 선교사 파송 또는 선교의 모델이 된다는 점입니다.

첫째, 파송의 주체는 교회가 아니라 성령입니다.

> "이에 금식하며 기도하고 두 사람에게 안수하여 보내니라 두 사람이 성령의 보내심을 받아 실루기아에 내려가 거기서 배 타고 구브로에 가서"(3, 4절).

이 구절은 형식적으로는 교회가 선교사를 파송했지만 실제로는 성령이 파송한 것임을 말해주는 구절입니다. 즉 안디옥 교회는 단지 성령이 보내는 일에 쓰임 받았을 뿐이라는 사실입니다. 선교사를 세우는 일, 즉 선택하여 임명하는 일뿐만 아니라 보내는 일은 선교의 영이신 성령의 역사입니다. 성령의 역사를 무시하는 선교는 교회의 비즈니스일 뿐 하나님 나라의 일이 아니라고 생각합니다. 그러므로 파송하는 교회와 파송 받는 선교사는 반드시 이것을 기억해야 합니다.

왜 이런 인식을 갖는 것이 중요할까요? 그래야만 선교사가 소명감과 열정을 가지고 사역할 수 있기 때문입니다. 소명감 없이는 절대 순교할 수 없고 핍박과 고난도 이길 수 없습니다. 또 같은 맥락에서 교회는 선교사를 후원하는 일과 기도하는 일을 소홀히 할 수 없으며, 파송 선교사를 정당한 이유 없이 해임해서도 안 되는 것입니다. 기억하십시오. 선교사를 파송하신 분, 또 보내신 분은 성령님이십니다.

둘째, 성령의 전략이 최선의 전략입니다.

> "두 사람이 성령의 보내심을 받아 실루기아에 내려가 거기서 배 타고 구브로에 가서 살라미에 이르러 하나님의 말씀을 유대인의 여러 회당에서 전할새 요한을 수행원으로 두었더라 온 섬 가운데로 지나서 바보에 이르러 바예수라 하는 유대인 거짓 선지자인 마술사를 만나니"(4-6절).

여기서 기억할 것은 성령께서 선교지도 결정해 주신다는 사실입니다. 이것은 사도행전 16장 6-10절에서도 확인할 수 있습니다. 거기 보면 바울은 비두니아로 가서 복음을 전하기를 원했지만 예수의 영이 허락지 않아 드로아로 갔는데 그곳에서 마게도냐 사람의 환상을 보고 유럽으로 가게 되었습니다.

① 도시 선교

살라미는 구브로의 가장 큰 도시이고 바보는 구브로의 수도로서 비너스라는 미의 신을 우상으로 섬기는 도시였습니다. 왜 성령께서 그들을 도시에 보내셨을까요? 도시는 사람이 많이 사는 곳이기 때문에 그만큼 복음의 확산이 쉽기 때문입니다. 훗날 바울이 그토록 로마에 가기를 원했던 것도 같은 이유입니다. 오늘날 도시 선교의 중요성(*Urban mission is not simply a homeless mission*)이 여기에 있는 것입니다.

② 디아스포라 선교(5절)

바나바와 사울이 하나님의 말씀을 유대인의 여러 회당에서 먼저 전한 이유가 무엇일까요? 그것이 사도적 전통이었기 때문일까요? 아닙니다. 그것이 가장 효과적인 전략이기 때문입니다. 이미 그곳에 가서 살고 있는 사람들(디아스포라 유대인)은 그곳의 문화와 언어에 익숙하고 현지인들과의 관계도 잘 형성되어 있었고, 선교사 자신도 타 문화권에서 문화적 충격을 받지 않고 바로 사역을 시작할 수 있었기 때문입니다.

그렇다면 700만 한인 디아스포라의 중요성은 무엇일까요? 하나님의 섭리 가운데 준비된 세계 선교의 교두보라는 것입니다. 또한 북 미주 한인 디아스포라로서의 교회의 역할은 무엇일까요? 그것은 전 세계 모든 나라들로부터 온 이민자, 유학생, 노동자에게 복음을 전하는 것입니다.

③ 팀 선교(4-5절)

바나바와 사울, 그리고 수행원 마가 요한(바나바의 조카)이 한 팀이 되어 선교지로 갔습니다. 사도행전 15-16장에서도 바울은 바나바와 갈라

선 후에도 실라와 디모데 등과 팀 사역을 합니다. 타 문화권 선교에 있어서 팀으로 가는 것이 얼마나 중요한지 모릅니다. 재정, 안전 문제, 자녀 교육, 사역 분담, 외로움 등 여러 가지로 유익하기 때문입니다. 사실 한국 최초 중국 선교사도 3명을 팀으로 파송하였으며 한 집에서 공동체 생활을 하며 선교 사역을 했습니다.

셋째, 능력 전도(power evangelism/encounter)는 성령의 선교 전략입니다.

> "온 섬 가운데로 지나서 바보에 이르러 바예수라 하는 유대인 거짓 선지자인 마술사를 만나니 그가 총독 서기오 바울과 함께 있으니 서기오 바울은 지혜 있는 사람이라 바나바와 사울을 불러 하나님의 말씀을 듣고자 하더라 이 마술사 엘루마는(이 이름을 번역하면 마술사라) 그들을 대적하여 총독으로 믿지 못하게 힘쓰니 바울이라고 하는 사울이 성령이 충만하여 그를 주목하고 이르되 모든 거짓과 악행이 가득한 자요 마귀의 자식이요 모든 의의 원수여 주의 바른 길을 굽게 하기를 그치지 아니하겠느냐 보라 이제 주의 손이 네 위에 있으니 네가 맹인이 되어 얼마 동안 해를 보지 못하리라 하니 즉시 안개와 어둠이 그를 덮어 인도할 사람을 두루 구하는지라 이에 총독이 그렇게 된 것을 보고 믿으며 주의 가르치심을 놀랍게 여기니라"(6-12절).

바나바와 사울이 구브로 총독 서기오 바울에게 복음을 전하려고 했지만 바예수라 하는 유대인 마술사(박수=남자 무당)가 전도를 방해하며 총독을 믿지 못하게 했습니다. 그런데 바울은 이를 그냥 지나치지 않고 그를 주목하여 심판을 선언합니다. 그 결과로 바예수가 맹인이 된 것을 보고 총독은 예수를 믿게 됩니다.

왜 바예수는 전도를 방해했을까요? 자기의 먹고 사는 문제가 걸렸기 때문이기도 하지만, 여기에는 영적인 이유가 있습니다. 마귀는 총독이 개종하게 되면 그 섬의 수많은 사람이 결과적으로 예수를 믿게 될 것을 알았기 때문에 총독에게 복음전하는 것을 적극 방해한 것입니다. 그래서 바울은 그를 '마귀의 자식', '의의 원수'라고 정죄하고 심판했습니다.

이렇게 선교지(선교하는 교회)에도 복음의 증거를 방해하는 사탄의 세력이 반드시 있습니다. 비방하고 위협하고 핍박하는 마귀의 자식들이 있습니다. 그래서 전략적으로 능력 전도, 즉 영적 대결이 필요합니다. 본문의 바울처럼 선교사는 복음의 말씀을 전함과 동시에 주님이 우리에게 권능('뱀과 전갈을 밟으며 원수의 모든 능력을 제어할 권능을 주셨음')을 주셨음을 믿고 예수의 이름으로 악한 영들을 꾸짖고 쫓아내야 합니다. 그렇게 해서 하나님의 능력이 나타날 때 우리는 하나님의 사심과 복음을 확증할 수 있습니다.

12절 "주의 가르치심을 놀랍게 여기니라"에서는 말씀과 표적(축사)을 동일하게 취급하고 있습니다. 왜냐하면 표적이 바로 계시적 사건이며 하나님의 사심, 능력, 복음의 진리 됨을 나타내는 사건이기 때문입니다. 그러므로 우리는 능력 전도가 특별히 은사 받은 자만 할 수 있는 일이라고 생각해서는 안 됩니다.

주님은 승천하시기 전 제자들에게 마가복음 16장에서 분명히 이렇게 말씀하고 계십니다.

> "너희는 온 천하에 다니며 만민에게 복음을 전파하라 믿고 세례를 받는 사람은 구원을 얻을 것이요 믿지 않는 사람은 정죄를 받으리라 믿는 자

들에게는 이런 표적이 따르리니 곧 그들이 내 이름으로 귀신을 쫓아내며 새 방언을 말하며 뱀을 집어 올리며 무슨 독을 마실지라도 해를 받지 아니하며 병든 사람에게 손을 얹은즉 나으리라 하시더라 주 예수께서 말씀을 마치신 후에 하늘로 올려지사 하나님 우편에 앉으시니라 제자들이 나가 두루 전파할새 주께서 함께 역사하사 그 따르는 표적으로 말씀을 확실히 증언하시니라"(막 16:15-20).

마지막으로 10절에서 바울은 마술사 바예수가 복음의 말씀을 전하지 못하게 방해하는 것을 일컬어 "주의 길을 굽게 한다"고 하며 그것이 마귀의 일이라고 말합니다. 그러면 반대로 주의 길을 평탄케 하는 것은 무엇일까요? 복음 증거를 돕는 것, 선교사를 위로, 격려, 후원하고 위하여 기도하는 것, 무엇보다도 복음을 전하는 것(전도/선교)입니다. 그러므로 누가복음 3장에 세례 요한의 역할이 주의 길을 준비하고 평탄케 하는 것이라고 한다면, 이 시대에 저와 여러분이 세례 요한처럼 다시 오실 예수 그리스도의 길을 평탄케 하기 위해서 해야 할 일은 바로 복음을 전하는 것, 즉 전도하고 선교하는 것입니다.

지금 우리의 모습은 어떻습니까? 주님의 길을 평탄케 하기 위해서 우리는 무엇을 하고 있습니까? 우리 모두가 이 질문에 "나는 지금까지 이렇게, 이런 방법으로 주님의 길을 평탄케 하고 있다."라고 분명히 말할 수 있기를 바랍니다.

33

마가 요한
행: 13:13-14, 15:36-41

¹³바울과 및 동행하는 사람들이 바보에서 배 타고 밤빌리아에 있는 버가에 이르니 요한은 그들에게서 떠나 예루살렘으로 돌아가고 ¹⁴그들은 버가에서 더 나아가 비시디아 안디옥에 이르러 안식일에 회당에 들어가 앉으니라

³⁶며칠 후에 바울이 바나바더러 말하되 우리가 주의 말씀을 전한 각 성으로 다시 가서 형제들이 어떠한가 방문하자 하고 ³⁷바나바는 마가라 하는 요한도 데리고 가고자 하나 ³⁸바울은 밤빌리아에서 자기들을 떠나 함께 일하러 가지 아니한 자를 데리고 가는 것이 옳지 않다 하여 ³⁹서로 심히 다투어 피차 갈라서니 바나바는 마가를 데리고 배 타고 구브로로 가고 ⁴⁰바울은 실라를 택한 후에 형제들에게 주의 은혜에 부탁함을 받고 떠나 ⁴¹수리아와 길리기아로 다니며 교회들을 견고하게 하니라

선교지에서는 예측하지 못했던 일정 변경 또는 사역 변경의 경우가 비일비재합니다. 한 예로 인도의 함경식 선교사는 콜카타에서 델리로 이주하면서 안강희 선교사와 동역하기로 했지만 그는 총회 선교사로서 총회 선교부가 원하는 일들(신학교 사역 등)도 하면서 사역하기를 원했고 안강희 선교사는 미전도 종족 교회 개척 사역에만 집중하기를 요구

했기 때문에 그 둘은 결국 결별했습니다.

본문 13절은 이런 동역자와의 결별 사건에 대해서 기록하고 있습니다. 바나바와 바울의 수행원 마가 요한(마가는 헬라 이름, 요한은 히브리 이름)이 버가에서 바나바와 바울 일행을 떠나 예루살렘 집으로 돌아간 것입니다. 왜 마가 요한은 바울 일행을 떠났을까요? 여기에는 여러 가지 추측이 있지만 대개 마가가 예루살렘으로 돌아간 이유에 대한 학자들의 주장은 다음과 같습니다.

① 버가에서 비시디아 안디옥으로 가는 길은 1500미터의 타우르스 산을 넘는 험한 곳으로 짐승과 산적이 많이 출몰하는 지역이었습니다. 그래서 마가는 혹 당하게 될 위험에 대한 두려움 때문에 예루살렘으로 돌아갔다는 설입니다.

② '바울과 동행하는 사람들'(행13:13)에서 추측할 수 있듯이 선교 여행의 수도권과 결정권이 바나바에서 바울로 넘어간 것에 대한 불만 때문이라는 주장입니다.

③ 마가의 육체의 약함 때문이었다는 설입니다. 비시디아 안디옥은 갈라디아에 위치한 지역으로 바울은 갈라디아서 4:13-14에서 이렇게 쓰고 있습니다.
"내가 처음에 육체의 약함을 인하여 너희에게 복음을 전한 것을 너희가 아는 바라."
여기서 말하는 육체의 약함은 무엇입니까? 가장 유력한 이론은 바울이 밤빌리아에 있을 때 해안 습지의 모기로 인한 풍토병, 즉 말라리아에 걸려 고생하는 모습을 보고 마가는 자신도 혹시 풍토병에 걸려 죽게 되지는 않을까 하는 두려움으로 병든 바울을 버려두고 고향인 예루살렘으로 돌아가 버렸다는 것입니다.

그러나 사실 마가 요한이 중도에 선교 여행을 포기한 것은 바로 그가 주님과 주님의 일보다 자기 자신을 더 사랑했기 때문입니다.

사실 마가는 사도행전 1장에서 오순절날 제자들이 모여 기도했던 장소인 다락방이 있던 부자 집 주인(마리아)의 외아들이며, 마가복음 14:51-52에 보면 주께서 잡히시던 날 겟세마네 동산에서 베 홑이불을 두르고 나타났다가 알몸으로 달아났던 유약하고 겁이 많던 청년이었습니다. 그래서 마가는 처음에는 단단히 각오하고 함께 선교 여행을 떠났지만 정작 바울이 병들어 고통하는 것을 보자 그 결심이 무너지고 여행을 중도에 포기하고 집으로 돌아가는 비겁한 행동을 하게 된 것입니다.

그런데 놀라운 것은 이런 비겁하고 이기적이며 소명조차 분명치 않던 사역자 마가 요한이 후에 변했다는 사실입니다. 어떻게 변했을까요?

"나와 함께 갇혀있는 아리스다고가 여러분에게 문안하고 바나바의 조카 마가도 문안합니다. 여러분이 마가에 대한 지시를 이미 받았겠지만 그가 가거든 따뜻하게 맞아주십시오"(골 4:10).

여기서 우리는 바울이 마가를 자신의 사자로 골로새 교회에 파송했음을 알 수 있는데 이것은 이미 바울이 마가를 용서했다는 증거일 뿐만 아니라 그를 신임하였음을 보여줍니다.

> "누가만 나와 함께 있느니라 네가 올 때에 마가를 데리고 오라 그가 나의 일에 유익하니라"(딤후 4:11).

여기서는 바울의 마가에 대한 새로운 생각을 엿볼 수 있습니다. 바울은 에베소에 있는 디모데에게 아마 당시 소아시아에서 사역하고 있던 마가도 함께 데려오라고 부탁하면서 그 이유를 이렇게 쓰고 있습니다. "그가 나의 일에 유익하니라."

분명히 이것은 변화된 마가의 모습이고 과거의 마가와는 완전히 다른 모습입니다.

> "또한 나의 동역자 마가, 아리스다고, 데마, 누가가 문안하느니라"(몬 24).

바울이 마가를 자신의 동역자라고 말하고 있습니다. 이것은 바울의 마가에 대한 생각이 완전히 바뀌어 그를 동역자로 인정하고 있음을 의미합니다.

> "함께 택하심을 받은 바벨론에 있는 교회가 너희에게 문안하고 내 아들 마가도 그리하느니라"(벧전 5:13).

이 말씀에서도 우리는 또 다른 사도, 베드로가 마가를 자신의 아들로 부르고 있음을 보게 됩니다. 이것은 마가가 베드로에게도 신임을 얻었을 뿐만 아니라 그의 사역에 너무도 중요한 인물이 되었음을 말해주고 있습니다. 전승에 따르면 당시 헬라어도 잘 했던 마가는 베드로의 통역 역할을 했다고 합니다. 따라서 베드로가 순교한 후 베드로가 전한 주님의 말씀을 기록하여 달라는 로마 교회의 요청을 받아 마가는 마가복음을 기록하게 된 것입니다.

마가 요한은 변하여 완전히 다른 사람이 되었습니다. 과거의 비겁하고 무익하고 문제를 일으키던 사람이 바울, 베드로와 같은 위대한 사도들에게 "유익한 자"라고 인정받는 사역자로 변했고 성경을 기록하는 영적 수준까지 성장하였습니다.

마가 요한의 과거와 현재를 보면서, 우리도 마가 요한처럼 비록 과거에는 허물과 잘못이 있다 하더라도 이렇게 변화될 수 있어야 한다는 것입니다. 즉 우리의 신앙생활에도 분명한 진보가 있어야 한다는 것입니다.

그렇다면 진정한 변화를 위해서, 신앙생활의 진보를 위해서 필요한 것은 무엇일까요?

첫째, 철저한 회개입니다.

회개는 후회가 아닙니다. 회개는 반드시 고백만이 아닌 삶과 행동으로 나타나야 합니다.

둘째, 사명의 재확인(confirmation)입니다.

받은바 사명의 재확인이 있을 때 새로운 가치와 목표를 위한 새로운 각오와 결심을 가지고 살 수 있습니다. 그리고 교회와 하나님의 일에 유익한 사람이 되게 됩니다.

　　초대 선교사 마포삼열 목사는 밤만 되면 불량배들과 유생들의 돌 세례로 곤혹을 치르곤 했습니다. 그 중 하나가 평양 깡패로 알려진 이기풍이었습니다. 그는 잔칫집마다 찾아다니며 술과 떡을 내놓으라고 행패를 부리던 깡패였는데 마포삼열 목사의 집에도 끈질기게 찾아와 돌을 던지고 불을 지르는 등의 행패를 부렸습니다. 하루는 선교사의 집에 불을 지르고 도망치던 이기풍이 다치게 되었는데 선교사가 찾아가서 그를 치료해주고 사랑도 베풀어줍니다. 이에 이기풍은 감복하여 회개하고 예수를 믿게 되었으며 평양신학교를 나와 초대 목사가 되었고 초대 제주도 선교사로 파송을 받았습니다. 그는 일생을 호남 지방에서 목회하다 여수 돌산 앞 우학교회에서 신사 참배를 반대하다 순교하였습니다.

"회개는 죄 씻음만이 아니라 주인이 바뀌는 것이다"

　　이것이 바로 사도행전 2:21의
"누구든지 주의 이름을 부르는 자는 구원을 받으리라"의 의미입니다.

　　우리의 삶에는 자유함과 유쾌함이 있습니까? 그리고 정말 변화된 새로운 피조물의 삶을 살고 있습니까? 예수 그리스도가 누구이신지 분명이 알고 자신의 지나간 과거의 모든 죄를 회개하고 인생의 방향 전환을 하기 전에는 절대 이런 삶(참 그리스도인의 삶)을 시작할 수가 없습니다.
　　예수 그리스도가 우리의 죄를 위해 죽으실 뿐 아니라 다시 사신 우리의 생명의 주가 되심이 믿어지고, 과거의 모든 죄와 잘못을 회개하고 하나님께로 돌아오시는 은혜의 결단이 있기를 기도합니다.

34

바울의 설교와 복음
행: 13:15-52

[15] 율법과 선지자의 글을 읽은 후에 회당장들이 사람을 보내어 물어 이르되 형제들아 만일 백성을 권할 말이 있거든 말하라 하니 [16] 바울이 일어나 손짓하며 말하되 이스라엘 사람들과 및 하나님을 경외하는 사람들아 들으라 [17] 이 이스라엘 백성의 하나님이 우리 조상들을 택하시고 애굽 땅에서 나그네 된 그 백성을 높여 큰 권능으로 인도하여 내사 [18] 광야에서 약 사십 년간 그들의 소행을 참으시고 [19] 가나안 땅 일곱 족속을 멸하사 그 땅을 기업으로 주시기까지 약 사백오십 년간이라 [20] 그 후에 선지자 사무엘 때까지 사사를 주셨더니 [21] 그 후에 그들이 왕을 구하거늘 하나님이 베냐민 지파 사람 기스의 아들 사울을 사십 년간 주셨다가 [22] 폐하시고 다윗을 왕으로 세우시고 증언하여 이르시되 내가 이새의 아들 다윗을 만나니 내 마음에 맞는 사람이라 내 뜻을 다 이루리라 하시더니 [23] 하나님이 약속하신 대로 이 사람의 후손에서 이스라엘을 위하여 구주를 세우셨으니 곧 예수라 [24] 그가 오시기에 앞서 요한이 먼저 회개의 세례를 이스라엘 모든 백성에게 전파하니라 [25] 요한이 그 달려갈 길을 마칠 때에 말하되 너희가 나를 누구로 생각하느냐 나는 그리스도가 아니라 내 뒤에 오시는 이가 있으니 나는 그 발의 신발끈을 풀기도 감당하지 못하리라 하였으니 [26] 형제들아 아브라함의 후손과 너희 중 하나님을 경외하는 사람들아 이 구원의 말씀을 우리에게 보내셨

거늘 ²⁷예루살렘에 사는 자들과 그들 관리들이 예수와 및 안식일마다 외우는 바 선지자들의 말을 알지 못하므로 예수를 정죄하여 선지자들의 말을 응하게 하였도다 ²⁸죽일 죄를 하나도 찾지 못하였으나 빌라도에게 죽여 달라 하였으니 ²⁹성경에 그를 가리켜 기록한 말씀을 다 응하게 한 것이라 후에 나무에서 내려다가 무덤에 두었으나 ³⁰하나님이 죽은 자 가운데서 그를 살리신지라 ³¹갈릴리로부터 예루살렘에 함께 올라간 사람들에게 여러 날 보이셨으니 그들이 이제 백성 앞에서 그의 증인이라 ³²우리도 조상들에게 주신 약속을 너희에게 전파하노니 ³³곧 하나님이 예수를 일으키사 우리 자녀들에게 이 약속을 이루게 하셨다 함이라 시편 둘째 편에 기록한 바와 같이 너는 내 아들이라 오늘 너를 낳았다 하셨고 ³⁴또 하나님께서 죽은 자 가운데서 그를 일으키사 다시 썩음을 당하지 않게 하실 것을 가르쳐 이르시되 내가 다윗의 거룩하고 미쁜 은사를 너희에게 주리라 하셨으며 ³⁵또 다른 시편에 일렀으되 주의 거룩한 자로 썩음을 당하지 않게 하시리라 하셨느니라 ³⁶다윗은 당시에 하나님의 뜻을 따라 섬기다가 잠들어 그 조상들과 함께 묻혀 썩음을 당하였으되 ³⁷하나님께서 살리신 이는 썩음을 당하지 아니하였나니 ³⁸그러므로 형제들아 너희가 알 것은 이 사람을 힘입어 죄 사함을 너희에게 전하는 이것이며 ³⁹또 모세의 율법으로 너희가 의롭다 하심을 얻지 못하던 모든 일에도 이 사람을 힘입어 믿는 자마다 의롭다 하심을 얻는 이것이라 ⁴⁰그런즉 너희는 선지자들을 통하여 말씀하신 것이 너희에게 미칠까 삼가라 ⁴¹일렀으되 보라 멸시하는 사람들아 너희는 놀라고 멸망하라 내가 너희 때를 당하여 한 일을 행할 것이니 사람이 너희에게 일러줄지라도 도무지 믿지 못할 일이라 하였느니라 하니라 ⁴²그들이 나갈새 사람들이 청하되 다음 안식일에도 이 말씀을 하라 하더라 ⁴³회당의 모임이 끝난 후에 유대인과 유대교에 입교한 경건한 사람들이 많이 바울과 바나바를 따르니 두 사도가 더불어 말하고 항상 하나님의 은혜 가운데 있으라 권하니라 ⁴⁴그 다음 안식일에는 온 시민이 거의 다 하나님의 말씀을 듣고자 하여 모이니 ⁴⁵유대인들이 그 무리를 보고 시기가 가득하여 바울이 말한 것을 반박하고 비방하거늘 ⁴⁶바울과 바나바가 담대히 말하여 이르되 하나님의 말씀을 마땅히 먼저 너희에게 전할 것이로되 너희가 그것을 버리고 영생을 얻기에 합당하지 않은 자로 자처하기로 우리가 이방인에게로 향하노라 ⁴⁷주께서 이같이 우리에게 명하시되 내가 너를 이방의 빛으로 삼아 너로 땅끝까지 구원하게 하리라 하셨느니라 하니 ⁴⁸이방인들이 듣고 기뻐하여 하나님의 말씀을 찬송하며 영생을 주시기로 작정된 자는 다 믿더라 ⁴⁹주의 말씀이 그 지방에 두루 퍼지니라 ⁵⁰이에 유대인들이 경건한 귀부인들과 그 시내 유력자들을 선동하여 바울과 바나바를 박해하게 하여 그 지역에서 쫓아내니 ⁵¹두 사람이 그들을 향하여 발의 티끌을 떨어 버리고 이고니온으로 가거늘 ⁵²제자들은 기쁨과 성령이 충만하니라

"설교는 신학의 꽃이다."

그런데 목사, 설교자의 고민은 내 설교를 통해 사람들이 변하지 않는다는 것, 다시 말하면 목회자가 설교한대로 살고, 순종하고 변화되는 것이 어렵다는 것입니다.

그렇다면 어떻게, 어떤 내용으로 설교해야 사람들이 변할까요? 본문은 비시디아 안디옥에서 바울이 한 설교의 핵심과 그 반응, 결과에 대한

기록입니다.

첫째, 바울이 한 설교의 내용과 핵심은 무엇입니까?

① 예수그리스도의 오심(23-26절)
② 그의 십자가에 죽으심(27-29절)
③ 그의 부활(30-33절)

특별히 26절에서는 예수 그리스도의 오심을 "구원의 말씀을 우리에게 보내셨거늘"이라고 말씀합니다.

하나님이신 구원자 예수 그리스도를 우리에게 보내주셨습니다. 즉 바울의 설교 핵심은 예수 그리스도이고 그의 설교 목적은 예수 그리스도를 믿음으로써 구원 받게 하기 위한 것이었습니다. 마찬가지로 모든 설교의 궁극적 목적은 듣는 사람으로 하여금 믿고 구원 받게 하는 것입니다.

본문에서 바울은 구약 역사와 선지자 다윗에 관한 이야기를 많이 하고 있습니다. 그가 이렇게 설교를 전개하는 이유는 그의 설교 대상이 일차적으로 유대교를 믿는 사람들(유대인과 유대교로 개종한 이방인)이었기 때문입니다. 그래서 그들이 이미 알고 있는 역사적 사건의 의미를 설명함으로써 복음을 이해시키려고 한 것(구약 사건들의 구속사적 의미를 해석)입니다. 이것이 바로 오늘날에도 구약 성경이 필요한 이유이기도 합니다.

둘째, 바울이 전한 복음(설교)의 핵심이 무엇입니까?

"그러므로 형제들아 너희가 알 것은 이 사람을 힘입어 죄 사함을 너희에게 전하는 이것이며 또 모세의 율법으로 너희가 의롭다 하심을 얻지 못하던 모든 일에도 이 사람을 힘입어 믿는 자마다 의롭다 하심을 얻는 이것이라"(38, 39절).

부활하신 예수 그리스도를 믿음으로만 우리는 죄 용서와 의롭다함을 얻을 수 있습니다. 구약의 율법을 지킴으로 구원 받는 것이 아니라 오직 부활하신 예수 그리스도를 믿음으로 구원 받는다는 것이 바울이 전한 복음입니다. 이것이 참 복음이며 기독교의 진리입니다.

그러나 바울 당시에도 그랬지만 오늘날 잘못된 복음이 참 많습니다. 특별히 종교 다원주의 사상이 팽배한 이 시대에 많은 거짓 교사와 거짓 선지자들이 복음을 타협하고 교란하고 있습니다. 왜 이렇게 많은 목사와 교사들이 복음을 타협하여 잘못된 복음을 전합니까? 바로 사람들의 기쁨을 구하기 때문입니다.

"이제 내가 사람들에게 좋게 하랴 하나님께 좋게 하랴 사람들에게 기쁨을 구하랴 내가 지금까지 사람들의 기쁨을 구하였다면 그리스도의 종이 아니니라"(갈 1:10).

"다른 복음은 없나니 다만 어떤 사람들이 너희를 교란하여 그리스도의 복음을 변하게 하려 함이라 그러나 우리나 혹은 하늘로부터 온 천사라도 우리가 너희에게 전한 복음 외에 다른 복음을 전하면 저주를 받을지어다"(갈 1:8).

본문을 통해 바른 복음을 전할 때 어떤 일이 일어나는지, 그 결과와 반응을 우리는 기억해야 합니다.

① 바른 복음은 사람들로 하여금 더 듣게 하고 싶어 합니다.

"사람들이 청하되 다음 안식일에도 이 말씀을 전하라 하더라"(42절).

"그 다음 안식에는 온 시민이 거의 다 하나님의 말씀을 듣고자 하여 모이니"(44절).

바른 복음을 전할 때 사람들이 들은 바 복음의 내용을 다른 사람들에게도 소개하고 또 그들을 데리고 왔습니다.

"영생을 주시기로 **작정된 자는**(수동태) 다 믿더라"(48절).

복음은 내가 애쓰고 수고한다고, 또 잘 가르친다고 믿는 것이 아니라 하나님이 믿게 해주시기 때문에 믿는 것입니다. 하나님이 선택하신 자만이 믿습니다. 인간적으로 볼 때 믿을 사람이 안 믿고 안 믿을 사람 같은데 믿는 것은 바로 이런 이유입니다.

② 세상은 그 복음을 반박하고 비방할 뿐 아니라 박해까지 합니다.

"유대인들은 그 무리를 보고 시기가 가득하여 바울이 말한 것을 반박하고 비방하거늘"(45절).

"이에 유대인들이 **선동하여 바울과 바나바를 박해하게 하여** 그 지역에서 쫓아내니"(50절).

본문의 복음에 대한 박해는 조직적이었습니다. 복음에는 심판적 요소가 있기 때문에 세상은 그것을 핍박합니다.

셋째, 우리가 바른 복음을 받아 하나님의 은혜로 구원 받은 줄 안다면 어떻게 살아야 합니까?

"항상 하나님의 은혜 가운데 있으라 권하니라"(42절).

"굳건한 마음으로 주와 함께 머물러 있으라"(행 11:23).

하나님이 택하시고 믿게 하셔서 구원 받은 줄 안다면 믿은 후에도 계속 인간적인 노력과 힘이 아닌 하나님의 은혜와 긍휼에 의지해서 감사하며 살아야 합니다. 하나님의 은혜와 믿음 이외의 다른 어떤 것도 의지하거나 자랑하는 삶을 살지 말아야 합니다.

유대인들은 그들의 혈통과 할례를 계속 의지하고 자랑하며 살아갔습니다. 그런데 오늘날 새벽 기도, 40일 금식 등이 우리의 자랑이 되기도 합니다. 그러나 우리는 절대로 이와 같은 율법주의적 삶을 살아서는 안 됩니다. 율법의 계명과 행위를 지켜야 구원 받고 또 구원이 유지되는 것처럼 살면 안 됩니다. **출애굽 이후 하나님께서 주신 율법은 구원 받기 위해 지키는 것이 아니고 복을 받기 위해 지키는 것입니다.**

"율법 안에서 의롭다 함을 얻으려 하는 너희는 그리스도에게서 끊어지고 은혜에서 떨어진 자로다"(갈 5:4).

진정한 복음을 받으셨습니까? 정말 하나님의 은혜로만 구원 받은 줄 믿으십니까? 이 복음을 믿고, 또 하나님의 은혜를 믿는다면 우리는 복음을 부끄러워하지 않게 됩니다. 복음 받은 것만으로도, 예수 그리스도를 믿게 된 것만으로도 감사하고 만족할 수 있으며 복음을 더 듣고 싶고, 더 많은 사람과 나누고 싶어질 것입니다. 또한 그 어떠한 핍박과 고난 가운데도 구원 받은 것, 즉 예수 그리스도를 믿게 된 것만으로 감사하고 인내하며 소망 가운데 살 수 있을 것입니다. 왜냐하면 복음에는 하나님의 은혜만을 믿고 의지하게 하는 능력이 있기 때문입니다. 그래서 히브리서 11:38 말씀처럼 "이런 사람은 세상이 감당하지 못 할 사람"이 되는 것입니다.

35
이고니온과 루스드라 선교
행: 14:1-18

¹이에 이고니온에서 두 사도가 함께 유대인의 회당에 들어가 말하니 유대와 헬라의 허다한 무리가 믿더라 ²그러나 순종하지 아니하는 유대인들이 이방인들의 마음을 선동하여 형제들에게 악감을 품게 하거늘 ³두 사도가 오래 있어 주를 힘입어 담대히 말하니 주께서 그들의 손으로 표적과 기사를 행하게 하여 주사 자기 은혜의 말씀을 증언하시니 ⁴그 시내의 무리가 나뉘어 유대인을 따르는 자도 있고 두 사도를 따르는 자도 있는지라 ⁵이방인과 유대인과 그 관리들이 두 사도를 모욕하며 돌로 치려고 달려드니 ⁶그들이 알고 도망하여 루가오니아의 두 성 루스드라와 더베와 그 근방으로 가서 ⁷거기서 복음을 전하니라 ⁸루스드라에 발을 쓰지 못하는 한 사람이 앉아 있는데 나면서 걷지 못하게 되어 걸어 본 적이 없는 자라 ⁹바울이 말하는 것을 듣거늘 바울이 주목하여 구원 받을 만한 믿음이 그에게 있는 것을 보고 ¹⁰큰 소리로 이르되 네 발로 바로 일어서라 하니 그 사람이 일어나 걷는지라 ¹¹무리가 바울이 한 일을 보고 루가오니아 방언으로 소리 질러 이르되 신들이 사람의 형상으로 우리 가운데 내려오셨다 하여 ¹²바나바는 제우스라 하고 바울은 그 중에 말하는 자이므로 헤르메스라 하더라 ¹³시외 제우스 신당의 제사장이 소와 화환들을 가지고 대문 앞에 와서 무리와 함께 제사하고자 하니

¹⁴두 사도 바나바와 바울이 듣고 옷을 찢고 무리 가운데 뛰어 들어가서 소리 질러 ¹⁵이르되 여러분이여 어찌하여 이러한 일을 하느냐 우리도 여러분과 같은 성정을 가진 사람이라 여러분에게 복음을 전하는 것은 이런 헛된 일을 버리고 천지와 바다와 그 가운데 만물을 지으시고 살아 계신 하나님께로 돌아오게 함이라 ¹⁶하나님이 지나간 세대에는 모든 민족으로 자기들의 길들을 가게 방임하셨으나 ¹⁷그러나 자기를 증언하지 아니하신 것이 아니니 곧 여러분에게 하늘로부터 비를 내리시며 결실기를 주시는 선한 일을 하사 음식과 기쁨으로 여러분의 마음에 만족하게 하셨느니라 하고 ¹⁸이렇게 말하여 겨우 무리를 말려 자기들에게 제사를 못하게 하니라

뉴라이프교회는 그동안 인도 선교를 위하여 8개 언어로 인도의 2만 5천 동네 190만 가정에 '예수 달력'을 배포하였습니다. 그 과정에서 병 고침, 귀신이 쫓겨나가는 등의 표적과 이적들이 나타났고, 그것을 본 많은 인도 사람들이 예수 달력을 통하여 복음을 전해 받고, 결국 인도 여러 마을에 교회를 개척할 수 있었습니다. 어디를 가든지 복음을 전할 때는 표적과 기사가 나타납니다. 본문에서 우리는 이고니온과 루스드라에서도 이런 기적의 역사가 일어났음을 알 수 있습니다.

"주께서 그들의 손으로 표적과 기사를 행하게 하여 주사"(3절).

"발을 쓰지 못하는 한 사람이 있는데. 네 발로 일어서라 하니 일어나 걷는지라"(8-10절).

첫째, 표적과 기사를 행하게 하시는 이유가 무엇입니까?

바로 복음 증거를 위한 것입니다.

"두 사도가 오래 있어 주를 힘입어 담대히 말하니 주께서 그들의 손으로 표적과 기사를 행하게 하여 주사 자기 은혜의 말씀을 증언하시니"(3절).

"제자들이 나가 두루 전파할 새 주께서 함께 역사하사 그 따르는 표적으로 말씀을 확실히 증언하시니라"(막 16:20).

표적과 기사는 복음이 하나님의 말씀이며 진리이고 사실임을 증명하기 위해 하나님이 사용하시는 도구요 방편입니다. 그러므로 우리는 하나님을 모르는 불신앙의 사람들에게 복음을 전할 때마다 당연히 표적과 기사가 나타날 것을 믿고 기대해야 합니다.

둘째, 언제 이런 일이 일어났습니까?

3절 "주를 힘입어 담대히 말할 때", 그리고 9절 "하나님의 말씀을 들을 때"입니다. 특별히 2절은 바울과 바나바가 복음을 전하고 있는 위험한 상황에 대해 말씀하고 있고, 5절은 실제로 그들이 받은 핍박의 내용에 대해서 기록하고 있습니다. 그리고 두 동사 "모욕하다", "돌로 치다"는 바울과 바나바가 예수님과 스데반 집사가 당한 것과 같은 핍박을 받았음을 말해줍니다.

전도자에게는 늘 위험과 핍박이 있지만 주님을 의지하고 담대히 나아가 복음을 전할 때 이런 기적의 역사가 일어나게 됩니다. 반대로 핍박과 비방이 두려워서 복음을 담대히 증거 하지 못하거나 복음을 타협할 때는 절대로 이런 일들이 일어나지 않습니다. 오늘 우리가 사는 곳에서는 이런 일들이 드물게 나타나지만 선교지, 특별히 핍박이 있고 복음을 대적하는 자들이 있는 곳에서는 표적과 기사가 마치 일반사인 것처럼 일어나는 이유가 바로 이것입니다.

셋째, 누구에게 이런 기적의 은총을 베푸십니까?

① 하나님의 말씀을 듣는 자에게

"바울이 **말하는 것을 듣거늘** 바울이 주목하여 구원 받을 만한 믿음이 그에게 있는 것을 보고 큰 소리로 이르되…**네 발로 바로 일어서라** 하니 그 사람이 일어나 걷는지라"(9절).

'듣거늘'은 경청했다는 말입니다. 즉 집중하고 들었다는 것입니다.

"하나님의 말씀은 살아있고 활력(운동력)이 있어"(히 4:12).

하나님의 말씀은 지식, 정보가 아닌 살리고 변화시키는 능력입니다. 살아 역사하는 하나님의 말씀을 들을 때(**100% 말씀에 집중하고 몰입할 때**) 역사가 일어나고 변화가 일어납니다. 물론 아무나 듣는 것이 아닙니다. 주님께서 말씀하신 것처럼 들을 귀, 들으려고 하는 마음이 있어야

들을 수 있습니다. 들을 귀가 있는 것, 듣고자 하는 마음이 있는 그것이 하나님의 은혜입니다. 그런 의미에서 말씀을 전할 때 의심하거나, 비판하거나, 거부하는 사람은 절대 하나님의 기적의 은총을 경험하지 못하게 됩니다.

하나님의 기적의 은총을 내 몸에, 내 가정에, 내 사업에, 내 인생에 경험하기를 소원하십니까? 그렇다면 하나님의 말씀을 듣는 귀, 즉 듣고자 하는 마음을 달라고 기도하시기 바랍니다. 말씀은 듣지 않고 그저 안수 (축복)기도만 받으면 되는 것이 아닙니다. 하나님의 말씀을 하나님의 말씀으로 듣고, 복음을 복음으로 듣고, 듣는 그 말씀을 전적으로 수용할 때 하나님의 기적의 역사도 나타난다는 사실을 기억하시기 바랍니다.

② 청종하는 자에게

말씀을 듣고 말씀대로 행동으로 옮길 때 하나님의 기적의 은총이 임합니다. 잘 듣는 것, 아는 것, 믿는 것으로 끝나면 안 됩니다. 들은 것을 들은 대로 믿고 순종할 때, 즉 믿음을 행동으로 옮길 때 하나님의 기적의 은총이 임하게 됩니다. 절대로 마음과 입으로만 '아멘'해서는 안 되며 행동으로 반응해야 합니다.

요한복음 5장의 베데스다 연못가의 38년 된 환자에게 '네 자리를 들고 가라'고 했을 때 그가 나아서 일어난 것이 아니었습니다. 일어나 걸어가라는 말씀을 듣고 순종하여 일어났을 때 병이 나았던 것입니다. 본문의 이 장애인도 바울의 이야기를 듣고 "아니 당신 내가 어떤 장애인인지 아시오? 난 날 때부터 장애인이오. 한 번도 일어나 본 적이 없는 사람보고 일어나라니 말이나 되는 소리요?"라고 생각하고 일어날 시도조차 하지 않았다면 기적의 은총은 일어나지 않았을 것이 분명합니다. 기적은 들은 바를 행동으로 옮길 때, 즉 청종할 때 기적의 은총이 임하게 됩니다.

하나님의 특별한 은총, 기적을 경험하지 못하는 이유가 어디에 있습니까?

내 문제가 해결되지 않고 내 병이, 그리고 상처가 치유되지 않는 이유는 어디에 있습니까?

말씀을 듣고자 하지 않기 때문이고, 들은 말씀대로 행하지 않기 때문임을 기억해야 합니다.

36

은혜로 받는 구원
행: 15:1-11

¹어떤 사람들이 유대로부터 내려와서 형제들을 가르치되 너희가 모세의 법대로 할례를 받지 아니하면 능히 구원을 받지 못하리라 하니 ²바울 및 바나바와 그들 사이에 적지 아니한 다툼과 변론이 일어난지라 형제들이 이 문제에 대하여 바울과 바나바와 및 그 중의 몇 사람을 예루살렘에 있는 사도와 장로들에게 보내기로 작정하니라 ³그들이 교회의 전송을 받고 베니게와 사마리아로 다니며 이방인들이 주께 돌아온 일을 말하여 형제들을 다 크게 기쁘게 하더라 ⁴예루살렘에 이르러 교회와 사도와 장로들에게 영접을 받고 하나님이 자기들과 함께 계셔 행하신 모든 일을 말하매 ⁵바리새파 중에 어떤 믿는 사람들이 일어나 말하되 이방인에게 할례를 행하고 모세의 율법을 지키라 명하는 것이 마땅하다 하니라 ⁶사도와 장로들이 이 일을 의논하러 모여 ⁷많은 변론이 있은 후에 베드로가 일어나 말하되 형제들아 너희도 알거니와 하나님이 이방인들로 내 입에서 복음의 말씀을 들어 믿게 하시려고 오래 전부터 너희 가운데서 나를 택하시고 ⁸또 마음을 아시는 하나님이 우리에게와 같이 그들에게도 성령을 주어 증언하시고 ⁹믿음으로 그들의 마음을 깨끗이 하사 그들이나 우리나 차별하지 아니하셨느니라 ¹⁰그런데 지금 너희가 어찌하여 하나님을 시험하여 우리 조상과 우리도 능히 메지 못하던

멍에를 제자들의 목에 두려느냐 ¹¹그러나 우리는 그들이 우리와 동일하게 주 예수의 은혜로 구원 받는 줄을 믿노라 하니라

저는 개인적으로 기독교 세계 선교에 획을 긋는 가장 중요한 사건이 1974년 스위스에서 열린 로잔대회라고 생각합니다. 이 대회를 통해 선교 지도자들은 미복음화 종족과 미전도 종족을 구분하고 남은 선교의 과업을 국가 단위에서 종족 단위로 접근해야 한다는 사실에 동의했으며, 선교 단체와 교회가 선교의 초점을 미전도 종족에 맞추기 시작했습니다.

본문은 초기 기독교 역사에 있어서 선교의 획을 긋는 중요한 사건에 대해 기록하고 있습니다. 그것은 예루살렘 공회에서 구원은 할례나 율법을 지킴으로써가 아닌 오직 주 예수의 은혜로 믿어 구원 받게 된다는 복음의 진리를 재확인함으로써 기독교가 유대인들만의 종교가 아닌 세계적인 종교로 성장하고 발전하게 되고, 모든 이방인들에게도 복음을 전하는 선교가 가능하게 된 것입니다.

본문의 사건 배경은 바울과 바나바가 1차 전도 여행을 마치고 다시 안디옥으로 돌아와 머물고 있던 어느 날입니다. 유대로부터 온 사람들이 "모세의 법대로 할례를 받지 아니하면 능히 구원을 받지 못한다"고 가르치자 그들과 바울, 바나바 사이에 다툼과 변론이 일어났고 급기야 안디옥 교회는 바울과 바나바를 예루살렘에 있는 사도와 장로들에게 보내어 이 문제에 대한 공식적인 입장을 듣기로 합니다.

본문에 기록된 사건을 통해서 우리가 배울 수 있는 교훈은 무엇입니

까? 특별히 복음을 바로 이해하기 위해서는 무엇이 중요합니까?

첫째, 신앙의 보수와 문화의 보수는 다르다는 것입니다.

보수 신앙은 진리를 보수하는 것이지 형식과 전통을 보수하는 것이 아닙니다. 구체적으로 신앙의 보수와 문화의 보수에는 어떤 것이 있습니까? 신앙의 보수에는 주일 성수, 낙태, 동성 결혼 반대 등이 있고, 문화의 보수에는 강대상에 가운 입고 신을 벗고 올라가는 것, 신부와 수녀가 결혼하지 않는 것 등이 해당됩니다.

그렇다면 왜 문화적 보수를 고집합니까?

첫째는 편하기 때문입니다. 아프리카 성당의 석고 성모 마리아상 제막식에서 사람들은 성모 마리아상을 검정 페인트를 칠한 후 기도했다고 합니다. 왜 그랬을까요? 그것이 편하기 때문입니다. 문화는 옷이나 음식과 같은 것이기 때문입니다.

둘째는 자기의 우월감을 나타내기 위해서입니다. 다른 사람을 자기와 구별하려는 동기로써, 이것은 자기 방식, 자기 형식, 자기 행위가 더 우월하다는 교만에서 비롯된 것입니다.

"어떤 사람들이 유대로부터 내려와서 형제들을 가르치되 너희가 모세의 법대로 할례를 받지 아니하면 능히 구원을 받지 못하리라 하니"(1절).

유대에서 온 사람들은 예수를 믿었지만 바리새적 우월 의식, 교만이 그대로 남아 있었기 때문에 이와 같은 주장을 한 것입니다. 그러나 문화적 보수를 너무 고집할 때 복음의 장벽이 생깁니다. 그러므로 선교와 전도를 위해서는 무엇보다도 바리새적 신앙의 교만을 버려야 합니다.

둘째, 구원은 외적 조건이 아닌 마음의 문제라는 것입니다.

"또 마음을 아시는 하나님이…"(8절).

이 말은 베드로가 고넬료의 가정에 성령이 임하신 사건을 경험한 후 한 말을 상기시킵니다.

"내가 참으로 하나님은 사람의 외모를 보지 아니하시고 각 나라 중 하나님을 경외하며 의를 행하는 사람은 다 받으시는 줄 깨달았도다"(행 10:34).

세례의 외적 형식은 침례든지, 물을 손으로 뿌리는 것이든지 어떤 것도 괜찮습니다. 중요한 것은 마음의 고백입니다. 내 옛 사람은 죽고 나는 이제 그리스도를 믿음으로 새 사람이 되었음(다시 살았음)을 고백하는 것이 세례의 가장 중요한 본질입니다.

*할례 = 유대교의 종교 의식, 육체에 한 하나님 백성의 표
*성령, 믿음의 고백 = 신약의 하나님 백성의 표

"믿음으로 그들의 마음을 깨끗이 하사 그들이나 우리나 차별하지 아니하셨느니라 그런데 지금 너희가 어찌하여 하나님을 시험하여 우리 조상과 우리도 능히 메지 못하던 멍에를 제자들의 목에 두려느냐"(9, 10절).

구원은 외모(형식이나 양식)가 아닌 마음의 문제이기 때문에 하나님은 누구도 외적 조건을 가지고 차별하지 않으십니다. 그러나 외적 조건(할례와 같은 문화 양식이나 생활 방식)을 가지고 차별한다면 그것은 하나님을 시험하는 것입니다. 여기서 하나님을 시험한다는 말은 하나님의 은혜로 믿어 구원 받은 사람에게 할례를 받게 하는 것이 하나님이 하시는 일에 대해 의심하고 또 방해하는 일이라는 말입니다.

셋째, 구원의 원리는 누구에게나, 그리고 어디나 동일하다는 것입니다.

"그러나 우리는 그들이 우리와 동일하게 주 예수의 은혜로 구원 받는 줄을 믿노라 하니라"(11절).

구원은 하나님의 은혜로 예수를 주와 구세주로 믿게 됨으로써(믿어짐으로써) 받게 됩니다. 이것은 타협할 수 없는 진리입니다. 선교적 용어로 상황화(contextualization)는 문화적 요소에만 가능한 것입니다. 문화적인 것들은 얼마든지 상황화, 즉 변하고 타협할 수 있으나 진리는 절대 상황화해서는 안 됩니다.

그렇다면, 은혜로 구원 받는다는 것은 무슨 뜻입니까? 은혜가 무엇일까요?

① 은혜는 하나님의 선물입니다.

천국은 절대 선행과 공로로 갈 수 없습니다. 또한 천국에 들어갈 수 있을 만큼 선하고 수고한 사람도 없습니다. 성경은 오직 은혜로만 천국에 갈 수 있다고 말합니다. 천국은 하나님의 은혜로만 갈 수 있는 곳입니다. 어떤 인간의 노력이나 방법으로 갈 수 있는 곳이 아닙니다. 기도를 많이 한다고 갈 수 있는 것이 아닙니다.

> 당신이 많은 시간을 기도에 사용한다는 것은 당신 자신을 위하여 좋을지 모르나 구원에 이르는 조건은 아니다. 오직 한 마디의 기도만이 구원의 조건이 될 수 있다. 그것은 "주님, 주님의 은혜를 믿습니다. 주님의 은혜가 필요합니다"이다. - 칼 바르트 -

구원은 값없이 주시는 하나님의 선물이며 은혜입니다. 내 노력이나 수고로 얻을 수 있는 것이 아니기 때문에 누구도 구원을 자랑할 수 없습니다.

> "만일 은혜로 된 것이면 행위로 말미암지 않음이니 그렇지 않으면 은혜가 은혜 되지 못하느니라"(롬 11:6).

② 은혜는 모두를 위한 것입니다.

> "누구든지 주의 이름을 부르는 자는 구원을 얻으리로다"(롬 10:13).

은혜는 어떤 특정인만을 위한 것이 아닙니다. 인종, 배경, 지위 등과 관계없이 하나님이 누구에게나 주시는 것입니다. 하나님은 어떤 경우에도 사람을 외모로 취하지 않으시며, 과거에 우리가 무엇을 했든지, 또 현재 우리가 누구이든지 하나님은 우리를 사랑하십니다. 수십 년 동안 신앙생활을 해왔든지, 불과 몇 개월 전부터 신앙생활을 시작했든지, 혹은 처음 교회에 나왔든지 상관없이 하나님은 똑같은 은혜를 베푸십니다. 차별 없이 무조건적입니다. 그래서 은혜이고 복음인 것입니다.

③ 은혜는 예수 그리스도를 통하여 받습니다.

"우리가 저희와 동일하게 주 예수의 은혜로 구원 받는 줄을 믿노라"(행 15:11).

미국 사람, 한국 사람, 그리고 누구든지, 과거나 현재, 미래에도 은혜는 오직 주 예수를 통하여 받습니다. 다른 누구를 통해서도 구원 받을 수 없습니다.

그것은 예수 그리스도가 값을 지불하셨기 때문입니다. 그 누구도 우리가 받은 구원의 선물을 위해 값을 지불하지 않았지만, 예수 그리스도 그분만이 친히 십자가에서 자신의 생명을 내어 주심으로 지불하셨습니다. 우리는 구원을 공짜로 받았지만 사실 예수 그리스도께서 값을 대신 치루신 것입니다. 하나님께서 우리를 위해 아들 예수 그리스도를 십자가에서 대신 죽게 하셨으니 우리는 그저 그 사실을 받아들이기만 하면 됩니다.

그런데 왜 하나님은 굳이 그 처참한 십자가형을 택하셨을까요? 우리말에 "육시랄"이라는 지독한 욕이 있습니다. 죄인 중에 아주 못된 죄인에게는 송장까지 매질 칼질을 하는데 이것이 육시입니다. 죽이는 것만으로는 도저히 용서할 수 없기에 그렇게 하는 것입니다. 우리도 그 정도로 악한 죄인이었기 때문에 주님이 그 처참한 십자가의 죽음을 당하며 죽으신 것입니다.

그러므로 내가 지은 죄를 용서하시기 위해 그가 지불하신 죄의 값이 얼마나 큰지 우리는 알아야 합니다. 중요한 것은 왜 그런 엄청난 값을 지불하셨는가 하는 것입니다. 그것은 우리를 그 만큼 많이 사랑하시기 때문입니다.

하나님은 언제나 우리에게 은혜 베풀기를 원하시고, 우리가 그 은혜를 받아들이기를 기다리십니다. 우리의 과거가 어떻든지 신분이 무엇이든지, 어떤 문제를 가졌든지 예수 그리스도의 십자가 앞에 나와 "주여 나는 당신이 필요합니다"라고 고백하고 긍휼을 구하기만 하면 은혜를 주시겠다고 말씀하십니다.

또한 이미 하나님의 은혜를 받았다면 그 은혜를 누리며 살 수 있기를 바랍니다. 무엇을 하지 않으면 안 된다는 두려움과 의무감 속에서 신앙생활을 하는 것이 아니라 신앙생활을 즐기고 자유하며 그 은혜에 감사할 수 있기를 바랍니다. 이것이 진정으로 하나님이 원하시는 구원 받은 자의 삶입니다.

37 교회의 결정

행: 15:12-35

[12] 온 무리가 가만히 있어 바나바와 바울이 하나님께서 자기들로 말미암아 이방인 중에서 행하신 표적과 기사에 관하여 말하는 것을 듣더니 [13] 말을 마치매 야고보가 대답하여 이르되 형제들아 내 말을 들으라 [14] 하나님이 처음으로 이방인 중에서 자기 이름을 위할 백성을 취하시려고 그들을 돌보신 것을 시므온이 말하였으니 [15] 선지자들의 말씀이 이와 일치하도다 기록된 바 [16] 이 후에 내가 돌아와서 다윗의 무너진 장막을 다시 지으며 또 그 허물어진 것을 다시 지어 일으키리니 [17] 이는 그 남은 사람들과 내 이름으로 일컬음을 받는 모든 이방인들로 주를 찾게 하려 함이라 하셨으니 [18] 즉 예로부터 이것을 알게 하시는 주의 말씀이라 함과 같으니라 [19] 그러므로 내 의견에는 이방인 중에서 하나님께로 돌아오는 자들을 괴롭게 하지 말고 [20] 다만 우상의 더러운 것과 음행과 목매어 죽인 것과 피를 멀리하라고 편지하는 것이 옳으니 [21] 이는 예로부터 각 성에서 모세를 전하는 자가 있어 안식일마다 회당에서 그 글을 읽음이라 하더라 [22] 이에 사도와 장로와 온 교회가 그 중에서 사람들을 택하여 바울과 바나바와 함께 안디옥으로 보내기를 결정하니 곧 형제 중에 인도자인 바사바라 하는 유다와 실라더라 [23] 그 편에 편지를 부쳐 이르되 사도와 장로된 형제들은 안디옥과 수리아와 길리기아에 있는 이방인

형제들에게 문안하노라 ²⁴들은즉 우리 가운데서 어떤 사람들이 우리의 지시도 없이 나가서 말로 너희를 괴롭게 하고 마음을 혼란하게 한다 하기로 ²⁵⁻²⁶사람을 택하여 우리 주 예수 그리스도의 이름을 위하여 생명을 아끼지 아니하는 자인 우리가 사랑하는 바나바와 바울과 함께 너희에게 보내기를 만장일치로 결정하였노라 ²⁷그리하여 유다와 실라를 보내니 그들도 이 일을 말로 전하리라 ²⁸성령과 우리는 이 요긴한 것들 외에는 아무 짐도 너희에게 지우지 아니하는 것이 옳은 줄 알았노니 ²⁹우상의 제물과 피와 목매어 죽인 것과 음행을 멀리할지니라 이에 스스로 삼가면 잘되리라 평안함을 원하노라 하였더라 ³⁰그들이 작별하고 안디옥에 내려가 무리를 모은 후에 편지를 전하니 ³¹읽고 그 위로한 말을 기뻐하더라 ³²유다와 실라도 선지자라 여러 말로 형제를 권면하여 굳게 하고 ³³얼마 있다가 평안히 가라는 전송을 형제들에게 받고 자기를 보내던 사람들에게로 돌아가되 ³⁴(없음) ³⁵바울과 바나바는 안디옥에서 유하며 수다한 다른 사람들과 함께 주의 말씀을 가르치며 전파하니라

타 문화권 선교를 할 때 가장 어려운 문제 중 하나는 문화와 생활 관습에 관한 것입니다. 초기 한국 선교 역사에서 음주와 흡연이 그 좋은 예입니다. 한국 교회 초기에는 성탄절에 술을 빚어서 교인들이 함께 나누어 마신 일이 있었고, 예배당에 들어올 때 신발장 옆에 담뱃대를 정렬해 두었다가 예배가 폐하면 함께 담배를 피운 적도 있었습니다. 그렇다면 왜 금주와 단연을 권고하게 되었고, 이것이 한국 교회의 전통이 되었을까요? 1895년 감리교를 시작으로 금주, 금연을 결의했는데, 그것의 심각한 해악을 깨달았기 때문입니다. 첫째, 신앙상 유익하지 않고, 둘째, 건강에 해롭고, 셋째, 민족정신 또는 국민의식 계몽을 위한 것이었

습니다.

마찬가지로 본문에서는 구체적으로 초대 교회가 주님의 지상 명령인 이방인 선교를 수행하면서 부딪힌 문화적인 문제와 관습에 관한 문제를 해결하는 과정에서 예루살렘 공회의 결정 과정과 방법을 보여줍니다. 즉 신앙의 보수와 문화의 보수가 있는데, 이방인들이 예수를 믿을 때 할례나 율법은 지키지 않아도 좋지만 4가지, 즉 우상의 제물, 목매어 죽인 짐승, 피를 먹지 말고, 음행(근친상간)하지 않도록 하는 것에 대해 교회가 만장일치로 결정을 함에 있어서 어떻게, 무엇을 근거로, 그리고 어떤 정신과 마음 자세로 결정하게 되었는지를 설명하고 있습니다. 그렇다면 예루살렘 공회는 이방인 선교에 있어서 부딪힌 문화적 문제를 어떻게 해결했을까요?

첫째, 문제와 사건, 즉 역사를 하나님의 관점에서 보려고 하였습니다.

> "하나님이 처음으로 이방인 중에서 자기 이름을 위할 **백성(=라오스, 주로 선민 이스라엘에게만 사용)**을 취하시려고 그들을 **돌보신 것을(=권고하신 것, 하나님의 그에 백성에 대한 언약적 신실하심을 표현함, 이방인들을 이스라엘 백성과 같이 취급)** 시므온(베드로)이 말하였으니"(14절).

14절 말씀은 야고보 감독이 지금까지 바나바와 바울, 그리고 베드로가 한 말을 다 경청한 후 한 말입니다. 이 말 속에서 야고보가 단순히 그들의 말을 선교 보고로 듣지 않고 모든 사건 속에서 하나님이 하신 일이 무엇인지 생각하고 하나님의 관점에서 문제를 보고 있음을 알 수 있습니다. 이것이 중요합니다. 복음의 일은 선교사가 하고 사역자가 하지만 사실은 하나님께서 그들을 택하시고 보내시어 그들을 통해 일하시기 때문입니다. 그러므로 어떠한 문제에 직면했을 때 우리는 사람들의 입장이 아닌 하나님의 입장에서 문제를 이해하고 결정해야 합니다. 이러한 영적 통찰력은 교회의 지도자들이 갖추어야 할 무엇보다도 중요한 자질 중에 하나입니다.

그렇다면 어떻게 이런 영적 통찰력을 구비할 수 있을까요? 한마디로 기도해야 합니다.

> "내가 기도할 때에 기억하며 너희로 말미암아 감사하기를 그치지 아니하고, 우리 주 예수 그리스도의 하나님, 영광의 아버지께서 **지혜와 계시의 영을 너희에게 주사 하나님을 알게 하시고 너희 마음의 눈을 밝히사** 그의 부르심의 소망이 무엇이며 성도 안에서 그 기업의 영광의 풍성함이 무엇이며 그의 힘의 위력으로 역사하심을 따라 믿는 우리에게 베푸신 능력의 지극히 크심이 어떠한 것을 너희로 알게 하시기를 구하노라"(엡 1:16-19).

실제 야고보 감독은 갈라디아서 2장 9절에서 예루살렘 교회의 기둥과 같은 지도자로 소개하고 있는데, 전설에 의하면 그는 '낙타 무릎'이라는 별명을 가질 정도로 무릎에 굳은살이 생길 만큼 기도를 많이 한 기도의 사람이었다고 합니다.

"또 기둥 같이 여기는 야고보와 게바와 요한도 내게 주신 은혜를 알므로 나와 바나바에게 친교의 악수를 하였으니 우리는 이방인에게로, 그들은 할례자에게로 가게 하려 함이라"(갈 2:9).

그러므로 교회의 지도자들은 야고보처럼 무엇보다 지혜와 계시의 영, 그리고 영적 안목을 가지고 모든 사건과 문제를 하나님의 관점에서 볼 수 있게 해달라고 늘 기도하는 기도의 사람들이 되어야 합니다.

둘째, 문제의 해답과 사건의 해석을 성경에서 찾으려고 하였습니다.

"이 후에 내가 돌아와서 다윗의 무너진 장막을 다시 지으며 또 그 허물어진 것을 다시 지어 일으키리니 이는 그 남은 사람들과 내 이름으로 일컬음을 받는 모든 이방인들로 주를 찾게 하려 함이라 하셨으니 즉 예로부터 이것을 알게 하시는 주의 말씀이라 함과 같으니라"(16-18절).

이 말씀은 구약 아모스 9장 11-12절 말씀을 인용한 것입니다. 야고보 감독은 이 말씀이 이방인들이 복음을 듣고 구원 받게 된 사건에서 성취되고 있다고 생각했기 때문에 아모스 말씀을 인용했습니다. 즉 자신의 주관적인 판단을 뒷받침하는 증거를 하나님의 말씀에서 찾은 것입니다. 사실 우리가 하나님의 뜻이라고 확증할 수 있는 가장 확실한 근거는 다수결에 있는 것이 아니고, 객관적 진리인 하나님의 말씀에 있음을 항상 기억해야 합니다. 그러므로 굳이 선교지 상황이 아니더라도 우리가 삶 속에서 부딪히는 모든 문화적, 생활 관습적 문제들도 이렇게 성경의 맥락에서 이해하고 성경 말씀에서 확증을 얻어 해결하려고 노력한다면 얼마든지 복음에 방해가 되지 않을 뿐만 아니라 교회의 덕을 세우고 또 문제 해결을 할 수 있습니다.

이런 의미에서 오늘날 교회 지도자들은 기도뿐만 아니라 하나님의 말씀을 읽고 공부하는 일을 절대 게을리 해서는 안 됩니다. 특별히 교회의 중요한 안건과 문제를 놓고 결정할 때에는 장로, 권사들만이 아닌 모든 성도들이 하나님의 뜻을 분별하기 위해서 기도하고 말씀을 깊이 묵상하는 가운데 발언과 투표를 해야 합니다.

셋째, 다른 신자들의 사정과 형편도 고려하려고 하였습니다.

"이는 예로부터 각 성에서 모세를 전하는 자가 있어 안식일마다 회당에서 그 글을 읽음이라 하더라"(21절).

왜 다른 것(할례를 받지 않는 것 등)은 다 허용하지만 다만 우상의 더러운 것, 음행, 목매어 죽인 것과 피를 멀리하는 것은 제한하기로 결정하였을까요? 그것은 이미 이방인들도 모세의 율법에 대해 많이 들어서 이런 것들이 나쁜 것임을 알고 있었고, 또 유대인 신자들의 입장과 정서를 배려하는 것이 교제의 차원에서 서로 유익하기 때문이었을 것입니다.

모든 것을 이방인 신자들의 입장에서만 생각하고 유대인 신자들의 정서나 입장은 전혀 고려하지 않는다면 그리스도 안에서 유대인 교회와 이방인 교회가 서로 원만한 교제를 이룰 수 없고, 또 주님을 섬기는 일에 서로 덕을 세울 수가 없었기 때문입니다.

그러나 서로 배려하는 일, 서로 덕을 세우는 일은 일방적으로 이방인 교회에만 요구한 것은 아닙니다. 아래의 본문을 보면 유대인 교회도 이방인 교회의 입장을 배려하고 있음을 볼 수 있습니다.

① "괴롭게 하지 말고"(19절) - 본질적인 것이 아닌 것 때문에 아직 미성숙한 신자(초신자)들이 하나님께 나오는 것조차 힘들게 해서는 안 된다는 것을 말합니다.

② "스스로 삼가면 잘되리라"(29절) - '스스로 삼가면'은 억지나 의무가 아닌, 자발적으로 자원해서 하라는 의미이고, '잘되리라'는 복을 받는다는 말이 아니라 바르게 처신하게 된다는 말입니다.

③ "읽고 위로한 말"(30절) - 같은 주 그리스도 안의 형제들에게 권면한 것을 의미합니다.

④ "권면하여 굳게 하고"(32절) - 유다와 실라도 말씀대로 권면하였습니다.

그러므로 어떤 의미에서 예루살렘 공회의 결정은 모든 시대와 백성에게 영구적으로 적용되는 것이 아닙니다. 한국의 신자들은 선지 해장국, 순대, 보신탕을 먹지 않습니까? 바울은 고린도전서 8장에서 믿음이 있는 사람은 우상의 음식도 먹을 자유가 있다고 말합니다.

그렇다면 문제는 자발적인 것이고, 권면인데 왜 굳이 삼가 조심하라고 합니까? 이것은 술과 담배의 문제도 포함됩니다.

첫째로, 그것은 다른 사람들 즉 유대인 신자들 때문이고 믿음이 연약한 자들 때문입니다. 그들과의 교제를 위해서, 그들의 믿음에 걸림돌이 되지 않고 덕이 되도록 하기 위해서입니다.

"그런즉 너희의 자유가 믿음이 약한 자들에게 걸려 넘어지게 하는 것이 되지 않도록 조심하라"(고전 8:9).

둘째로, 아직 믿지 않는 자들 때문입니다. 신자가 바르게 처신해야 불신자들에게 신자의 구별된 모습을 나타낼 수가 있습니다.

"불신자 중 누가 너희를 청할 때에 저희가 가고자 하거든 너희 앞에 차려 놓은 것은 무엇이든지 양심을 위하여 묻지 말고 먹으라. 누가 너희에게 이것이 제물이라 말하거든 알게 한 자와 그 양심을 위하여 먹지 말라. 내가 말한 양심은 너희의 것이 아니요 남의 것이니 어찌하여 내 자유가 남의 양심으로 말미암아 판단을 받으리요"(고전 10:27-29).

"명령된 것을 지킨다면 아무것도 아니다. 명령되지 않아도 지킬 수 있어야 신자이다."(칸트)

초대 교회가 선교할 때 부딪혔던 문화적, 생활 관습적 문제를 어떻게 해결했는지에 대해서 생각해 보았습니다.
그렇다면 오늘날 교회는 전도와 선교를 할 때 부딪히는 생활 관습의 문제를 어떻게 해결할 수 있을까요? 예루살렘 공회처럼 동일한 원리와 원칙을 가지고 해결하면 됩니다.

문제와 사건을 하나님의 관점에서 보고, 성경에서 문제와 사건의 해석 근거를 찾으며, 다른 사람의 입장과 형편을 고려하여 판단하고 결정해야 합니다.

이렇게 할 때 교회가 서로 하나 될 수 있고, 교회의 문턱이 낮아져서 믿지 않는 자들, 초신자들도 부담 없이 교회에 와서 함께 예배하며 기쁘게 신앙생활 할 수 있게 됩니다.

38

갈등의 해결과 결과
행: 15:36-41

³⁶며칠 후에 바울이 바나바더러 말하되 우리가 주의 말씀을 전한 각 성으로 다시 가서 형제들이 어떠한가 방문하자 하고 ³⁷바나바는 마가라 하는 요한도 데리고 가고자 하나 ³⁸바울은 밤빌리아에서 자기들을 떠나 함께 일하러 가지 아니한 자를 데리고 가는 것이 옳지 않다 하여 ³⁹서로 심히 다투어 피차 갈라서니 바나바는 마가를 데리고 배 타고 구브로로 가고 ⁴⁰바울은 실라를 택한 후에 형제들에게 주의 은혜에 부탁함을 받고 떠나 ⁴¹수리아와 길리기아로 다니며 교회들을 견고하게 하니라

한국 선교 초창기에 '하나의 본토인 그리스도교 복음주의 교회'를 설립하려는 운동이 있었습니다. 1905년 감리교 2개 선교부와 장로교 4개 선교부는 '한국 복음주의 선교 연합공의회'를 결성하고 감리회, 장로회라는 명칭 대신 '대한예수교회'라는 교단 이름까지 만들었습니다. 그러나 각 선교부가 본국 선교부의 허락을 받아내지 못했을 뿐만 아니라 감리회와 장로회가 자신들의 신학교를 세워 자신들의 교파의 특성을 강조하는 신학 교육을 하게 됨으로 결국 모든 것이 수포로 돌아가고 말았습니다.

본문 사도행전 15:36에서 바울과 바나바의 경우도 마찬가지입니다.

그들은 계속해서 함께 사역하기를 원했지만 어쩔 수 없이 서로 갈라서게 된 것을 볼 수 있습니다. 그들은 왜 논쟁하였습니까?

그들은 2차 선교 여행에 바나바의 조카 마가 요한을 데리고 가느냐 가지 않느냐 하는 문제로 서로 언쟁하였습니다. 여기서 의미하는 논쟁은 말싸움이 아닌 현격한 견해 차이로 인한 심한 논쟁입니다. 37절에서 바나바는 마가 요한을 데리고 가기를 고집했고, 38절에서 바울은 다른 입장을 취했습니다. 그 이유를 정확히는 알 수 없지만(* 마가는 부잣집 아들로 병에 걸려 고생을 한 후 나약해짐, 바시디아 안디옥은 위험한 계곡이므로 두려워함, 바나바보다 바울이 주도권을 잡아 가는 것에 대한 못마땅함 등) 바울은 마가를 "자기들을 떠나 함께 일하러 가지 아니한 자"라고 말한 것으로 보아 그가 사역 보조자(조수)로 합당치 않다고 생각했음을 알 수 있습니다. 그렇다면 누구의 입장이 옳을까요?

"형제들에게 주의 은혜의 부탁함을 받고 떠나"(40절-주님의 은혜로 위탁 받은 후에).

재미있는 것은 바나바와 마가가 구브로로 간 것에 대해서는 이런 말이 없고, 바울이 실라를 택하여 떠나 수리아와 길리기아로 다니며 교회들을 견고히 한 사실에 대해서 이런 언급을 한 것입니다. 그런데 39절 이후에 사도행전의 저자 누가는 더 이상 바나바에 대해 이야기하지 않습니다. 이것은 바로 바나바의 처신보다 바울의 처신이 복음의 진보라는 선교적 측면에서 볼 때 바른 처신임을 간접적으로 암시하고 있는 한 증거로 보여집니다(유상섭).

그렇다면 바울과 바나바의 갈등과 분열을 통하여 우리가 받는 교훈은 무엇입니까?

첫째, 같은 선교적 비전과 목표를 가지고 일할 때에도 의견은 다를 수 있습니다.

선교적 비전과 목표가 같아도 사역의 방법은 얼마든지 서로 다르게 생각할 수 있습니다. 여기서 중요한 문제는 그것이 누구를 위한 생각이며 주장이냐 하는 것입니다. 똑같이 복음, 즉 선교를 위하고 하나님 나라를 위한 것이라면 그것은 별 문제가 아니며 사역 전체에 손해를 주는 경우도 드뭅니다. 그러나 인정이나 자기 자신의 이익을 위한 것일 때는 불화를 만들고 질시와 반목을 가져오며 결국 분열을 일으키게 됩니다. 1910년경 한국 선교에서도 영국과 미국은 종교적으로 영토를 분할하여 독점하였고, 지방색에 따라 분열된 것이 그 예입니다.

둘째, 어떤 경우에도 하나님은 손해 보지 않으십니다.

어떻게 해서라도 하나님은 일하십니다. 본문 40절에서 바울은 바나바와 결별한 후 마가 요한 대신 실라(실루아누)를 택하여 떠나게 되는데, 그의 이름에서 우리가 알 수 있는 것은 그가 로마 사람이라는 사실입니다. 즉 실라는 로마 사람으로서 예수를 믿고 그리스도인이 된 사람이었습니다.

로마 사람인 실라가 바울에게 끼친 영향은 어떠했을까요? 바울은 실라와 같이 선교지를 다니면서 그로부터 로마에 대한 이야기를 많이 들었을 것이고, 로마에 가서 복음을 전하려고 하는 소원과 열정을 갖게 되었을 것입니다. 바나바와 바울이 서로 다른 의견으로 갈라서게 되었지만, 결과적으로 하나님께서는 그 속에서도 더 놀라운 방법으로 섭리하시고, 효과적으로 일하시게 되었음을 믿으시기 바랍니다.

사실 인도의 뉴라이프 교단 설립 배경도 이와 같습니다. 처음 인도 선교를 시작할 때는 개척한 교회와 사역자들을 인도의 기존 교단에 가입 시키고 한국 합동 측 교단 선교부에 위탁하려고 했습니다. 그러나 그들이 원하지 않았기 때문에 부득이하게 교단을 설립하게 되었고, 결과적으로 지금의 미전도 종족 선교의 열매가 가능하게 된 것입니다.

셋째, 어떤 경우에도 복음 사역은 중단되지 않도록 해야 합니다.

본문 41절은 바울과 실라가 수리아와 길리기아로 다니며 교회들을 견고하게 했다고 기록합니다. 처음부터 함께 했던 바나바와 헤어지고 이제부터 다른 동역자와 독립적으로 사역을 해야 하는 상황이었지만 바울은 고민하거나 주저하지 않았습니다. 바울은 다시 2차 선교 여행을 떠났고 수리아와 길리기아로 다니며 복음을 전할 뿐만 아니라 1차 선교여행 중에 자기가 개척한 교회들을 방문하여 교회를 견고하게 하는 일, 즉 성도들을 말씀으로 양육하는 일을 계속 했습니다. 또 전설에 의하면 고향 구브로로 간 바나바도 그곳에서 일평생 복음 사역을 하다가 결국 순교하였습니다.

바울과 바나바는 서로 갈라섰지만 그들은 계속해서 복음을 위해 각기 다른 곳에서 헌신했으며 더 많은 일꾼을 양육하여 결과적으로 복음의 진보를 이루었습니다. 저는 이것이 복음 전도의 사명을 받은 교회와 사역자가 가져야 할 가장 중요한 자세라고 생각합니다. 우리들의 부족함과 연약함 때문에 복음에 손해가 되지 않도록 할 뿐만 아니라 그럼에도 불구하고 복음의 진보를 이루는 사명감과 열정이 있어야 하는 것입니다.

우리가 선교적 비전과 목표를 가지고 교회를 섬길 때 서로 다른 의견으로 갈등하는 경우가 찾아옵니다. 이때 서로 불화할 것이 아니라 하나님의 복음의 진보를 위해서 서로 용납하고 복음을 위해 계속해서 헌신함으로 하나님 나라 확장에 기여해야 할 것입니다.

39

바울의 2차 선교
행: 16:1-15

¹바울이 더베와 루스드라에도 이르매 거기 디모데라 하는 제자가 있으니 그 어머니는 믿는 유대 여자요 아버지는 헬라인이라 ²디모데는 루스드라와 이고니온에 있는 형제들에게 칭찬 받는 자니 ³바울이 그를 데리고 떠나고자 할새 그 지역에 있는 유대인으로 말미암아 그를 데려다가 할례를 행하니 이는 그 사람들이 그의 아버지는 헬라인인 줄 다 앎이러라 ⁴여러 성으로 다녀갈 때에 예루살렘에 있는 사도와 장로들이 작정한 규례를 그들에게 주어 지키게 하니 ⁵이에 여러 교회가 믿음이 더 굳건해지고 수가 날마다 늘어가니라 ⁶성령이 아시아에서 말씀을 전하지 못하게 하시거늘 그들이 브루기아와 갈라디아 땅으로 다녀가 ⁷무시아 앞에 이르러 비두니아로 가고자 애쓰되 예수의 영이 허락하지 아니하시는지라 ⁸무시아를 지나 드로아로 내려갔는데 ⁹밤에 환상이 바울에게 보이니 마게도냐 사람 하나가 서서 그에게 청하여 이르되 마게도냐로 건너와서 우리를 도우라 하거늘 ¹⁰바울이 그 환상을 보았을 때 우리가 곧 마게도냐로 떠나기를 힘쓰니 이는 하나님이 저 사람들에게 복음을 전하라고 우리를 부르신 줄로 인정함이러라 ¹¹우리가 드로아에서 배로 떠나 사모드라게로 직행하여 이튿날 네압볼리로 가고 ¹²거기서 빌립보에 이르니 이는 마게도냐 지방의 첫 성이요 또 로마의 식민지라 이

성에서 수일을 유하다가 [13]안식일에 우리가 기도할 곳이 있을까 하여 문 밖 강가에 나가 거기 앉아서 모인 여자들에게 말하는데 [14]두아디라 시에 있는 자색 옷감 장사로서 하나님을 섬기는 루디아라 하는 한 여자가 말을 듣고 있을 때 주께서 그 마음을 열어 바울의 말을 따르게 하신지라 [15]그와 그 집이 다 세례를 받고 우리에게 청하여 이르되 만일 나를 주 믿는 자로 알거든 내 집에 들어와 유하라 하고 강권하여 머물게 하니라

뉴라이프교회의 선교 역사는 크게 2005년 세계 미전도 종족 협력 선교 대회 전후로 나눌 수 있습니다. 선교 대회 전은 장애인 및 근거리 멕시코 선교(2002년 김홍덕 선교사 파송) 중심이었고, 2005년부터는 원거리 미전도 종족을 집중(2009년 안강희 선교사 파송 후 특별히 인도 미전도 종족 선교에 집중)해서 선교해왔습니다.

바울의 2차 선교는 1차 선교 후 약 5년이 지난 시점에 지난 1차 선교 여행 시 교회를 개척했던 지역늘인 더베와 루스드라를 방문하는 것으로 시작되었습니다. 그러나 2차 선교는 몇 가지 면에서 다른 점이 있었습니다.

그럼 바울의 2차 선교에서는 무엇이 달라졌으며, 이 다른 점, 곧 사역의 변화를 통해서 우리가 받는 교훈은 무엇입니까?

첫째, 디모데를 후계자로 삼았습니다.

"바울이 더베와 루스드라에도 이르매 거기 디모데라 하는 제자가 있으니 그 어머니는 믿는 유대 여자요 아버지는 헬라인이라 디모데는 루스드라와 이고니온에 있는 형제들에게 칭찬 받는 자니 바울이 그를 데리고 떠나고자 할새 그 지역에 있는 유대인으로 말미암아 그를 데려다가 할례를 행하니 이는 그 사람들이 그의 아버지는 헬라인인 줄 다 앎이러라"(1-3절).

바나바와 실라는 동역자이지만 디모데는 바울의 후계자입니다. 디모데는 1차 선교 시 중도하차했던 마가를 대신하여 바울이 선택한 그의 후계자로 보아야 합니다. 그런데 바울은 왜 디모데를 자신의 후계자로 택했을까요? 디모데의 신앙 인격(2절-칭찬 받는 자), 즉 전적인 순종과 바울에 대한 신뢰(유대인에게 복음을 전하는 일에 걸림돌이 없도록 할례를 행함), 그리고 이중 문화와 언어권에서 성장한 2세(유대인 어머니와 헬라인 아버지)라는 점이 그 이유들로 보여집니다. 바울은 그가 죽은 후에도 모든 미전도 지역에 복음 전하는 일이 계속되어야 했기 때문에 디모데가 자신의 세계 선교 비전을 이대로 끝내지 않고 다음 세대에 신앙적 유산으로 이어가는 일에 가장 적합한 자로 생각했습니다. 실제로 전설에 의하면 디모데는 바울처럼 선교하고, 또 바울이 개척한 교회에서 목회하다가 바울과 같이 순교하였는데, 바울의 무덤과 유해 밑에 묻혔다고 전해지고 있습니다.

여기서 반드시 생각해야 할 부분은 과연 우리는 하나님이 교회에 주신 세계 미전도 종족 선교의 비전을 대물림할 후계자와 차세대가 준비되고 있느냐 하는 것입니다. 뉴라이프교회는 2세 영어권(EM)이 계속해서 우리의 선교적 비전을 신앙의 유산으로 이어갈 수 있는 후계자가 될 수 있도록 지도하고 격려하며 후원하여야 합니다.

둘째, 교회가 결정한 선교 정책을 따라 선교하였습니다.

"여러 성으로 다녀갈 때에 예루살렘에 있는 사도와 장로들이 작정한 규례를 그들에게 주어 지키게 하니 이에 여러 교회가 믿음이 더 굳건해지고 수가 날마다 늘어가니라"(4-5절).

여기서 교회가 작정한 규례란 사도행전 15:29 이하에서 말하는 **예루살렘 공회의 결정**을 말합니다(=이방인들에게는 우상의 제물과 피와 목매어 죽인 것과 음행만을 금지, 할례는 요구하지 않음). 이것은 선교 현지의 문화와 풍속에 맞추어 신앙생활을 할 수 있도록 한 것을 의미합니다.

이슬람권 금요일 예배, 인도에서의 영접 후 즉시 세례와 같은 상황화(contextualization)는 오해와 논쟁의 여지가 있습니다. 하지만 선교 현장에서 복음의 확산과 진보를 위해서는 복음 이외의 다른 모든 요소들, 즉 지역의 문화와 전통, 풍속 등을 반드시 이해하고 수용해야 합니다. 뉴라이프교회 영어권은 선교적 다인종교회(missional multi-ethnic church)입니다. 천주교, 불교, 힌두교, 이슬람교의 배경을 가진 사람들이 모여 있기 때문에 주로 장로교 배경을 가진 우리의 시각으로 보고 판단하면 안 됩니다. 중요한 것은 그렇게 할 때 5절과 같은 결과가 따라오게 됩니다.

"이에 여러 교회가 믿음이 더 굳건해지고 수가 날마다 늘어가니라"(5절).

셋째, 성령의 인도하심을 따라 사역하였습니다.

"성령이 아시아에서 말씀을 전하지 못하게 하시거늘 그들이 브루기아와 갈라디아 땅으로 다녀가 무시아 앞에 이르러 비두니아로 가고자 애쓰되 예수의 영이 허락하지 아니하시는지라 무시아를 지나 드로아로 내려갔는데 밤에 환상이 바울에게 보이니 마게도냐 사람 하나가 서서 그에게 청하여 이르되 마게도냐로 건너와서 우리를 도우라 하거늘 바울이 그 환상을 보았을 때 우리가 곧 마게도냐로 떠나기를 힘쓰니 이는 하나님이 저 사람들에게 복음을 전하라고 우리를 부르신 줄로 인정함이러라"(6-10절).

바울은 아시아에서 계속 사역하기를 원했지만 성령께서는 바울과 그의 일행을 마게도냐, 즉 유럽으로 인도하심으로 역사상 처음으로 유럽에 복음을 전하게 되었습니다.

그런데 어떻게 바울은 성령의 인도하심을 받았습니까?

첫째, 성령께서 바울이 아시아에서 사역하지 못하게 하셨으며, 비두니아로 가고자 했지만 막으셨습니다(6-7절). 그 이유에 대해서는 핍박 또는 지병 때문이라는 의견이 있는데 지병의 재발일 가능성이 높습니다. 10절 "우리가 곧 마게도냐로 떠나기를 힘쓰니"는 병세가 호전되고 기력을 회복한 후였기 때문에 한 표현으로 보여집니다. 둘째, 성령께서 바울에게 마게도냐 사람의 환상을 보여주셨습니다. 여기서 중요한 것은 바울은 모르고 마게도냐로 갔지만 그 사건에는 하나님의 오묘한 섭리적 계획이 있었다는 것입니다.

처음 바울이 도착한 빌립보(=첫 성, 가장 큰 도시)는 헬라, 로마의 식민지로 로마로 가는 길 중간 지점에 있는 지역이었습니다. 지정학적으로 복음은 아시아에서 헬라로, 그리고 헬라에서 로마로 진행하게 되는데 빌립보는 헬라 땅에 있던 로마의 식민지 도시였습니다. 즉 하나님께서는 복음을 단시간에 전 세계로 전파하기 위해서 이렇게 로마 식민지 행정 구역의 도시와 도로를 사용하신 것입니다. 결과적으로 바울이 성령의 인도하심에 순종하여 마게도냐로 갔기 때문에 부유층을 상대로 자색 옷감 사업을 하던 루디아라는 여인을 만나게 되고, 그녀의 집에 가정 교회를 개척하게 되었습니다. 이 루디아의 집에 세워진 가정 교회가 바로 빌립보 교회입니다. 빌립보서를 보면 이 가정 교회, 특히 유능한 사업가 루디아가 후에 얼마나 많이 바울의 선교를 재정적으로 후원했는지를 알 수 있습니다. 하나님의 성령의 인도하심을 따라 사역한다는 것은 바로 이런 것입니다.

우리는 2012년 중국 농아 사역자 양성을 위해 경제 특구인 하문에 신학교를 설립하였습니다. 그러나 공안, 사역자의 도덕성 등의 문제가 계속 발생하여 결국 2013년 온주로 신학교를 옮겼습니다. 이 일에 하나님의 특별한 섭리적 계획이 있었습니다. 사역자 장 형제를 잃었지만 싱가폴 교회가 파송한 소 교수를 얻었고, 주위 온주 신학교들과 연계하여 교육할 수 있게 되었습니다. 또한 중국의 유대인이라고 하는 부자 교회와 노회가 적극적으로 재정의 반 이상을 후원하였으며, 공안들의 간섭과 단속을 받지 않도록 울타리가 되어주었습니다. 동시에 온주 교회 지도자들에게 중국 내 미전도 종족 선교에 대한 도전과 비전을 주고 협력할 수 있는 기회를 얻게 되었습니다.

이렇게 하나님의 섭리는 참 오묘합니다. 성령께서 하시는 일은 때로 이해할 수 없지만 우리가 믿고 따르기만 하면 놀라운 하나님의 역사를 경험하게 됩니다.

뉴라이프교회가 계속해서 하나님께서 주신 세계 미전도 종족 선교를 위해서 나아갈 때 본문의 바울의 2차 선교를 통하여 주신 교훈대로 차세대 후계자 양성에 힘을 기울이고 무엇보다 성령의 인도하심에 민감하며, 전적으로 순종함으로써 하나님의 뜻을 이루어드리는 교회와 성도들이 될 수 있기를 기도합니다.

40 바울의 투옥과 기적
행: 16:16-26

¹⁶우리가 기도하는 곳에 가다가 점치는 귀신 들린 여종 하나를 만나니 점으로 그 주인들에게 큰 이익을 주는 자라 ¹⁷그가 바울과 우리를 따라와 소리질러 이르되 이 사람들은 지극히 높은 하나님의 종으로서 구원의 길을 너희에게 전하는 자라 하며 ¹⁸이같이 여러 날을 하는지라 바울이 심히 괴로워하여 돌이켜 그 귀신에게 이르되 예수 그리스도의 이름으로 내가 네게 명하노니 그에게서 나오라 하니 귀신이 즉시 나오니라 ¹⁹여종의 주인들은 자기 수익의 소망이 끊어진 것을 보고 바울과 실라를 붙잡아 장터로 관리들에게 끌어갔다가 ²⁰상관들 앞에 데리고 가서 말하되 이 사람들이 유대인인데 우리 성을 심히 요란하게 하여 ²¹로마 사람인 우리가 받지도 못하고 행하지도 못할 풍속을 전한다 하거늘 ²²무리가 일제히 일어나 고발하니 상관들이 옷을 찢어 벗기고 매로 치라 하여 ²³많이 친 후에 옥에 가두고 간수에게 명하여 든든히 지키라 하니 ²⁴그가 이러한 명령을 받아 그들을 깊은 옥에 가두고 그 발을 차꼬에 든든히 채웠더니 ²⁵한밤중에 바울과 실라가 기도하고 하나님을 찬송하매 죄수들이 듣더라 ²⁶이에 갑자기 큰 지진이 나서 옥터가 움직이고 문이 곧 다 열리며 모든 사람의 매인 것이 다 벗어진지라

신앙생활을 하면서 가장 이해하기 어려운 일 중에 하나가 고난에 관한 질문입니다. 특별히 하나님이 주신 비전과 사명을 따라 순종하고 갈 때에도 고난이 있습니다. 그래서 "하나님, 왜 내가 이런 일을 당해야 하나요?"라고 반문하기도 합니다.

그리스도인들은 고난에는 크게 두 가지가 있다는 것을 이해해야 합니다.

첫 번째 고난은 불순종(죄를 지음) 했기 때문에 받는 고난입니다. 죄의 징계의 결과로 병이 나기도 하고, 탐욕, 이기심, 교만, 증오 등으로 인해 싸우기도 하며, 잃기도 하고 버림받기도 합니다. 두 번째 고난은 오히려 순종하기 때문에 받는 고난입니다. 내가 주님을 좇기 때문에 당하는 어려움, 믿음을 지키기 위해서 받는 고난입니다. 그래서 성경은 말씀합니다.

"아무든지 나를 따라 오려거든 자기 십자가를 지고 나를 좇을 것이니라"(막 8:34).

"선을 행함으로 고난 받는 것이 하나님의 뜻일진대 악을 행함으로 고난 받는 것보다 나으니라"(벧전 3:17).

그렇다면 본문에서 바울의 투옥 사건을 통해 우리가 당하는 고난에 대하여 배워야 할 것은 무엇입니까?

첫째, 성령의 인도하심을 받고 하는 일에도 고난은 있습니다.

성령의 인도하심의 분명한 증거가 있고, 그래서 순종하고 갈 때에도 고난은 있습니다. 성령께서 분명히 '마게도냐 사람의 환상'과 여러 가지 싸인을 통해 빌립보로 인도하셨을 때 바울은 그 지역으로 갔고, 그곳에서 루디아라는 여인을 만나 복음을 전할 뿐만 아니라 그녀의 집에서 교회를 시작했습니다. 이처럼 분명한 하나님의 인도하심이 있었는데도 바울은 억울하게 매를 맞고 투옥되었습니다. 중요한 것은 오늘날 그리스도인들이 분명한 성령의 인도하심을 따라 일할 때에도 얼마든지 이런 일이 일어나며, 이것은 하나님 앞에 아름다운 것이라는 사실입니다.

"죄가 있어 매를 맞고 참으면 무슨 칭찬이 있으리요 그러나 선을 행함으로 고난을 받고 참으면 이는 하나님 앞에 아름다우니라"(벧전 2:20).

그런데 많은 사람들은 성령의 인도하심, 특히 기도의 응답을 받고 일을 시작했는데도 고난을 당하면 너무 힘들어 합니다. 사명이 흔들리고 믿음까지 흔들리는 경우도 있습니다. 그래서 "내가 기도했고 또 하나님의 인도하심대로 했는데, 왜 이런 어려움이 생기지?" "내가 응답을 잘못 받았나?"라고 생각합니다. 그러나 성령의 인도하심을 받고 하는 일에는 모든 것이 잘되고 문제가 없을 것이라고 생각하는 것은 착각이고 오해입니다. 예수님도 하나님의 뜻에 순종하셨기 때문에 십자가의 고난을 당하셨습니다.

그렇다면 왜 성령의 인도하심을 따라 하는 일에 고난이 있습니까? 사탄은 하나님이 기뻐하시는 일을 언제나 싫어하기 때문에 반드시 방해합니다. 특별히 사탄이 가장 싫어하는 일은 바로 전도, 선교하는 것입니다. 어둠의 세력에 붙잡힌 사람을 빛으로 인도할 때 사탄은 우리를 대적하기도 하고 공격하기도 합니다. 바울이 미전도 종족, 무교회 지역에 가서 복음을 증거하고 교회를 세우고 귀신을 쫓아내는데 어떻게 사탄이 가만히 있을 수 있었겠습니까?

둘째, 사탄의 방해와 어둠의 세력들이 대적함으로 고난을 당할 때 우리는 어떻게 이길 수 있습니까?

① 기도가 고난을 이기는 비결입니다.

"그러므로 하나님의 뜻대로 고난을 받는 자들은 또한 선을 행하는 가운데에 그 영혼을 미쁘신 **창조주께 의탁할지어다**"(벧전 4:19).

여기서 의탁하라(파라티데스도산)는 '예금하다'는 뜻으로 보호를 위해서 신뢰를 가지고 맡긴다는 상업 용어이며, 창조주(크리스테=Creator)는 신약 성경에 단 한번만 사용된 단어입니다.

주님과 복음을 위해서 살고 믿음을 지키기 위해서는 고난당할 때 기도해야 합니다. 낙심하고 좌절하고 포기하지 말고 전능하신 하나님을 믿고 기도로 모든 것을 의탁해야 합니다. 우리가 그분께 모든 것을 맡길 수 있는 이유는 우리가 믿는 그 하나님은 정말 전능하신 창조주이시기 때문입니다.

영국 은행에 있는 진귀한 물건 가운데 '재(ash)'가 있다고 합니다. 그것은 시카고 대화재 때 그 은행의 시카고 지점에 있던 지폐가 탄 재인데, 화재 후 지폐가 탄 재를 조심스럽게 모아온 것이라고 합니다. 놀라운 것은 이 은행은 그 재를 화학적으로 실험해서 그때의 지폐량을 측정한 후 예금한 고객에게 돈을 정확히 지불했다고 합니다. 이처럼 세상의 은행이 지킨 약속이 정말 놀랍고 감동적인 것이라면 그의 종들과 자녀들에게 하신 우리 하나님 아버지의 약속은 더욱 가치 있고 믿을 만한 것이 아니겠습니까?

② 찬송이 고난을 이기는 비결입니다.

> "그러므로 **하나님의 뜻대로 고난을 받는 자들은** 또한 선을 행하는 가운데에 그 영혼을 미쁘신 창조주께 의탁할지어다"(벧전 4:19).

"하나님의 뜻대로 고난을 받은 자들은"에 담긴 뜻이 무엇입니까? 우리가 성령의 인도하심을 받고 갈 때 당하는 고난은 모두 하나님이 허락하신 것이며, 그 고난에는 반드시 하나님의 뜻과 계획이 있다는 것입니다. 그러므로 우리는 그 고난이 이해되지 않고 억울하고 고통스러워도 반드시 긍정적이고 적극적인 자세로 대해야 합니다. 이런 의미에서 찬송('곡조 있는 기도')은 고난을 이기는 가장 긍정적이고 적극적인 방법입니다.

> "내 영혼아 여호와를 송축하라 그의 모든 은택을 잊지 말지어다 그가 네 모든 죄악을 사하시며 네 모든 병을 고치시며 네 생명을 파멸에서

속량하시고 인자와 긍휼로 관을 씌우시며 좋은 것으로 네 소원을 만족하게 하사 네 청춘을 독수리 같이 새롭게 하시는도다"(시 103:1-5).
"이에 갑자기 큰 지진이 나서 옥터가 움직이고 문이 곧 다 열리며 모든 사람의 매인 것이 다 벗어진지라"(26절).
('움직이고', '열리며', '벗어진지라'는 신적 수동태로서 하나님이 하신 일을 의미함)

한국 동란 중에 인민군에게 붙잡힌 곽선희 목사 친구의 마지막 소원은 "찬송 부르고 싶다"였습니다. 그래서 "하늘가는 밝은 길이…" 찬송하는 중에 땅에 쓰러져 정신을 잃었는데 눈을 떠보니 어떤 사람 등에 업혀 남쪽으로 가고 있는 중이었습니다. 알고 보니 찬송할 때 그 인민군들 중에 장로님 아들이 하나 있었는데, 그 사람이 찬송을 듣고 감동하여 인민군들을 다 쏘아 죽이고 이 친구를 업고 남쪽으로 가는 길이었습니다.

그런데 어떻게 고난당할 때에도 찬송할 수 있습니까?

① 고난의 때에 주님과 더 친밀한 교제를 가질 수 있기 때문입니다.

참예란 fellowship(koinonia=intimate, close, personal fellowship)을 의미합니다. 사실 고난을 통해서 우리는 예수에 대해서 아는 것이 아닌 예수를 알게 됩니다. 주님의 마음을 알게 됩니다. 그것은 마치 어려움과 고난을 당할 때 부부도 더 가까워지고 서로 감사하게 되는 것과 같습니다.

"언제나 분명한 것은 하나님은 그의 자녀들을 용광로에 넣으신다는 사실이요 하나님이 그 용광로 속에 함께 계신다는 사실이다"(찰스 스펄전).

② 고난의 때에 더 귀한 것이 무엇인지 깨닫게 됩니다.

모든 것이 형통하고 편안할 때에는 무엇이 귀한지 모르고 살지만 고난을 당하면 무엇이 귀한지 깨닫게 됩니다. 아내, 가족, 교회, 예수, 내가 받은 구원, 그리고 받은 사명이 얼마나 귀한지 깨닫게 되는 것입니다.

바울이 매를 맞고 감옥에 갇혔을 때 비로소 깨닫게 된 것도 자신의 운명이 바뀌었다는 사실이었습니다. 과거에 스데반과 교회를 핍박하던 그가 복음을 전하다가 핍박을 받는 자리에 서게 된 것입니다.

"세상이 너희를 미워하면 너희보다 먼저 나를 미워한 줄을 알라 너희가 세상에 속하였으면 세상이 자기의 것을 사랑할 것이나 너희는 세상에 속한 자가 아니요 도리어 내가 너희를 세상에서 택하였기 때문에 세상이 너희를 미워하느니라"(요 15:18-20).

저는 몇 년 전 암 수술을 받았습니다. 수술 후 회복실에서 마취가 깰 때 가장 처음 든 생각은 "남은 top10 미전도 종족에게 복음을 증거 하다가 가야겠다"는 것이었습니다. 정말 후회도 없었으며, 받은 귀한 사명 주심에 대해 감사하는 마음만 들었습니다.

우리가 하나님의 비전을 받고 성령의 인도하심을 좇아 갈 때에도 고난은 있습니다. 그런데 그 고난은 절대 사고도 우연도 아니며, 그 안에는 하나님의 뜻과 계획이 있습니다. 문제는 그 고난을 어떻게 이기느냐 하는 것입니다. 아무리 힘들고 어려워도 절대 원망, 불평하거나 절망하지 말고 신앙적이고 적극적인 방법으로 이겨야 합니다. 기도와 찬송으로 이겨야 합니다. 그러므로 오늘날 우리가 고난을 당할 때 이성과 감정을 뛰어넘어 절망적이라도, 억울하고 슬퍼도 기도하고 찬송해야 합니다. 이때 초자연적인 일, 즉 기적이 일어남을 믿으시기 바랍니다.

고난의 때는 우리의 믿음을 사용할 때입니다.

주님과 복음을 위해서 고난을 받을 때, 그 고난을 통해서 주시고자 하는 하나님의 귀하신 복을 받으며, 무엇보다도 하나님 앞에서 정말 귀하게 쓰임 받는 성도들이 될 수 있기를 기도합니다.

41 빌립보 간수의 구원
행: 16:26-40

²⁶이에 갑자기 큰 지진이 나서 옥터가 움직이고 문이 곧 다 열리며 모든 사람의 매인 것이 다 벗어진지라 ²⁷간수가 자다가 깨어 옥문들이 열린 것을 보고 죄수들이 도망한 줄 생각하고 칼을 빼어 자결하려 하거늘 ²⁸바울이 크게 소리 질러 이르되 네 몸을 상하지 말라 우리가 다 여기 있노라 하니 ²⁹간수가 등불을 달라고 하며 뛰어 들어가 무서워 떨며 바울과 실라 앞에 엎드리고 ³⁰그들을 데리고 나가 이르되 선생들이여 내가 어떻게 하여야 구원을 받으리이까 하거늘 ³¹이르되 주 예수를 믿으라 그리하면 너와 네 집이 구원을 받으리라 하고 ³²주의 말씀을 그 사람과 그 집에 있는 모든 사람에게 전하더라 ³³그 밤 그 시각에 간수가 그들을 데려다가 그 맞은 자리를 씻어 주고 자기와 그 온 가족이 다 세례를 받은 후 ³⁴그들을 데리고 자기 집에 올라가서 음식을 차려 주고 그와 온 집안이 하나님을 믿으므로 크게 기뻐하니라 ³⁵간수가 그 말대로 바울에게 말하되 상관들이 사람을 보내어 너희를 놓으라 하였으니 이제는 나가서 평안히 가라 하거늘 ³⁷바울이 이르되 로마 사람인 우리를 죄도 정하지 아니하고 공중 앞에서 때리고 옥에 가두었다가 이제는 가만히 내보내고자 하느냐 아니라 그들이 친히 와서 우리를 데리고 나가야 하리라 한대 ³⁸부하들이 이 말을 상관들에게 보고하니 그들이 로마 사람

이라 하는 말을 듣고 두려워하여 ^{39}와서 권하여 데리고 나가 그 성에서 떠나기를 청하니 ^{40}두 사람이 옥에서 나와 루디아의 집에 들어가서 형제들을 만나 보고 위로하고 가니라

2013년 타지마할로 유명한 인도의 아그라 시 단기 선교 중 있었던 일입니다. 그 지역을 방문한 선교팀의 사역 소식을 들은 회교도 RSS단원들이 나타나 선교팀의 차를 막고 팀원들을 위협했으나 하나님께서 그 마을의 사람들을 통하여 그들의 마음을 회유하도록 하였고, 단기 선교팀은 그곳을 무사히 빠져나올 수 있었습니다. 그 후 그 지역의 책임자인 구루 목사는 RSS 단원 중에 라주 싱이라는 사람으로부터 자신의 병을 위해서 기도해달라는 전화를 여러 차례 받게 됩니다. 구루 목사는 물론 두려움을 안고 갔지만 그에게 갔을 때 라주 싱은 병상에 있었고, 그를 위해 기도하자 라주 싱의 병이 치유되고 라주 싱과 가족들이 모두 회심하여 그 집에 가정 교회가 세워지게 되었습니다. 그 일 후에 라주 싱은 전도에 힘쓰는 삶을 살아가게 되었습니다. 나중에 안 사실이지만 라주 싱이 구루 목사에게 전화를 한 이유는 그의 꿈 때문이었습니다. 하나님께서 꿈을 통해서 라주 싱이 구루 목사에게 전화하도록 역사하신 것입니다.

하나님께서 한 영혼을 구원하시는 섭리는 다양하고 놀랍습니다. 본문의 빌립보 간수의 구원도 정말 놀라운 하나님의 섭리적 사건입니다. 귀신들려 점치던 여자에게서 귀신을 쫓아낸 것 때문에 억울하게 매를 맞고 옥에 갇힌 것과 한 밤 중 감옥에서 기도하고 찬양할 때 하나님께서 지진으로 땅을 움직여 옥문을 열 뿐만 아니라 모든 죄수들의 매인 것(차

꼬)을 푸신 것(26절), 그리고 옥문이 열리고 차꼬가 다 벗어졌지만 바울과 실라뿐만 아니라 다른 죄수들도 도망가지 않은 것(28절) 등이 다 하나님의 섭리 속에서 일어난 일입니다.

빌립보 간수와 그의 가족이 구원을 받은 이 섭리적 사건에서 바울과 실라를 통해 깨닫게 되는 몇 가지 중요한 사실은 무엇입니까?

첫째, 바울과 실라는 모든 사건과 상황을 복음 증거의 최우선 기회로 삼았습니다.

바울과 실라는 기적이 일어나 자신의 안전과 필요를 채울 수 있는 상황에서도 그것을 자신들을 위한 기회가 아닌 먼저 복음을 전할 기회로 보고 복음을 전했습니다. 그들은 지진이 일어나 옥문이 열리고 매인 모든 것이 다 벗어졌는데도 도망가지 않고 감옥 안에 그대로 남아 있었습니다. 그리고 간수가 자결하려고 할 때 그를 만류한 후 바로 그에게 복음을 전했습니다. 어떻게 그렇게 할 수 있었을까요? 바울과 실라는 그들이 당한 고난도, 그리고 한 밤 중에 일어난 기적도 우연이라고 생각하지 않았습니다. 즉 이 모든 일 가운데에 있는 하나님의 나라와 영혼 구원을 위한 하나님의 섭리를 믿었습니다. 그래서 그들은 지진이 나 옥문이 열리고 매인 것이 다 벗어졌지만 잠시 기도하며 그 기적 속에 담긴 하나님의 뜻을 묻고 생각하다가 감옥의 간수가 자결하려던 것을 목격하게 되었고 그를 진정시킨 후에 복음을 전하게 된 것입니다.

하나님은 아무 이유 없이 기적을 일으키시지 않는 분입니다. 특히 마가복음 16:20("제자들이 나가 두루 전파할새 주께서 함께 역사하사 그 따르는 표적으로 말씀을 확실히 증언하시니라")에서 보면, 표적과 기사는 우리의 호기심을 만족시키기 위한 것이 아닌 주께서 복음 증거자와 함께 하심을 믿게 하고, 복음의 말씀을 확실히 증언하기 위한 것입니다.

지금 우리가 처한 상황에서 기대하는 기적이 무엇입니까? 중요한 것은 어떤 상황과 경우에서든 내 필요나 유익보다 먼저 그의 나라와 의를 위해서, 즉 복음 증거와 영혼 구원을 위해서 기적도 은사도 구할 뿐만 아니라 또 사용할 수 있어야 한다는 것입니다. 이것이 바로 **기적을 경험하는 신앙생활의 비결**입니다.

그리고 여기서 한 가지 더 생각할 것은 30절 말씀입니다.
"선생들이여 내가 어떻게 하여야 구원을 받으리이까?"
바울은 간수의 이 물음에 이렇게 대답합니다.
"주 예수를 믿으라 그리하면 너와 네 집이 구원을 받으리라."
그리고 그가 "선생들이여"(=kurio, 주들이여)라고 부를 때, 그 말을 받아 "주 예수를 믿으라"(=피스투손 에피톤 큐리온 예순)라고 합니다.
왜 간수는 바울과 실라를 "주"라고 불렀을까요? 그것은 막 일어난 기적이 바울과 실라의 기도와 찬송 때문이라고 생각했기 때문이고, 17절에 소녀가 "이 사람들은 지극히 높은 하나님의 종으로 구원의 길을 너희에게 전하는 자라"고 한 말을 들었기 때문입니다.
중요한 것은 바울과 실라는 두려워 떨던 간수가 그들을 "주"라고 불렀을 때 기회를 놓치지 않았습니다. 그들은 자신들뿐만 아니라 심지어 로마의 황제, 시이저도 "주"가 아니라 오직 예수 그리스도 한 분만이 진정한 "주"(=큐리오스, 로마 황제를 부를 때만 사용하던 호칭)라는 사실을 믿고 그분을 삶의 주관자로 섬겨야 한다고 전했던 것입니다.

그러므로 바울과 실라처럼 우리도 어떤 상황, 그리고 누구 앞에서든지 예수 그리스도를 증거 할 수 있는 기회가 생길 때마다 예수 그리스도는 우리의 구원자 되실 뿐만 아니라 우리의 삶의 주인과 주관자가 되심을 담대히 증거 할 수 있어야 합니다.

둘째, 바울과 실라는 자신의 모든 권리도 교회를 위해 사용하였습니다.

"로마 시민인 우리를 죄도 묻지 않고 때리고 가둘 수 있느냐?"(37절).

왜 바울과 실라는 자신들이 로마 시민이라는 사실을 이제야 밝혔을까요? 미리 로마 시민이라는 것을 밝혔으면 억울하게 매를 맞거나 옥에 갇히는 일은 없었을 것입니다. 당시 로마 시민의 권리는 로마 행정 지역의 어느 곳이나 여행하며 본인의 동의하에서만 지방 법률에 따라 재판을 받도록 규정되어 있었고 곤란한 경우에는 지방 당국이 아닌 황제 자신에게 재판을 받기 위해 호소할 수 있었습니다. 그래서 38절에서 이 사실을 알게 된 상관들은 문책을 받게 될 것이 분명했으므로 두려워 한 것입니다.

중요한 것은 그들이 옥에서 나왔고 이제 조용히 떠나면 되는데, 왜 굳이 로마 시민임을 밝혔냐 하는 것입니다.
첫째로는 예수를 믿게 된 간수가 이 모든 사건 속에 자신과 가정을 구원하려는 하나님의 섭리가 있음을 깨닫게 하기 위한 것이었고, 둘째로는 새로 시작한 빌립보 교회와 성도들을 보호하기 위한 것이었습니다. 즉 그들이 떠난 후 루디아와 간수 등 새로 예수를 믿고 개종한 그들이 혹 로마 식민지 도시인 빌립보 성에서 함께 모여 예배하며 신앙생활 하는 일에 어려움을 당하지 않게 하기 위한 것이었습니다.

평양 깡패 출신 김익두 목사에 대한 일화입니다. 어느 더운 날 김익두 목사는 부흥회를 인도하기 위해 교회를 찾아 높은 고개를 넘어가는 중 땀을 흠뻑 흘리며 고갯마루에 도착하여 쉬고 있었습니다. 그때 술 취한 청년이 비틀거리며 올라오더니 다짜고짜 김익두 목사를 패기 시작합니다. 한참 주먹질을 하던 청년이 지쳐서 잠시 쉴 때 그는 청년의 두 손을 붙들고 "형님 다 때렸소? 나 김익두야. 내가 예수 믿기 전에 이런 일을 당했으면 너는 여기에다 묘를 쓰는 거야. 그런데 내가 예수 믿어서 니가 산거야. 예수는 내가 믿고 복은 니가 받았다!" 그때 청년은 김익두라는 말에 벌벌 떨면서 얼굴을 땅에 대고 말합니다. "형님 제가 어떻게 하면 되겠습니까?" "어떻게 하긴 뭐가 어떻게 해? 따라와야지."

결국 그 청년은 꼼짝없이 부흥회에 참석하게 되었고 결국은 예수를 믿고 훗날 장로까지 되었다고 합니다.

우리가 가지고 있는 권리와 권세는 무엇입니까? 그리고 우리는 그 권리와 권세를 무엇을 위해서 사용합니까? 안전, 노후, 안정된 삶, 자녀의 미래, 교육만을 위해 사용하고 있지는 않습니까? 더 크게 하나님의 나라를 생각하면서 하나님의 교회와 성도들을 위해서 사용할 수 있기를 바랍니다.

"그러면 무엇이나 겉치레로 하나 참으로 하나 무슨 방도로 하든지 전파되는 것은 그리스도니 이로써 나는 기뻐하고 또한 기뻐하리로다"(빌 1:18).

지금 우리가 처한 상황은 어떠합니까? 그 모든 상황과 일들 속에 있는 하나님의 섭리를 믿고 먼저 복음 증거의 기회로 삼으시기 바랍니다. 특히, 우리가 가진 모든 권리와 권세도 내 안전이나 성공보다 하나님의 교회와 성도를 위해서 사용할 수 있기를 바랍니다. 그래서 우리를 통해 하나님의 나라와 뜻이 이 땅에 계속해서 더 크게 이루어질 수 있기를 소원합니다.

42 데살로니가와 베뢰아 선교

행: 17:1-15

¹그들이 암비볼리와 아볼로니아로 다녀가 데살로니가에 이르니 거기 유대인의 회당이 있는지라 ²바울이 자기의 관례대로 그들에게로 들어가서 세 안식일에 성경을 가지고 강론하며 ³뜻을 풀어 그리스도가 해를 받고 죽은 자 가운데서 다시 살아나야 할 것을 증언하고 이르되 내가 너희에게 전하는 이 예수가 곧 그리스도라 하니 ⁴그 중의 어떤 사람 곧 경건한 헬라인의 큰 무리와 적지 않은 귀부인도 권함을 받고 바울과 실라를 따르나 ⁵그러나 유대인들은 시기하여 저자의 어떤 불량한 사람들을 데리고 떼를 지어 성을 소동하게 하여 야손의 집에 침입하여 그들을 백성에게 끌어내려고 찾았으나 ⁶발견하지 못하매 야손과 몇 형제들을 끌고 읍장들 앞에 가서 소리 질러 이르되 천하를 어지럽게 하던 이 사람들이 여기도 이르매 ⁷야손이 그들을 맞아 들였도다 이 사람들이 다 가이사의 명을 거역하여 말하되 다른 임금 곧 예수라 하는 이가 있다 하더이다 하니 ⁸무리와 읍장들이 이 말을 듣고 소동하여 ⁹야손과 그 나머지 사람들에게 보석금을 받고 놓아주니라 ¹⁰밤에 형제들이 곧 바울과 실라를 베뢰아로 보내니 그들이 이르러 유대인의 회당에 들어가니라 ¹¹베뢰아에 있는 사람들은 데살로니가에 있는 사람들보다 더 너그러워서 간절한 마음으로 말씀을 받고 이것이 그러한가 하여 날마다 성경을 상

고하므로 [12] 그 중에 믿는 사람이 많고 또 헬라의 귀부인과 남자가 적지 아니하나 [13] 데살로니가에 있는 유대인들은 바울이 하나님의 말씀을 베뢰아에서도 전하는 줄을 알고 거기도 가서 무리를 움직여 소동하게 하거늘 [14] 형제들이 곧 바울을 내보내어 바다까지 가게 하되 실라와 디모데는 아직 거기 머물더라 [15] 바울을 인도하는 사람들이 그를 데리고 아덴까지 이르러 그에게서 실라와 디모데를 자기에게로 속히 오게 하라는 명령을 받고 떠나니라

미전도 종족 선교의 어려움 중의 하나는 여행입니다. 오랜 시간 여행을 해야 하기 때문에 디스크 등의 병을 얻기 쉽습니다.

빌립보-암비볼리(빌립보에서 50km)-아볼로니아(데살로니가까지 56km)-데살로니가-베뢰아(데살로니가에서 80km)-아덴.

빌립보를 떠난 바울은 왜 바로 암비볼리나 아볼로니아에서 사역하지 않고 데살로니가로 갔을까요? 정확히 알 수는 없지만 데살로니가가 그의 선교 사역에 있어서 매우 중요한 지역이었을 것이라는 점은 추측할 수 있습니다. 데살로니가는 당시 마게도냐의 수도로 가장 번성한 도시였고 로마로 연결된 고속도로와 해상 무역로 사이에 전략적으로 위치하고 있었습니다. 또한 여러 인종이 섞여 살던 도시였기 때문에 복음을 널리 전파할 수 있다는 점에서 바울에게 매우 매력적인 도시였을 것으로 생각됩니다. 본문 2절 이하를 보면 바울은 이곳에서 3주간 계속 하나님의 말씀을 전했으며 그 기간 동안 많은 헬라 사람들이 복음을 받아들이고 예수를 믿게 되었다고 기록하고 있습니다. 그러나 유대인들

은 자신들을 따르던 사람들이 바울과 실라를 따르자 시기가 나서 동네 깡패를 동원하여 거짓 증언을 하게 하고 고소까지 합니다. 그래서 믿는 형제들이 바울과 그 일행을 밤에 피신시켜서 베뢰아로 보냈는데, 바울은 거기서도 선교의 큰 열매를 얻게 되었습니다.

바울의 데살로니가와 베뢰아에서의 선교 기록을 통해 우리가 받는 교훈은 무엇입니까?

첫째, 바울은 경건한 신앙의 습관이 있었습니다.

"바울이 **자기의 관례대로(=카타 데 토 에이오쏘스, 습관과 관습에 따라)** 그들에게로 들어가서 세 안식일에 성경을 가지고 강론하며"(2절).

바울에게는 일상에서 습관적으로 하던 일이 있었는데, 그것은 안식일에 어디를 가든지 모든 일을 제쳐놓고 유대인의 회당을 찾아 성경을 가지고 예수가 메시야, 즉 그리스도이심을 증거한 일입니다. 그런데 여기에서도 놀라운 일이 일어났습니다.

"그 중의 어떤 사람 곧 경건한 헬라인의 큰 무리와 적지 않은 귀부인도 권함을 받고 바울과 실라를 따르나"(4절).

복음을 전하는 일은 생각하고 계획하고 의도적으로 하는 것도 필요하지만 습관에 따라 늘 하던 대로 하는 것이 중요합니다. 왜냐하면 언제 어디서 준비된 영혼들을 만나게 될지 모르기 때문입니다. 그 좋은 예가 사도행전 16장에서 바울이 빌립보에 갔을 때 안식일에 기도할 곳을 찾아 간 강가에서 루디아를 만난 사건입니다. 또한 본문 4절과 11절의 사건도 이미 영적으로 준비된 사람들을 하나님께서 만나게 해주셨기 때문에 가능한 일이었습니다. 그래서 특별히 주님을 따르는 우리 그리스도인들에게 신앙적 습관이 중요합니다. 그 이유는 우리 예수님도 늘 이렇게 습관을 따라 사역하셨기 때문입니다.

"예수께서 그 자라나신 곳 나사렛에 이르사 안식에 늘 하시던 대로 회당에 들어가사 성경을 읽으려고 서시매"(눅 4:16).

"예수께서 나가서 습관을 따라 감람산에 가시며 제자들도 따라갔더니 …"(눅 22:39).

예수님께서도 늘 습관에 따라 안식일에는 회당에서 말씀을 전하시고 밤에는 기도하러 산에 가셨다면 주님의 뒤를 좇는 제자들, 즉 우리 그리스도인들의 삶도 주님과 같이 좋은 신앙적 습관에 따라 사는 삶이 되어야 할 것입니다. 우리도 이런 경건한 신앙적 습관을 만들어 그 습관에 따라 신앙생활을 하고 또 사역할 수 있기를 바랍니다.

한 예로 세계 무역 센타 부총재이자 옥스퍼드 대학교 박사인 이희돈 장로는 출장을 가도 반드시 주일은 본 교회에 돌아와서 예배를 드리는 것을 원칙으로 세우고 모든 스케줄을 그렇게 만든다고 합니다.

"유대인이 안식을 지킨 것이 아니라 안식일이 유대인을 지켰다"는 말이 있듯이 우리도 주일에는 자동적으로 습관적으로 교회에 와야 합니다. 주일 성수가 습관과 라이프 스타일이 되어야 합니다.

"생각이 반복되면 행동이 되고, 행동이 반복되면 습관이 되고, 습관이 반복되면 인격이 된다"는 말이 있습니다. 신앙 인격도 마찬가지입니다. 하루아침에 훌륭한 신앙 인격이 갖추어지는 것이 아니라 경건한 신앙적 습관이 만들어질 때 경건한 신앙 인격도 갖출 수 있습니다. 그리고 경건한 신앙 인격이 갖추어질 때 비로소 다른 사람에게도 신앙적인 영향을 미칠 수 있습니다.

둘째, 하나님의 말씀을 대하는 자세는 베뢰아 사람과 같아야 합니다.

> "베뢰아에 있는 사람들은 데살로니가에 있는 사람들보다 더 너그러워서 간절한 마음으로 말씀을 받고 이것이 그러한가 하여 날마다 성경을 상고하므로"(11절).

선포되는 하나님의 말씀이 이해되고 믿어지고 또 수용되어지려면 베뢰아 사람들처럼 들어야 합니다.

① **더 너그러워서(신사적이어서)** - 헬라어, 유게네스테로스(고상한, 개방적인=open minded)

이것은 태생적으로 마음 밭, 심성이 좋아서 들을 때 부정적, 비판적, 감정적으로 듣지 않는 마음 자세를 가졌다는 말입니다.

혹 반골 기질을 가진 성도는 이렇게 질문할 수 있습니다. "왜 성경 공부라고 하지 제자 훈련이라고 합니까?" 이 질문에 대한 답은 우리가 처한 영적 현실(전투)과 주님께서 우리를 주의 군사로 모집하였기 때문입니다.

> "너는 그리스도 예수의 좋은 병사로 나와 함께 고난을 받으라 병사로 복무하는 자는 자기 생활에 얽매이는 자가 하나도 없나니 이는 병사로 모집한 자를 기쁘게 하려 함이라"(딤후 2:3-4).

② **간절한 마음으로** - 헬라어, 모든 자원함으로

전적으로 자원하는 자세로 듣는 것을 의미합니다. 우리는 왜 들었는데 잊어버릴까요? 간절한 마음, 자원하는 마음이 없기 때문입니다. 즉 집중해서(=with full heart/attention) 듣지 않기 때문입니다.

1907년 평양 장대현 교회의 부흥과 성령의 놀라운 역사도 성도들이 4백리(160km)를 걸어서 성경 공부에 참석할 정도로 간절한 마음을 가졌기 때문에 가능했던 것입니다.

③ **이것이 그러한가 하여 날마다 성경을 상고하므로** - 헬라어, examine(의심, 시험이 아닌 연구, 공부한다는 뜻)

이것은 바울에게 들은 말씀을 집에 돌아가서 다시 성경을 찾아보고 대조해보고 확인하며 공부했다는 말입니다. 하나님의 말씀은 듣기만 해서는 안 됩니다. 내가 직접 읽고 공부하고 확인하는 것이 반드시 필요합니다. 관주 성경, 현대인의 성경 등 여러 번역본과 성경 사전도 이용하면 좋습니다. 설교 노트를 쓰는 이유도 바로 여기에 있습니다. 그렇게 할 때 하나님 말씀의 능력을 경험하게 되고 믿음이 자라며 삶이 변화하고 나아가서는 하나님의 일꾼으로서 쓰임을 받을 수 있게 됩니다.

사역을 잘 하는 것도, 장로, 권사, 평신도 전문인 선교사가 되는 것도, 그냥 자동으로 되는 것이 아닙니다.

종종 성도들에게 "성경 공부 좀 나오세요"라고 하면, "예전에 다 배웠어, 또 읽고 공부해도 금방 잊어버리는데 뭘 더 공부합니까?"라고 하는 분이 있습니다. 그렇다면 밥은 어제도 먹고 오늘 아침에도 먹었는데, 왜 금방 배가 고프고 또 그렇게 계속 먹을까요?

하나님의 말씀을 받은 결과 어떤 일이 일어났습니까? 바로 부흥입니다.

"그 중에 믿는 사람이 많고 또 헬라의 귀부인과 남자가 적지 아니하나"(12절).

하나님의 말씀에 대한 자세와 열린 마음과 간절한 마음, 그리고 날마다 말씀을 읽고 공부하는 자세와 열정이 있을 때 교회는 부흥하고 성도들 개인의 삶에는 변화가 일어납니다.

본문의 말씀대로 우리가 바울처럼 경건한 신앙적 습관을 만들어가기를 소원합니다. 그래서 그 습관에 따라 사역할 뿐만 아니라 베뢰아 사람들처럼 하나님의 말씀을 받고 상고하는 그런 믿음의 삶을 사실 수 있기를 소원합니다.

43

바울의 아테네 선교
행: 17:16–34

¹⁶바울이 아테네에서 그들을 기다리다가 그 성에 우상이 가득한 것을 보고 마음에 격분하여 ¹⁷회당에서는 유대인과 경건한 사람들과 또 장터에서는 날마다 만나는 사람들과 변론하니 ¹⁸어떤 에피쿠로스와 스토아 철학자들도 바울과 쟁론할새 어떤 사람은 이르되 이 말쟁이가 무슨 말을 하고자 하느냐 하고 어떤 사람은 이르되 이방 신들을 전하는 사람인가 보다 하니 이는 바울이 예수와 부활을 전하기 때문이러라 ¹⁹그를 붙들어 아레오바고로 가며 말하기를 네가 말하는 이 새로운 가르침이 무엇인지 우리가 알 수 있겠느냐 ²⁰네가 어떤 이상한 것을 우리 귀에 들려 주니 그 무슨 뜻인지 알고자 하노라 하니 ²¹모든 아테네 사람과 거기서 나그네 된 외국인들이 가장 새로운 것을 말하고 듣는 것 이외에는 달리 시간을 쓰지 않음이더라 ²²바울이 아레오바고 가운데 서서 말하되 아테네 사람들아 너희를 보니 범사에 종교심이 많도다 ²³내가 두루 다니며 너희가 위하는 것들을 보다가 알지 못하는 신에게라고 새긴 단도 보았으니 그런즉 너희가 알지 못하고 위하는 그것을 내가 너희에게 알게 하리라 ²⁴우주와 그 가운데 있는 만물을 지으신 하나님께서는 천지의 주재시니 손으로 지은 전에 계시지 아니하시고 ²⁵또 무엇이 부족한 것처럼 사람의 손으로 섬김을 받으시는 것이 아니니 이는 만민에게 생명

과 호흡과 만물을 친히 주시는 이심이라 [26]인류의 모든 족속을 한 혈통으로 만드사 온 땅에 살게 하시고 그들의 연대를 정하시며 거주의 경계를 한정하셨으니 [27]이는 사람으로 혹 하나님을 더듬어 찾아 발견하게 하려 하심이로되 그는 우리 각 사람에게서 멀리 계시지 아니하도다 [28]우리가 그를 힘입어 살며 기동하며 존재하느니라 너희 시인 중 어떤 사람들의 말과 같이 우리가 그의 소생이라 하니 [29]이와 같이 하나님의 소생이 되었은즉 하나님을 금이나 은이나 돌에다 사람의 기술과 고안으로 새긴 것들과 같이 여길 것이 아니니라 [30]알지 못하던 시대에는 하나님이 간과하셨거니와 이제는 어디든지 사람에게 다 명하사 회개하라 하셨으니 [31]이는 정하신 사람으로 하여금 천하를 공의로 심판할 날을 작정하시고 이에 그를 죽은 자 가운데서 다시 살리신 것으로 모든 사람에게 믿을 만한 증거를 주셨음이니라 하니라 [32]그들이 죽은 자의 부활을 듣고 어떤 사람은 조롱도 하고 어떤 사람은 이 일에 대하여 네 말을 다시 듣겠다 하니 [33]이에 바울이 그들 가운데서 떠나매 [34]몇 사람이 그를 가까이하여 믿으니 그 중에는 아레오바고 관리 디오누시오와 다마리라 하는 여자와 또 다른 사람들도 있었더라

어린이 사고를 줄이기 위한 연령별 맞춤형 안전 대책, 가계 부채에 대응하기 위한 계층별 맞춤형 지원, 맞춤형 교육 등…. 한국에서는 요즘 '맞춤'이란 표현을 많이 사용합니다.

2013년 US Open에서 우승하면서 한 시즌 3연속 메이저 대회 우승을 한 여성 프로 골퍼 박인비 선수의 스윙도 맞춤 스윙으로 알려져 있습니다. 그녀는 골프 교과서에는 없는 스윙, 즉 카킹(Cocking)도 하지 않고, 보기에는 엉성하지만 손목을 적게 놀려 공의 방향성을 정확하게 하

고 파워는 살리는 자신의 맞춤 스윙을 계발하게 되었습니다.

바울은 복음을 전하되 아테네(여신 아테나에서 비롯)라는 도시의 문화와 학문적 상황에 맞게, 즉 그들에게 친숙한 철학적 지식과 사고방식에 맞추는 맞춤형 설교를 하였습니다. 당시 아테네 사람들은 철학적 사고에 기초한 신관을 가지고 있었습니다.

> **아테네 사람들의 신관**
> 1) **에피쿠로스** - 모든 것은 원자에서 왔으며 신은 원자들의 복합체이다. 신은 세상을 창조, 심판하지도 않으며 인간의 삶을 섭리하지 않는다.
> 2) **스토아** - 신은 범신론적, 비인격적이고 우주적인 이성 혹은 영으로 만물 속에 내재하며 지식, 사랑, 섭리의 행동을 할 수 없다.

본문에서 바울은 스토아 학파의 시인인 아라투스와 에피메니데스의 글을 인용하기도 하고 '신의 존재를 증명하기 위해 철학적 논증과 변론' 방식을 선택하기도 하였습니다.

이러한 바울의 접근 방식과 결과는 무엇이며 바울의 아테네 선교에서 우리가 받아야 할 교훈은 무엇입니까?

첫째, 복음, 즉 구원의 진리는 논리적으로 설명해서 깨닫는 것이 아닙니다.
복음은 머리(IQ)가 좋다고, 공부를 많이 하고 책을 많이 읽었다고 해서 깨달을 수 있는 것이 아닙니다. 아테네에서 바울은 철학자들과 논쟁과 변론을 했습니다. 자신이 알고 있는 모든 철학적 지식과 방법을 총 동원해서 복음을 전하였습니다. 그런데 그들은 바울을 조롱하고, 무시하고, 냉담한 반응을 보였습니다. 디오누시오, 다마리 등 몇 사람이 믿기는 했지만 바울은 결국 아테네에 교회를 세우지 못하고 고린도로 떠났습니다. 다른 지역에서처럼 핍박이나 반대가 있어서 떠난 것이 아니라 아테네 사람들의 신앙적, 지적 거부 때문이었습니다. 그래서 그는 이 실패의 경험으로 인해 고린도전서 2:3-4에서 이렇게 자신의 심경을 밝힙니다.

> "내가 너희 가운데 거할 때에 약하고 두려워하고 심히 떨었노라 내 말과 내 전도함이 설득력 있는 지혜의 말로 하지 아니하고 다만 성령의 나타나심과 능력으로 하여 너희 믿음이 사람의 지혜에 있지 아니하고 다만 하나님의 능력에 있게 하려 하였노라."

복음은 논리적으로 설명한다고 이해할 수 있는 것이 아니며 말로 잘 설명하고 설득한다고 믿는 것도 아닙니다. 바울은 비로소 이 사실을 깨달았고 훗날 그의 믿음의 아들인 디모데에게 편지를 쓰면서 이렇게 당부합니다.

> "디모데야 망령되고 헛된 말과 거짓된 지식의 반(변)론을 피함으로 네게 부탁한 것을 지키리라"(딤전 6:20).

그렇다면 어떻게 복음을 이해하고 믿을 수 있으며, 우리는 어떻게 복음을 증거 해야 합니까? 한마디로 성령이 보이시고 깨닫게 하셔야 복음을 깨닫고 믿을 수 있습니다. 그러므로 우리는 복음을 전할 때 성령의 도우심을 구하고 복음 자체에 능력이 있음을 믿어야 합니다. 단순히 확신을 가지고 전하기만 하면 됩니다.

"기록된 바 하나님이 자기를 사랑하는 자들을 위하여 예비하신 모든 것은 눈으로 보지 못하고 귀로 듣지 못하고 사람의 마음으로 생각하지도 못하였다 함과 같으니라 오직 하나님이 성령으로 이것을 우리에게 보이셨으니"(고전 2:9-10).

"성령으로 아니하고는 누구든지 예수를 주시라 할 수 없느니라"(고전 12:3).

"하나님의 지혜에 있어서는 이 세상이 자기 지혜로 하나님을 알지 못하므로 하나님께서 전도의 미련한 것으로 믿는 자들을 구원하시기를 기뻐하셨도다"(고전 1:21).

구걸하던 인도의 힌두교 신자 이야기입니다. 신체장애가 있던 그에게 전도할 때 사람들은 읽지도 못하고 절대로 믿을 사람도 아닌 그에게 전도지를 주는 것이 낭비라고 생각했습니다. 그러나 전도지를 받은 그는 사흘 후 8마일을 걸어와서 다른 전도지를 또 요청했고, 몇 시간 문 앞에 앉아 그것을 읽더니 전도지에서 말하는 성경을 달라고 했습니다. 결국 그는 성경을 읽고 예수를 영접한 후 세례를 받게 되었습니다.

우리는 복음을 전할 때에 누구를 이해시키거나 설득할 책임이 있는 것이 아니라 단순히 사실을 전하여 알려줄 책임만 있을 뿐입니다. 특히, 신학을 공부하거나 말을 조리 있게 잘해야 전도할 수 있다는 생각은 오해입니다. 전도는 복음의 능력을 믿고 성령의 역사를 믿는 사람이면 누구든지 할 수 있습니다. 또 지적 능력(글을 읽고 쓰는 능력 등)이 있어야만 복음을 이해하고 믿는 것이 아니라 성령께서 깨닫게 하시고 믿게 하시면 믿게 되는 것입니다. 심지어 말로 자기의 신앙을 제대로 고백하지 못하는 지적 장애인도 얼마든지 믿을 수 있습니다.

> 형제들아 너희를 부르심을 보라 육체를 따라 지혜로운 자가 많지 아니하며 능한 자가 많지 아니하며 문벌 좋은 자가 많지 아니하도다"(고전 1:26).

둘째, 전도의 열매보다 더 중요한 것은 하나님의 마음을 갖는 것입니다.

> "바울이 아테네에서 그들을 기다리다가 그 성에 **우상이 가득한 것을 보고 마음에 격분하여** 회당에서는 유대인과 경건한 사람들과 또 장터에서는 날마다 만나는 사람들과 변론하니"(16-17절).

아테네에는 도시의 수호 여신인 아테네 파르테노스라는 여신을 숭배하는 파르테논 신전을 비롯해서 도시 곳곳에 신전과 신상들이 있었습니다. 본문에 '우상이 가득한 것을 보고 **마음에 격분하여**'는 헬라어 파르크쉬노로서 우상에 대한 거룩한 분노와 원통한 마음 즉 하나님의 마음을 의미합니다. 17절 이하의 바울의 전도 동기가 바로 이것입니다. 바울은 사신 참 하나님을 두고 사탄에게 속아 헛된 우상을 섬기는 타락한 인간의 모습을 보고 그의 심령에 분노와 원통한 마음이 들었습니다. 그래서 안식일이면 회당에 가서 유대인에게 복음을 전하고 주 중에는 날마다 사람들이 가장 많이 모이는 장터와 시장거리에 나가 이방인들에게 복음을 전하였습니다. 그러나 그 결과는 그리 좋지 못했습니다.

여기서 바울의 이 분노하는 마음이 전도의 열매보다 더 중요한데, 그 이유는 전도는 복음을 전함으로 영혼을 구원하는 것이 목적이지만 그 이전에 창조주이시고 구원자이신 하나님 편을 드는 것이기 때문입니다. 사실 전도의 첫 번째 목적은 세상을 향하여 하나님의 은혜의 영광을 선포하고, 그분의 행하신 일들을 자랑하는 것입니다. 그래서 열심히 하나님 그분 편을 든다면 표현이 정확하지 않고 방식이 잘못되거나 열매가 없어도 전혀 문제가 되지 않습니다. 하나님께서는 우상 숭배자들과 사탄에 대한 분노(어찌 참 하나님을 두고 이럴 수 있을까? 악한 사탄이 이토록 사람들을 어둡고 비참하게 만들 수 있을까?), 그 원통해 하는 마음을 무엇보다 귀히 보시기 때문입니다.

하나님이 내 편 되시고 나의 하늘 아버지 되심을 믿으십니까? 이 확신이 있는 사람은 불신앙의 사람들의 모습, 거짓 우상을 섬기는 모습을 볼 때 분노하고 원통한 마음을 가질 수밖에 없습니다. 그래서 하나님 편에서 하나님을 변호하고 증명하며 자랑하고 높이게 됩니다. 이런 의미에서 전도도 하나님의 은혜의 영광을 선포하는 찬송입니다. 그래서 전도는 때를 얻든지 못 얻든지 받아들이든지 받아들이지 않든지 항상, 그리고 열심히 해야 할 일입니다.

구원의 진리는 성령이 보이시고 깨닫게 하셔야 깨닫고 믿게 되는 것입니다. 그러므로 우리는 복음을 전할 때 성령의 도우심을 구하고 복음 자체에 능력이 있음을 믿고 확신을 가지고 선포하기만 하면 됩니다. 즉 복음을 전할 때 우리에겐 누구를 이해시키거나 설득할 책임이 있는 것이 아니라 단순히 전하여 사실을 알려줄 책임만 있는 것입니다. 그래서 전도는 구원의 확신이 있고 성령의 역사를 믿는 사람이면 누구든지 할 수 있음을 기억하시기 바랍니다.

무엇보다 하나님의 마음을 가지는 것이 전도의 열매보다 왜 더 중요합니까? 왜냐하면 전도는 복음을 전함으로 영혼을 구원하는 것이 목적이지만 그 이전에 전도는 창조주이시고 구원자이신 하나님의 편을 드는 것이기 때문입니다. 사실 전도의 첫 번째 목적은 세상을 향하여 하나님의 은혜의 영광을 선포하고 그분의 행하신 일들을 자랑하는 것입니다.

이런 사실을 깨달았다면 오늘부터는 때를 얻든지 못 얻든지 어디서든지 복음을 전함으로써 하나님의 은혜의 영광을 선포하며 그분을 자랑하시는 하나님의 백성들이 되시기를 소원합니다.

44 바울의 고린도 선교

행: 18:1-17

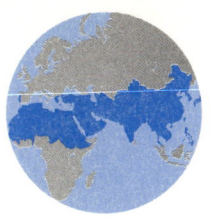

¹그 후에 바울이 아테네를 떠나 고린도에 이르러 ²아굴라라 하는 본도에서 난 유대인 한 사람을 만나니 글라우디오가 모든 유대인을 명하여 로마에서 떠나라 한 고로 그가 그 아내 브리스길라와 함께 이달리야로부터 새로 온지라 바울이 그들에게 가매 ³생업이 같으므로 함께 살며 일을 하니 그 생업은 천막을 만드는 것이더라 ⁴안식일마다 바울이 회당에서 강론하고 유대인과 헬라인을 권면하니라 ⁵실라와 디모데가 마게도냐로부터 내려오매 바울이 하나님의 말씀에 붙잡혀 유대인들에게 예수는 그리스도라 밝히 증언하니 ⁶그들이 대적하여 비방하거늘 바울이 옷을 털면서 이르되 너희 피가 너희 머리로 돌아갈 것이요 나는 깨끗하니라 이 후에는 이방인에게로 가리라 하고 ⁷거기서 옮겨 하나님을 경외하는 디도 유스도라 하는 사람의 집에 들어가니 그 집은 회당 옆이라 ⁸또 회당장 그리스보가 온 집안과 더불어 주를 믿으며 수많은 고린도 사람도 듣고 믿어 세례를 받더라 ⁹밤에 주께서 환상 가운데 바울에게 말씀하시되 두려워하지 말며 침묵하지 말고 말하라 ¹⁰내가 너와 함께 있으매 어떤 사람도 너를 대적하여 해롭게 할 자가 없을 것이니 이는 이 성중에 내 백성이 많음이라 하시더라 ¹¹일 년 육 개월을 머물며 그들 가운데서 하나님의 말씀을 가르치니라 ¹²갈리오가 아가야 총독 되었을 때

에 유대인이 일제히 일어나 바울을 대적하여 법정으로 데리고 가서 [13] 말하되 이 사람이 율법을 어기면서 하나님을 경외하라고 사람들을 권한다 하거늘 [14] 바울이 입을 열고자 할 때에 갈리오가 유대인들에게 이르되 너희 유대인들아 만일 이것이 무슨 부정한 일이나 불량한 행동이었으면 내가 너희 말을 들어주는 것이 옳거니와 [15] 만일 문제가 언어와 명칭과 너희 법에 관한 것이면 너희가 스스로 처리하라 나는 이러한 일에 재판장 되기를 원하지 아니하노라 하고 [16] 그들을 법정에서 쫓아내니 [17] 모든 사람이 회당장 소스데네를 잡아 법정 앞에서 때리되 갈리오가 이 일을 상관하지 아니하니라

미 해병대의 영웅 군마(Reckless)는 원래 신설동 경마장의 경주마였지만 한국 전쟁 중 전쟁터에서 병사들과 생사고락을 같이 하며 무기 탄약을 운반하는 임무를 맡다가 전역하였습니다. 역사상 처음으로 동물이 부사관으로 진급하여 전역식을 하였고, 1968년 참전 군인과 같은 장례식이 치러졌고, 1997년 라이프지는 Reckless를 세계 100대 영웅 중 하나로 선정하였으며, 7월 26일에는 추모 기념관 헌정식까지 하게 되었습니다.

성경에도 동물이 사람을 도왔다는 기록이 있습니다. 이스라엘이 바알 숭배로 하나님의 진노를 받아 가뭄이 들었을 때 그릿 시냇가에 숨어 있던 엘리야 선지자에게 까마귀들이 아침 저녁으로 떡과 고기를 가져와 도왔습니다(왕상 17장).

바울의 고린도 선교에서도 발견되는 한 가지 특이한 사실이 있는데, 그것은 바울이 그 전에 방문했던 다른 어느 도시와 지역보다도 고린도

에서 오랫동안 사역했다는 것입니다. 11절을 보면 바울은 고린도에서 1년 6개월을 유하며 그들에게 복음을 전하고 가르쳤습니다.

바울이 고린도에서 그렇게 오래 사역할 수 있었던 이유는 무엇일까요?

바울이 그곳에서 하나님이 준비하시고 동원하신 동역자와 후원자들을 만날 수 있었기 때문입니다. 복음을 전하고 하나님의 일을 할 때 하나님께서는 우리를 돕는 방법으로 주로 사람을 동원하십니다. 물론 하나님은 때때로 동물도 사용하시고 천사도 동원하시며 기적도 행하셔서 우리를 돕기도 하시지만 그것은 매우 예외적인 경우이고 대개의 경우는 사람을 동원해서 도우십니다. 본문 9절에서는 밤에 환상 중에 주님이 나타나셔서 바울을 위로하고 격려하셨지만 특별히 고린도에서 바울의 선교는 하나님이 준비하신 사람들을 예상치 못하게 만남으로, 그리고 그들의 도움을 받음으로 바울의 사역이 이루어졌습니다.

그렇다면 하나님이 준비하시고 동원하신 사람들이 누구였나요?

① "아굴라라 하는 본도에서 난 유대인 한 사람을 만나니 글라우디오가 모든 유대인을 명하여 로마에서 떠나라 한 고로 그가 그 아내 브리스길라와 함께 이달리야로부터 새로 온지라 바울이 그들에게 가매"(2절).
바울은 아굴라와 그의 아내 브리스길라를 만나 함께 동거하며 장막 만드는 일을 하였습니다. 그들은 글라우디오 황제 때 로마로부터 고린도에 온 사람들로서 일찍이 복음을 듣고 예수를 믿었던 사람들로 보여집니다. 당시에 바울은 아테네에 실라와 디모데를 두고 혼자 왔기 때문

에 자신의 생활비를 벌며 일해야 했는데, 그때 이들 부부가 그를 도와준 것입니다.

② "실라와 디모데가 마게도냐로부터 내려오매 바울이 하나님의 말씀에 붙잡혀 유대인들에게 예수는 그리스도라 밝히 증언하니"(5절).

실라와 디모데가 아테네로부터 오자 바울이 "하나님의 말씀에 붙잡혀" 복음을 전하게 되었습니다. 이것은 바울이 본격적으로 복음 증거 하는 일에 전념할 수 있게 되었다는 말입니다. 사실 그 전에는 생계를 위해서 안식일 이외에는 사역을 위한 시간을 따로 낼 수 없었지만, 그 두 동역자가 오자 바울이 사역에 전적으로 시간과 에너지를 사용할 수 있게 된 것입니다. 또 하나는 아테네에서의 복음 증거의 실패 기억 때문에 바울이 고린도에서는 미처 용기를 내지 못하고 있었는데 그 두 사람이 오자 다시 힘을 얻어 함께 복음을 전할 수 있게 되었다는 것입니다.

③ "거기서 옮겨 하나님을 경외하는 디도 유스도라 하는 사람의 집에 들어가니 그 집은 회당 옆이라"(7절).

바울이 회당에서 복음을 전할 때 유대인들이 대적하고 훼방하자 나와서 만난 사람이 이방인 디도 유스도입니다. 유스도는 바울이 회당에서 쫓겨나서 간 곳이 회당 바로 옆집인데 그 곳에서 바울이 교회를 개척하고 복음을 전하도록 도와준 사람입니다. 본문 8절은 그곳에서 바울이 교회를 개척하고 복음을 전할 때 회당장 그리스보뿐만 아니라 수다한 고린도 사람들이 예수를 믿고 세례를 받았다고 기록하고 있습니다.

④ 회당장 그리스보뿐 아니라 많은 고린도 사람들이 예수를 믿고 교

회가 성장하자 이에 시기가 난 유대인들이 바울을 고소하여 재판을 받게 되는데 그때에도 하나님은 이방인이며 하나님을 모르는 갈리오 총독을 통해서 그 위기를 모면하게 하셨습니다.

여기에서 우리가 받아야 할 교훈과 결론은 하나님은 자신의 백성과 종을 도우실 때 환경과 상황, 시간을 섭리하시되 때마다 사람을 준비하시고 또 동원하셔서 도우신다는 것입니다.

하나님은 사람을 통해, 특별히 하나님의 사람들을 통해 돕고 일하시기를 기뻐하십니다. 본문에서 바울을 도와 함께 사역했던 사람들과의 만남은 절대 우연이 아닙니다. 이 모든 만남은 하나님의 세밀하신 섭리 속에서 일어난 일들입니다.

그러므로 우리는 하나님 나라의 일을 할 때 능력, 은사 모두 필요하지만 특별히 만남의 복을 받는 자들이 되어야 합니다. 만남의 복을 위해 구하는 자들이 되어야 합니다. 나아가서는 은사도 능력도 귀하게 여기고 잘 관리해야겠지만 동역자와 후원자 등 사람과의 관계를 귀히 여기고 또 잘 관리할 수 있어야 합니다.

"혹시 저희가 넘어지면 하나가 그 동무를 일으키려니와 홀로 있어 넘어지고 붙들어 일으킬 자가 없는 자에게는 화가 있으리라"(전 4:10).

실제로 캘리포니아 정신 건강 연구소의 조사 결과를 보면 사회적으로 고립되어 사는 사람, 그래서 이해 받을 누구도 없다고 느끼는 사람은 그렇지 않은 사람보다 조기 사망할 가능성이 2배 내지 3배가 높다고 합니다. 그리고 정서적 소진(emotional burn out)의 가능성은 4배가 높고, 우울증을 앓을 가능성은 5배가 높으며, 정신병(mental disorder) 치료를 받게 될 가능성이 10배가 높다는 사실이 발견되었습니다.

오늘날 우리에게 친구는 단순히 있으면 좋은 정도가 아닌 반드시 필요한 것입니다. 이것은 사역에 있어서도 마찬가지로 동역자와 후원자는 단순히 있으면 좋은 것이 아닌 반드시 필요한 것입니다.

그러므로 하나님의 교회에서 우리가 함께 주님을 섬기며 서로 동역하게 된 것, 그리고 우리 모두의 관계는 정말 하나님의 섭리 가운데 서로를 위해 준비되고 사용하시는 만남과 관계임을 믿고 하나님 앞에 감사할 뿐만 아니라 귀히 여기고 잘 관리할 수 있어야 합니다. 바라기는 성도의 교제를 통하여 우리 모두의 만남이 이런 복된 만남이 되고 귀한 사귐이 될 수 있기를 소원합니다.

45

브리스길라와 아굴라
행: 18:1-4, 24-28

¹그 후에 바울이 아테네를 떠나 고린도에 이르러 ²아굴라라 하는 본도에서 난 유대인 한 사람을 만나니 글라우디오가 모든 유대인을 명하여 로마에서 떠나라 한 고로 그가 그 아내 브리스길라와 함께 이달리야로부터 새로 온지라 바울이 그들에게 가매 ³생업이 같으므로 함께 살며 일을 하니 그 생업은 천막을 만드는 것이더라 ⁴안식일마다 바울이 회당에서 강론하고 유대인과 헬라인을 권면하니라

²⁴알렉산드리아에서 난 아볼로라 하는 유대인이 에베소에 이르니 이 사람은 언변이 좋고 성경에 능통한 자라 ²⁵그가 일찍이 주의 도를 배워 열심히 예수에 관한 것을 자세히 말하며 가르치나 요한의 세례만 알 따름이라 ²⁶그가 회당에서 담대히 말하기 시작하거늘 브리스길라와 아굴라가 듣고 데려다가 하나님의 도를 더 정확하게 풀어 이르더라 ²⁷아볼로가 아가야로 건너가고자 함으로 형제들이 그를 격려하며 제자들에게 편지를 써 영접하라 하였더니 그가 가매 은혜로 말미암아 믿은 자들에게 많은 유익을 주니 ²⁸이는 성경으로써 예수는 그리스도라고 증언하여 공중 앞에서 힘있게 유대인의 말을 이김이러라

"25년 결혼생활 소감이 어떠세요?" 이 질문에 결혼 25주년을 맞은 어떤 여인이 대답합니다. "적과의 동침이지요!"

그리스도인의 결혼 생활은 이와 같아서는 안 될 것입니다.

짤막한 경구나 초대 교회의 에피소드가 간략히 적혀 있는 초대 교회 문서가 있는데 그 중에는 이런 구절이 있다고 합니다.

"아굴라와 브리스길라는 우리 중에 으뜸 되는 부부의 이상형이었다."

본문의 이야기는 바울이 아테네에서의 사역을 끝내고 고린도에 왔을 때를 배경으로 하고 있습니다. 바울은 당시 헬라 철학의 본거지인 아테네로 가서 복음을 전하였지만 그 결과가 별로 좋지 않았습니다. 다른 지역에서는 믿는 사람도 많이 생기고 교회도 세워졌는데, 이곳에서는 믿는 사람도 몇 안 생기고 교회도 세우지 못했습니다. 그래서 '사도행전 17장과 18장 사이에는 바울의 낙심과 좌절이 숨어있다'라고 말한 학자도 있습니다. 즉 이제까지 기세등등하던 바울이 풀이 꺾여서 고린도로 오게 된 것입니다. 그런데 아테네에서 그런 일이 있은 후, 바울은 그 실패를 거울삼아 고린도에서는 큰 부흥을 일으키게 됩니다. 이 부흥에 결정적 도움을 준 부부가 바로 브리스길라와 아굴라입니다. 그리고 바울이 기독교 역사의 한 페이지를 장식할 수 있었던 것도 바울이 특출해서가 아니라 바로 이 브리스길라와 아굴라 부부의 동역과 후원이 있었기 때문입니다. 이런 점에서 이 부부는 그리스도인들의 결혼의 좋은 모범이 됩니다.

브리스길라와 아굴라 부부는 어떤 점에서 우리 모두에게 모범이 되는 부부였습니까?

첫째, 함께 신앙과 복음을 위해서 살았습니다.

이들은 사도 바울이나 바나바, 실라나 디모데처럼 Full time 선교사는 아니었지만 이들의 삶의 목적과 우선순위는 세상적인 가치가 아닌 신앙과 복음, 즉 영혼 구원이었습니다. 평신도지만 사업이나 돈 버는 것, 자녀 교육, 먹고 사는 것이 우선순위가 아니었습니다. 그들은 복음과 교회를 위해서 일도 하고 돈도 번 것입니다.

브리스길라와 아굴라가 어떻게 만났는지는 알 수 없지만 이들이 바울을 만나기 전에는 로마에 살았습니다. 본문 2절에 글라우디오라는 사람이 나오는데 이 사람은 로마의 황제로서 로마에 있는 모든 유대인들에게 추방령을 내립니다. 그 이유를 정확히 알 수는 없지만 당시 유대교를 믿던 유대인들과 예수를 믿는 유대인들 사이의 갈등이 심화되자 원래 유대인들을 싫어했던 글라우디오 황제가 모든 유대인들을 로마에서 추방시킨 것으로 보입니다. 그래서 이들 부부도 할 수 없이 고린도로 오게 된 것입니다. 아굴라는 본도에서 출생한 유대인이지만 브리스길라는 로마 태생의 명문, 귀족 출신으로 만약 그녀가 예수만 믿지 않았다면 얼마든지 로마에서 화려하고 편안하게 잘 살 수 있었을 것입니다. 그러나 그녀는 예수 믿는 유대인 남편을 만나 로마를 떠나게 되고 신앙 때문에 자신의 편안함과 특권을 포기했습니다. 이들은 로마를 떠난 후에도 적어도 3번 이상 더 이사를 했습니다. 고린도에서 1년 반 동안 바울과 동역하다가 바울이 에베소로 갈 때 고린도에서 에베소로 가서 그곳에서 5년간 머물고, 다시 로마로 돌아갈 수 있는 기회가 왔을 때 에베소에서 다시 로마로 가서 그곳에서 교회를 개척했습니다. 또한 약 10년 후 로마에서 다시 에베소로 가서 디모데를 도와 에베소 교회를 섬기며 살았습니다. 도로와 교통이 발달되지 않았던 그 시절에 이렇게 자주 삶의 터전을 옮기면서 살았던 이 부부는 얼마나 많이 힘들었을까요? 하지만 그들은 부부가 함께 복음을 위해 살고자 하는 소원을 가졌기 때문에 이런 수고를 마다하지 않았습니다.

재미있는 것은 이들 부부 이름이 성경에 6번 나오는데, 그 중 남편 이름이 앞에 나오는 것은 2번이고 나머지 4번은 아내 브리스길라의 이름이 먼저 나옵니다. 여자는 재판에 증인으로도 세우지 않고 무시하던 그 때 이렇게 아내의 이름이 앞에 나온 것은 그녀가 더 적극적으로 사역했음을 보여주는 것입니다.

미국에 이민 오신 분 중에 신앙과 복음 때문에 온 사람은 거의 없을 것입니다. 대개 돈 벌기 위해서, 자녀 교육 때문에 옵니다. 또 이사를 할 때에도 직장과 학군, 그리고 세금을 생각하며 이사하는 사람은 많지만 신앙을 위해서, 교회와 자신의 직분 때문에 이사하는 사람은 찾기 힘듭니다. 그러나 브리스길라와 아굴라 부부를 보면서 앞으로는 신앙과 교회 때문에, 그리고 나아가서는 복음을 위해서 이민도 가고 이사도 갈 수 있는 성도들이 되시기를 바랍니다.

둘째, 성경을 잘 알 뿐만 아니라 가르칠 수 있었습니다.

본문 24-25절에는 아볼로라는 사람이 소개되고 있는데 이 사람에 대해 누가복음의 저자 누가는 학문과 성경에 능한 자라고 쓰고 있습니다.

아볼로는 성경도 잘 알고 학문도 깊은데다 언변도 뛰어난 사람이었습니다. 어느 날 우연히 브리스길라와 아굴라 부부가 아볼로의 설교를 듣게 되는데 그의 설교는 매우 논리적이고 성경적인데다 웅변적이었습니다. 그러나 이 부부는 이 사람의 설교에 가장 중요한 게 빠져 있다는 사실을 알게 됩니다. 아볼로라는 청년이 가르치는 것이 단지 요한의 세례뿐이라는 것입니다. 즉 죄를 회개하지 않으면 지옥 불에 던져질 것이니 회개하고 죄 사함을 받으라는 것입니다. 그래서 브리스길라와 아굴라는 이 청년을 데려다가 성경을 가지고 복음과 구원, 성령 세례(예수를 믿을 때에 죄 용서뿐만 아니라 성령이 우리 안에 들어와 내주하심)에 대해서 정확하게 설명해 줍니다.

브리스길라와 아굴라 부부는 사도 바울을 만나서 일 년 반을 함께 살면서 개인적으로 제자 훈련을 받고 성경을 공부했습니다. 그들은 살아가면서 일도 하고 사람도 만났지만 무엇보다도 말씀을 읽고 연구하는데 애를 썼기 때문에 말씀을 밝히 알았고 아볼로를 가르칠 수 있는 그만한 성경 실력을 가지고 있었습니다. 설교자도 교회 지도자도 아닌 평신도였지만 말씀을 잘 가르쳤습니다. 그러므로 우리도 이 브리스길라와 아굴라 부부처럼 말씀 공부에 대한 소원과 헌신이 있어야 합니다. 초대 교회의 그 놀라운 부흥과 선교의 열매는 바로 이런 말씀에 대한 성도들의 헌신에 기초하고 있다는 것을 우리는 알아야 합니다. 브리스길라와 아굴라 부부는 1년 6개월이라는 기간 동안 철저히 말씀의 기초를 쌓았습니다. 성경의 진리를 알기 위해, 또 하나님의 하나님 되심을 알기 위해 시간을 바쳐 말씀을 배우는 일에 헌신한 적이 있습니까? 더 헌신할 수 있기를 바랍니다.

셋째, 교회와 주의 종을 헌신적으로 섬겼습니다.

브리스길라와 아굴라 부부는 교회와 주의 종을 헌신적으로 섬겼습니다. 이 부부는 고린도에서 처음 바울을 만나고 훈련을 통해 온전한 그리스도의 제자가 됩니다. 그때부터 그들은 자기들의 전 생애를 주님을 위해 헌신하게 되는데 그 헌신은 바로 교회와 주의 종을 섬기는 것으로 나타나고 있습니다.

본문 18절 이하에서 바울이 1년 6개월 동안 사역하던 고린도를 떠나는 장면이 나오는데, 그때 혼자 떠난 게 아니라 이 아굴라 부부와 동행합니다. 바울이 에베소로 전도하기 위해 갈 때 이들 부부는 에베소의 복음화를 위해서 함께 가겠다고 자청했습니다. 사업도 정리하고 자신의 영적인 스승과 함께 수고의 짐을 지려고 한 것입니다. 이 부부는 세 번이나 이사를 했는데 세 번 다 이사한 이유가 같다는 것을 알 수 있습니다. 교회 때문에, 주의 종 바울을 돕기 위해서 이사한 것입니다.

고린도전서 16장 19절을 보면 바울은 로마로부터 고린도 교회를 향해서 이렇게 쓰고 있습니다.

"아시아의 교회들이 너희에게 문안하고 아굴라와 브리스가와 및 그 집에 있는 교회가 주 안에서 너희에게 간절히 문안하고…."

이 상황은 이 부부가 글라우디오 황제가 죽은 후 세계의 수도였던 로마의 복음화를 위해서 다시 로마로 되돌아간 때입니다. 이때 로마의 성도들은 브리스길라와 아굴라 부부의 집에서 모였던 것을 알 수 있습니다

다. 초대 교회는 큰 건물을 가질 여유가 없었기 때문에 성도들의 집에서 모였는데, 매주 자신의 집을 개방하는 것은 보통의 헌신으로 되는 것이 아니었습니다. 그것은 주님을 위해서 자기 개인의 삶을 완전히 내놓은 사람만이 할 수 있는 일이었습니다.

"너희는 그리스도 예수 안에서 나의 동역자들인 브리스가와 아굴라에게 문안하라 그들은 내 목숨을 위하여 자기들의 목까지도 내놓았나니 나뿐 아니라 이방인의 모든 교회도 그들에게 감사하느니라"(롬 16:3-4).

브리스길라와 아굴라 부부가 바울의 목숨을 위하여 자기들의 목을 내어놓았다고 말합니다. 오늘 얼마나 많은 한국 목회자들이 바울과 같은 이런 고백을 할 수 있을까요? 바울이 그토록 위대한 선교사로 일생을 살 수 있었던 힘은 하나님 나라의 확장과 예수 그리스도의 복음을 증거 하기 위해서 자기 목숨도 희생할 수 있다는 이런 동역자들이 있었기 때문입니다.

공산 치하 소련의 어느 교회에 아주 신실한 목사님이 계셨는데 그만 KGB에 고발되어 시베리아의 강제 수용소로 유배를 가게 됐습니다. 교인들이 모여 목사님을 위해서 기도하는데 어느 날부터는 장로님마저 보이지 않았습니다. 그래서 교인들은 더 걱정하면서 기도했습니다. 그렇게 계속 기도하며 지내고 있던 어느 날, 소련의 공산 정부가 무너지고 새 정부가 들어서게 됐습니다. 그리고 모두 신앙의 자유를 찾게 되었습니다. 아마도 러시아에 페레스트로이카(개혁)가 시작되었던 어간이었던 것 같은데, 목사님이 무려 3년 만에 돌아오셨습니다. 그리고 그 옆에는 어느 날 행방불명된 장로님이 함께 서 있었습니다. 목사님의 말씀이, 그 시베리아에서 하루하루 힘겨웠던 어느 날 수용소 내의 이발관에서 머리를 깎으려고 길게 줄을 서 있는데 새로 온 이발사가 낯이 익더라는 것입니다. 그런데 자기 차례가 되어서 보니까 그 이발사는 바로 그 장로님이었습니다. 평소에도 두 분은 형제처럼 그렇게 아껴 주고, 서로 상처(喪妻)한 처지라 누구보다도 이해해 주면서 지냈습니다. 서로 얼굴을 맞댄 두 사람은 감시 때문에 많은 말을 하지 않았지만 서로의 눈으로 모든 것을 알 수 있었습니다. 장로님은 목사님과 그 세월을 함께 보내면서 아픔을 함께 나누고 싶어서 아무도 가지 않으려고 하는 시베리아에 이발사로 자원을 했던 것입니다. 목사님의 나머지 유배 생활이 훨씬 덜 힘들었을 것은 말할 나위가 없을 것입니다. 그러면서 목사님이 간증을 하시는데 결론적으로 이런 말씀을 하셨다고 합니다.

"사람이 살아가는 데는 꼭 여러 사람의 사랑을 필요로 하는 것은 아닌 것 같습니다. 어떤 경우에는 단 한 사람의 사랑이라도 살아가기에 넉넉합니다."

주후 1세기의 교회가 그 당시 복음으로 세계를 변화시킬 수 있었던 것은 결코 바울 혼자의 힘이 아니었습니다. 바울 뒤에 있었던 수많은 평신도들의 절대적인 숨은 헌신이 있었기 때문입니다. 특별히 이 마지막 때에 하나님은 주님과 복음을 위해 자신의 삶을 온전히 헌신할 바울과 같은 전문사역자도 필요로 하시지만 복음의 미완성 과업 성취를 위해 주님의 종들을 도울 브리스길라와 아굴라 같은 평신도 사역자들을 더 많이 필요로 하십니다.

그러므로 하나님께서 세계 미전도 종족 복음화를 위한 도구로 우리를 쓰시되 주님과 복음을 위해, 교회와 주님의 종들을 위해 헌신적으로 섬기고 도울 수 있는 브리스길라와 아굴라 같은 평신도 사역자들이 많이 배출될 수 있기를 소원합니다.

46

에베소의 부흥
행: 19:1-10

¹아볼로가 고린도에 있을 때에 바울이 윗지방으로 다녀 에베소에 와서 어떤 제자들을 만나 ²이르되 너희가 믿을 때에 성령을 받았느냐 이르되 아니라 우리는 성령이 계심도 듣지 못하였노라 ³바울이 이르되 그러면 너희가 무슨 세례를 받았느냐 대답하되 요한의 세례니라 ⁴바울이 이르되 요한이 회개의 세례를 베풀며 백성에게 말하되 내 뒤에 오시는 이를 믿으라 하였으니 이는 곧 예수라 하거늘 ⁵그들이 듣고 주 예수의 이름으로 세례를 받으니 ⁶바울이 그들에게 안수하며 성령이 그들에게 임하시므로 방언도 하고 예언도 하니 ⁷모두 열두 사람쯤 되니라 ⁸바울이 회당에 들어가 석 달 동안 담대히 하나님 나라에 관하여 강론하며 권면하되 ⁹어떤 사람들은 마음이 굳어 순종하지 않고 무리 앞에서 이 도를 비방하거늘 바울이 그들을 떠나 제자들을 따로 세우고 두란노 서원에서 날마다 강론하니라 ¹⁰두 해 동안 이같이 하니 아시아에 사는 자는 유대인이나 헬라인이나 다 주의 말씀을 듣더라

종말론적인 관점에서 볼 때 이 시대는 대추수와 대부흥이 일어나고 있는 시대입니다. 남미와 아프리카 등지에서 매일 약 87,000-100,000명이 예수를 믿고 그리스도인이 되고 있으며 매 주일 약 4,500개의 교회가 새로이 개척된다고 합니다. 인도에서는 2명을 전도하면 1명이 믿

고 3가정에 들어가 전도하면 1가정이 가정 교회가 됩니다.

우리가 사는 이 시대에, 그리고 우리의 삶 가운데, 특별히 우리 교회에 우리가 정말 사모하고 소원해야 할 것이 있는데, 그것이 바로 이러한 부흥입니다. 본문도 바울의 제3차 선교 시 에베소에서 일어났던 부흥에 대해 기록하고 있습니다. 중요한 것은 에베소는 우상과 미신이 가득 차 있던 도시였는데, 어떻게 그 곳에 그런 놀라운 부흥의 역사가 일어났느냐 하는 것입니다.

에베소의 부흥은 어떻게 시작되었으며 가능하게 되었습니까?

첫째, 성령에 대해 알고 인정하게 되었기 때문입니다.

> "아볼로가 고린도에 있을 때에 바울이 윗지방으로 다녀 에베소에 와서 어떤 제자들을 만나 이르되 너희가 믿을 때에 성령을 받았느냐 이르되 아니라 우리는 성령이 계심도 듣지 못하였노라 바울이 이르되 그러면 너희가 무슨 세례를 받았느냐 대답하되 요한의 세례니라 바울이 이르되 요한이 회개의 세례를 베풀며 백성에게 말하되 내 뒤에 오시는 이를 믿으라 하였으니 이는 곧 예수라 하거늘 그들이 듣고 주 예수의 이름으로 세례를 받으니 바울이 그들에게 안수하며 성령이 그들에게 임하시므로 방언도 하고 예언도 하니"(2-6절).

바울이 안디옥과 갈라디아, 브루기아 땅을 거쳐 에베소에 왔을 때 바울은 그곳에서 단지 요한의 세례만을 아는 사람들을 만났는데 그들은 아마 전에 아볼로에게서 배운 사람들이었을 것입니다. 바울은 그들이 성령에 대해 전혀 무지한 것을 보고 그들에게 세례 요한 뒤에 오셔서 성령과 불로 세례를 주신 분이 바로 예수 그리스도이시라고 가르치고 예수의 이름으로 그들에게 세례를 주고 안수하였습니다. 이때 그들은 방언하고 예언하는 은사를 경험하게 되었고 이러한 성령의 나타남, 즉 은사를 통해서 확실히 성령을 인정하고 본문의 12절과 같은 일도 가능할 것이라고 믿고 행했습니다. 자연히 이러한 소문은 그 지역에 퍼졌고 사람들은 바울이 전하는 복음과 하나님의 나라에 대한 강론에 큰 관심을 가지게 되어 모여들기 시작했습니다.

오늘날도 놀라운 복음의 역사, 즉 부흥은 반드시 성령과 성령의 역사를 인정할 뿐만 아니라 그분을 환영할 때만 일어날 수 있습니다.

둘째, 집중적인 말씀 사역이 있었기 때문입니다.

> "바울이 회당에 들어가 석 달 동안 담대히 하나님 나라에 관하여 강론하며 권면하되 어떤 사람들은 마음이 굳어 순종하지 않고 무리 앞에서 이 도를 비방하거늘 바울이 그들을 떠나 제자들을 따로 세우고 두란노 서원에서 날마다 강론하니라"(8-9절).

처음 바울의 전도 사역은 유대인들을 대상으로 했기 때문에 거의 회당에서 이루어졌습니다. 바울은 석 달 동안 하나님의 나라에 대해 강론하고 권면했지만 어떤 사람들의 마음은 계속해서 완악해져 믿지 않을 뿐만 아니라 심지어 비방하기까지 하였습니다. 그래서 바울은 더 이상 회당에서 복음 사역을 할 수 없게 되었고 믿는 사람들을 데리고 나와서 두란노 서원에서 날마다 강론하기 시작하여 약 2년간 계속 그들을 가르쳤습니다. 이것이 계기가 되어 에베소에 큰 부흥이 일어나게 된 것입니다. 바울은 예수님의 가르침대로 말씀을 거절하는 자들을 떠나 말씀을 능동적으로 수용하는 자들을 중심으로 **집중적으로**("제자들을 따로 세우고 두란노 서원에서 날마다 강론하니라"-9절) 말씀을 가르친 것입니다.

베자 사본에 의하면 바울이 오전 11시부터 오후 4시까지 두란노 서원(셀죽 도서관) 건물을 사용했다고 기록하고 있습니다. 즉 더운 날씨 때문에 에베소 사람들이 일을 쉬는 시에스타 시간을 이용해 바울도 장막 만드는 일을 쉬고 그 시간에 매일 복음을 전한 것입니다. 모두가 다 관심을 가지고 성경 공부를 하면 좋겠지만 결국 부흥의 관건은 베뢰아 사람처럼 말씀에 대해 관심과 열정을 가지고 말씀을 듣고 배우기를 사모하는 사람들이 얼마나 있느냐 하는 것이고, 또 하나는 그 사람들을 집중해서 가르치는 것입니다. 그리고 더 많이 새롭게 공부할 기회를 만들어 주고 격려해서 브리스길라와 아굴라 같이 다른 사람을 가르칠 수 있는 실력을 갖춘 사람들을 많이 양육하는 것이 매우 중요합니다.

"두 해 동안 이같이 하니 아시아에 사는 자는 유대인이나 헬라인이나 다 주의 말씀을 듣더라"(10절).

또 더 나아가 집중해서 가르치는 것도 필요하지만 주님의 음성을 들을 수 있는 것도 중요합니다. 두란노 서원에 따로 모인 제자들은 바울이 강론하고 권면할 때 그것을 바울의 말로 듣지 않고 하나님의 말씀으로 들었습니다. 즉 귀로 듣지 않고 마음으로 주님의 음성을 들은 것입니다.

여러분은 말씀을 듣거나 성경을 공부할 때 주님의 음성이 마음속에 어떻게 들리십니까? 우리는 감동을 받고, 깨닫게 되고, 찔림을 받습니다. 그러나 문제는 많은 사람들이 그것을 주님의 음성으로 듣지 못하는 것입니다.

주님의 종들을 통해서 말씀을 들을 때마다 살아계신 주님의 음성을 듣고 그 말씀대로 사는 성도들이 많아지게 될 때 반드시 부흥이 일어나게 됨을 믿으시기 바랍니다. 진정한 부흥을 원한다면 예배 때마다, 말씀을 듣고 배울 때마다 다음과 같이 기도하시기를 바랍니다.

"하나님, 오늘도 하나님의 말씀을 듣고 배울 때 주님의 말씀으로 듣게 해주옵소서. 말씀 중에 주님의 음성을 듣게 해주옵소서."

47

유두고
행: 20:1-12

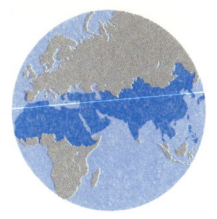

¹소요가 그치매 바울은 제자들을 불러 권한 후에 작별하고 떠나 마게도냐로 가니라 ²그 지방으로 다녀가며 여러 말로 제자들에게 권하고 헬라에 이르러 ³거기 석 달 동안 있다가 배 타고 수리아로 가고자 할 그때에 유대인들이 자기를 해하려고 공모하므로 마게도냐를 거쳐 돌아가기로 작정하니 ⁴아시아까지 함께 가는 자는 베뢰아 사람 부로의 아들 소바더와 데살로니가 사람 아리스다고와 세군도와 더베 사람 가이오와 및 디모데와 아시아 사람 두기고와 드로비모라 ⁵그들은 먼저 가서 드로아에서 우리를 기다리더라 ⁶우리는 무교절 후에 빌립보에서 배로 떠나 닷새 만에 드로아에 있는 그들에게 가서 이레를 머무니라 ⁷그 주간의 첫날에 우리가 떡을 떼려 하여 모였더니 바울이 이튿날 떠나고자 하여 그들에게 강론할새 말을 밤중까지 계속하매 ⁸우리가 모인 윗다락에 등불을 많이 켰는데 ⁹유두고라 하는 청년이 창에 걸터앉아 있다가 깊이 졸더니 바울이 강론하기를 더 오래 하매 졸음을 이기지 못하여 삼 층에서 떨어지거늘 일으켜보니 죽었는지라 ¹⁰바울이 내려가서 그 위에 엎드려 그 몸을 안고 말하되 떠들지 말라 생명이 그에게 있다 하고 ¹¹올라가 떡을 떼어 먹고 오랫동안 곧 날이 새기까지 이야기하고 떠나니라 ¹²사람들이 살아난 청년을 데리고 가서 적지 않게 위로를 받았더라

사도행전 1-12장은 베드로를 중심으로, 13장 이후는 바울을 중심으로 기록하고 있습니다. 13장에서 바울은 안디옥 교회의 파송을 받아 구브로와 바시디아, 안디옥, 이고니온, 그리고 루스라 등에서 복음을 전했고(1차 선교), 2차 선교는 마게도냐 사람의 환상을 본 후 빌립보, 데살로니가, 베뢰아, 아테네, 그리고 고린도를 중심으로 사역했습니다. 그리고 약 3년간에 걸친 3차 선교는 에베소를 중심으로 소아시아 서부 지방에서 이루어졌습니다.

본문 1-6절은 바울이 에베소에서의 사역을 마친 후 2차 선교 여행 중 복음을 전했던 마게도냐와 아가야 지방에 개척한 교회들을 재방문한 사실과 드로아에서 머무는 동안 일어난 놀라운 이적 사건을 기록하고 있습니다.

먼저 본문 1-6절에서 우리가 받을 수 있는 교훈은 무엇입니까?

첫째, 복음 사역은 반드시 협력이 필요합니다.

목회도 그렇지만 선교는 혼자 할 수 없습니다. 아무리 뛰어난 선교사 또는 전도자라도 이방 땅에서 하는 복음 사역은 반드시 협력해야 하며 동역자가 있어야 합니다. 한 예로 우리 교회가 인도 미전도 종족 개척을 시작할 때도 Dr. 알렉스 아브라함과 Operation Agape 사역자들과 함께 교회 개척 사역을 하였는데, 이때 남침례교 선교부(IMB) 선교사들이 교회 개척을 훈련시켰습니다. 그리고 안강희 선교사도 인도 뉴라이프 선교 교단 소속의 15명의 주 책임 사역자들과 동역함으로써 선교의 열매를 맺게 된 것입니다.

바울의 이방 선교도 바울 혼자 한 것이 아니라 이렇게 수많은 동역자들과 함께 한 것입니다. 여기 7명의 이름은 바울이 선교했던 마게도냐, 갈라디아, 아시아 교회들의 대표들로서 사실 이들이 없었다면 바울의 선교는 불가능했을 것입니다. 이들은 수많은 핍박과 어려움 중에도 바울 사도와 함께 이방인들에게 복음을 전하는 일에 희생과 수고를 아끼지 않았습니다. 특별히 이들 중 아리스다고와 두기고는 바울을 좇아 예루살렘뿐만 아니라 로마 감옥까지 동행(함께, 엡 6:21, 골 4:7)할 정도로 바울을 도와 함께 사역했던 동역자들입니다.

그런데 이들은 왜 바울과 함께 예루살렘에 가기를 원했을까요?

그것은 예루살렘 교회의 가난한 신자들을 돕기 위해 그들이 섬기는 이방인 교회들이 연보한 구제 헌금을 전달하기 위한 것이었습니다. 이처럼 복음 증거와 선교, 하나님의 나라를 위해서는 사역자들만 서로 협력하고 돕는 것이 아니라 교회들도 서로 연합하고 도와야 합니다. 그렇게 할 때 서로의 부족을 채워줄 뿐만 아니라 혼자서 할 수 없는 큰 일도 이룰 수 있기 때문입니다. 이것이 바로 사역의 시너지 효과입니다.

둘째, 유두고 사건을 통해 주시는 교훈은 무엇입니까?

"그 주간의 첫날에 우리가 떡을 떼려 하여 모였더니 바울이 이튿날 떠나고자 하여 그들에게 강론할새 말을 밤중까지 계속하매 우리가 모인 윗다락에 등불을 많이 켰는데 유두고라 하는 청년이 창에 걸터 앉아 있다가 깊이 졸더니 바울이 강론하기를 더 오래 하매 졸음을 이기지 못하여 삼 층에서 떨어지거늘 일으켜보니 죽었는지라 바울이 내려가서 그 위에 엎드려 그 몸을 안고 말하되 떠들지 말라 생명이 그에게 있다 하고 올라가 떡을 떼어 먹고 오랫동안 곧 날이 새기까지 이야기하고 떠나니라 사람들이 살아난 청년을 데리고 가서 적지 않게 위로를 받았더라"(7-12절).

① "위대한 사도요 선교사인 바울이 설교할 때에도 교인이 조는데 보통 목사가 설교하는데 교인이 존다고 실망하지 말라" 일까요?
② 아니면 "설교할 때 졸지 말라. 잘못하면 졸다 사고 난다" 일까요?

물론 설교가 길거나 피곤하면 졸수도 있습니다. 본문에도 "밤중까지 계속하매"(7절), "바울이 강론하기를 더 오래하매"(9절)로 보아 설교가 길었던 것으로 보입니다.

바클레이는 말하길 "유두고라는 이름과 창에 걸터 앉았다는 사실에서 추측하건대 그는 노예였기 때문에 하루 종일 일하고 아마 몹시 피곤했을 것"이라고 했는데, 사실 조는 것 자체는 아무 문제가 없습니다. 그러나 졸지 말아야 할 때 조는 것은 문제입니다. 때와 장소를 가리지 못하고 조는 것, 반드시 깨어있어야 할 때 조는 것이 문제입니다.

말씀을 들을 때, 예배를 드릴 때는 깨어있어야 할 때입니다. 다른 어느 때보다 집중해야 할 때이고, 정말 집중하면 졸지 않을 수 있습니다. 앞자리에 앉으면 졸 수 없는 이유가 바로 이것입니다. 특별히 기억할 것은 다른 때보다 말씀을 듣는 시간에 졸 때 사탄이 가장 역사를 많이 한다는 사실입니다.

"천국은 좋은 씨를 제 밭에 뿌린 사람과 같으니 사람들이 잘 때에 그 원수가 와서 곡식 가운데 가라지를 덧뿌리고 갔더니"(마 13:24-25).

특별히 유두고의 소생 사건은 함께 떡을 떼는 상황을 중심으로 이해해야 합니다. 본문의 교차 구조에서 이것을 발견할 수 있는데, 성찬식과 연결해서 이 사건의 영적 의미를 생각할 때 우리는 진정한 메시지를 발견할 수 있는 것입니다. (유상섭, 분석 사도행전)

7절 "우리가 떡을 떼려 하여 모였더니…"(A)
8-9절 "우리가 모인 윗다락에 등불을 많이 켰는데 유두고라 하는 청년이 창에 걸터 앉아 있다가 깊이 졸더니 바울이 강론하기를 더 오래 하매 졸음을 이기지 못하여 삼 층에서 떨어지거늘 일으켜보니 죽었는지라"(B)
11절 "올라가 떡을 떼어 먹고"(A)

성찬식의 의미가 무엇입니까? 생명의 떡이신 예수, 그분의 살과 피를 먹는 자는 죽어도 다시 사는 것, 영생한다는 것을 의미합니다. 그 속에 생명이 있기 때문입니다(요 6:47-58).

그래서 청년 유두고가 다시 살아난 것만이 위로가 아니라 생명의 떡이신 예수를 먹고 마시는 우리 안에 생명이 있다는 사실, 그래서 우리가 영원히 산다는 사실을 알게 된 것이 위로며 기쁨입니다(*유두고 - 헬라어, 다행이라는 의미).

중요한 것은 우리에게 생명이 있느냐, 예수가 있느냐 하는 것입니다.

정말 예수가 있고, 예수의 생명이 있다면 다행입니다. 그분은 죽어도 다시 영원히 사시는 분이기 때문입니다. 바라기는 우리가 이 사실을 예배 때마다, 설교를 들을 때마다 특별히 성찬식에 참여할 때마다 다시 기억하고 감격하며 기뻐하며 크게 위로 받을 수 있기를 바랍니다. 나뿐만 아니라 형제와 자매 속에 있는 예수의 생명을 보고 위로 받고 기뻐할 수 있기를 바랍니다.

48

본 받아야 할 바울의 삶
행: 20:13-24

¹³우리는 앞서 배를 타고 앗소에서 바울을 태우려고 그리로 가니 이는 바울이 걸어서 가고자 하여 그렇게 정하여 준 것이라 ¹⁴바울이 앗소에서 우리를 만나니 우리가 배에 태우고 미둘레네로 가서 ¹⁵거기서 떠나 이튿날 기오 앞에 오고 그 이튿날 사모에 들르고 또 그 다음 날 밀레도에 이르니라 ¹⁶바울이 아시아에서 지체하지 않기 위하여 에베소를 지나 배 타고 가기로 작정하였으니 이는 될 수 있는대로 오순절 안에 예루살렘에 이르려고 급히 감이러라 ¹⁷바울이 밀레도에서 사람을 에베소로 보내어 교회 장로들을 청하니 ¹⁸오매 그들에게 말하되 아시아에 들어온 첫날부터 지금까지 내가 항상 여러분 가운데서 어떻게 행하였는지를 여러분도 아는 바니 ¹⁹곧 모든 겸손과 눈물이며 유대인의 간계로 말미암아 당한 시험을 참고 주를 섬긴 것과 ²⁰유익한 것은 무엇이든지 공중 앞에서나 각 집에서나 거리낌이 없이 여러분에게 전하여 가르치고 ²¹유대인과 헬라인들에게 하나님께 대한 회개와 우리 주 예수 그리스도께 대한 믿음을 증언한 것이라 ²²보라 이제 나는 성령에 매여 예루살렘으로 가는데 거기서 무슨 일을 당할지 알지 못하노라 ²³오직 성령이 각 성에서 내게 증언하여 결박과 환난이 나를 기다린다 하시나 ²⁴내가 달려갈 길과 주 예수께 받은 사명 곧 하나님의 은혜의 복음을 증언하는 일을 마치려 함에는 나의 생명조차 조금도 귀한 것으로 여기지 아니하

노라

한국 교회와 세계가 인정한 20세기의 위대한 목회자였던 故 한경직 목사님은 1992년 종교계의 노벨상이라는 템플턴상을 수상한 유일한 한국인이며 훌륭한 목사님이십니다. 한경직 목사님은 누구보다 큰 일을 하고 이루셨던 분이지만 스스로 가난과 청빈, 겸손의 모범이 되신 삶을 사신 분으로, 그가 남긴 유품은 안경, 40년간 사용한 일인용 침대, 낡은 양복 몇 벌, 낡은 성경이 전부였습니다. 그리고 한경직 목사님은 템플턴상으로 받은 백만불도 전액 북한 선교에 기부하셨고, 한 평생 무소유의 삶을 사신 훌륭한 목사님이십니다.

오늘 본문은 바울이 에베소에서의 사역을 마치고 예루살렘으로 가기 전 2차 선교 여행 중 개척했던 마게도냐와 아가야 지역 교회들을 다시 방문한 후 밀레도에서 에베소 교회의 장로들을 만나 마지막으로 나눈 격려와 권면의 이야기를 기록하고 있습니다. 이 기록을 통해서 우리는 그리스도인 바울의 삶에서 본받아야 할 귀한 모습들을 발견할 수 있습니다. 사실은 이런 귀한 모습들 때문에 바울이 위대한 그리스도인의 삶을 살 수 있었던 것입니다.

여기서 우리가 본받아야 할 바울의 그 모습들이 무엇입니까?

첫째, 모두가 알고 인정하는 삶입니다.

"오매 그들에게 말하되 아시아에 들어온 첫날부터 지금까지 내가 항상 여러분 가운데서 어떻게 행하였는지를 여러분도 아는 바니 곧 모든 겸손과 눈물이며 유대인의 간계로 말미암아 당한 시험을 참고 주를 섬긴 것과 유익한 것은 무엇이든지 공중 앞에서나 각 집에서나 거리낌이 없이 여러분에게 전하여 가르치고 유대인과 헬라인들에게 하나님께 대한 회개와 우리 주 예수 그리스도께 대한 믿음을 증언한 것이라"(18-21절).

① "주를 섬긴 것과"(19절)

바울은 최선을 다하여(모든 겸손과 눈물, 당한 시험을 참고-19절) 사역을 했습니다. 그러나 가장 중요한 것은 말로만, 입으로만 예수 그리스도가 주라고 고백하고 증거한 것이 아니라 사역을 하고 교회를 섬김에 있어 예수 그리스도를 주로 섬기는 삶, 즉 예수 그리스도를 위한 삶, 그리고 예수 그리스도의 뜻에 순종하는 삶을 살았다는 것입니다. 또한 그것을 모두가 알고 인정했습니다. 한마디로 말해서 바울은 사역을 하되 자신의 이익을 위해서, 그리고 자신의 생각과 뜻대로 하지 않았습니다.

② "거리낌이 없이"(20절)

바울은 말씀을 전하고 가르칠 때 교회와 성도들에게 유익한 것은 사람의 눈치를 보거나 두려워하지 않고 위로, 교훈, 권면, 책망 등을 말씀에 기록된 대로 가감 없이 다 전했습니다. 즉 듣기 좋은 말만 하지 않았기 때문에 하나님이 의도하신 교회를 만들 수 있었습니다.

둘째, 분명한 존재의 목적을 알고 사는 삶입니다.

"오직 성령이 각 성에서 내게 증언하여 결박과 환난이 나를 기다린다 하시나 내가 달려갈 길과 주 예수께 받은 사명 곧 하나님의 은혜의 복음을 증언하는 일을 마치려 함에는 나의 생명조차 조금도 귀한 것으로 여기지 아니하노라"(23-24절).

바울은 지금 자기가 가고자 하는 길에 분명한 결박과 환난이 있고, 그래서 죽을 수 있다는 사실도 알았지만 복음을 전하는 일이 자신의 존재 목적, 즉 사명이기 때문에 끝까지 완수하겠다고 말합니다. 즉 생명은 정말 귀한 것이지만 이 생명조차 처음부터 주님의 복음 때문에 주어진 것이므로 생명을 지키기 위해서 내 존재의 목적과 이유를 잃는 일은 절대로 있을 수 없다는 것입니다. 사실 이런 사람만이 많은 사람에게 영향을 미치는 비범한 삶을 살 수가 있습니다.

예수님의 존재 목적도 자신의 생명을 많은 사람의 대속물로 주기 위함이었습니다.

"인자가 온 것은 섬김을 받으려 함이 아니라 도리어 섬기려 하고 또 자기 목숨을 많은 사람의 대속물로 주려 함이니라"(마 20:28).

스위스의 사상가 칼 필티는 이런 유명한 말을 하였습니다. "인생 최고의 날은 자기 인생의 사명을 자각하는 날이다. 하나님이 나를 이 목적에 쓰겠다고 작정한 그 목적을 깨닫는 것이다."

예수를 믿은 후 가장 중요한 것은 우리 인생의 목적, 즉 사명을 깨닫는 것입니다. 우리 모두에게는 각자의 삶의 목적, 사명이 있는데 그것을 깨닫고 이를 위해 사는, 가장 가치 있고 후회 없는 삶을 사실 수 있기를 바랍니다.

그런데 바울이 이렇게 탁월한 그리스도인의 삶, 즉 모두에게 예수 그리스도의 종으로서 인정 받는 삶, 존재의 목적과 사명을 아는 삶을 살 수 있었던 비결은 무엇일까요?

"성령에 매여"(22절).

바로 성령에 붙잡혔기 때문입니다. 바울에게는 성령 충만의 자의식이 있었기 때문에 자기 의지, 그리고 자기 힘으로 사는 것이 아니라 성령께 붙들려 성령을 따르는 삶을 살았고, 자기 욕심이나 꿈을 위해 사는 것이 아니라 성령의 뜻을 좇아 살았습니다. 그래서 바울은 신약 성경에 나오는 가장 위대한 인물 중의 한 사람이 될 수 있었던 것입니다.

프랑스의 철학자이지 수학자인 천재 파스칼은 『팡세』를 통해 많은 지성인들에게 영향을 주었습니다. 그는 한 평생 자기 가슴 깊은 곳에 있는 주머니에 메모를 써서 넣고 다니며 틈틈이 그것을 꺼내보고 묵상했다고 합니다. 그런데 그가 임종할 때까지 아무도 그 메모를 보지 못했습니다. 후에 그것을 발견하고 보니 거기에는 이렇게 적혀 있었다고 합니다.

"밤 열시 반부터 밤 열두시 삼십 분 무렵, 불! 오!
철학자들과 지혜로운 자들의 하나님이 아니라

아브라함의 하나님, 이삭의 하나님, 야곱의 하나님,
오직 복음을 통해서만 알 수 있는 예수 그리스도의 하나님….
든든한 마음, 감정, 평화, 기쁨, 기쁨의 눈물 아멘."

파스칼은 다른 것이 아니라 어느 날 성령께 사로잡힌 그 경험과 평생을 그분께 붙들려 있다는 그의 자의식 속에서 그분의 인도하심을 따라 살았던 것입니다. 그래서 파스칼은 그렇게 탁월한 삶을 살 수 있었습니다.

우리도 성령께 사로잡혀서 살면 바울과 파스칼처럼 하나님의 사람으로, 그리고 사명의 사람으로 인정받는 삶, 많은 사람에게 영향을 미치는 탁월한 삶을 살 수가 있습니다. 이 땅에서 남은 삶을 살되 이렇게 복된 그리스도인의 삶을 사실 수 있기를 소원합니다.

49

장로들에게 한 바울의 설교
행: 20:26-38

²⁶그러므로 오늘 여러분에게 증언하거니와 모든 사람의 피에 대하여 내가 깨끗하니 ²⁷이는 내가 꺼리지 않고 하나님의 뜻을 다 여러분에게 전하였음이라 ²⁸여러분은 자기를 위하여 또는 온 양 떼를 위하여 삼가라 성령이 그들 가운데 여러분을 감독자로 삼고 하나님이 자기 피로 사신 교회를 보살피게 하셨느니라 ²⁹내가 떠난 후에 사나운 이리가 여러분에게 들어와서 그 양 떼를 아끼지 아니하며 ³⁰또한 여러분 중에서도 제자들을 끌어 자기를 따르게 하려고 어그러진 말을 하는 사람들이 일어날 줄을 내가 아노라 ³¹그러므로 여러분이 일깨어 내가 삼 년이나 밤낮 쉬지 않고 눈물로 각 사람을 훈계하던 것을 기억하라 ³²지금 내가 여러분을 주와 및 그 은혜의 말씀에 부탁하노니 그 말씀이 여러분을 능히 든든히 세우사 거룩하게 하심을 입은 모든 자 가운데 기업이 있게 하시리라 ³³내가 아무의 은이나 금이나 의복을 탐하지 아니하였고 ³⁴여러분이 아는 바와 같이 이 손으로 나와 내 동행들이 쓰는 것을 충당하여 ³⁵범사에 여러분에게 모본을 보여준 바와 같이 수고하여 약한 사람들을 돕고 또 주 예수께서 친히 말씀하신 바 주는 것이 받는 것보다 복이 있다 하심을 기억하여야 할지니라 ³⁶이 말을 한 후 무릎을 꿇고 그 모든 사람들과 함께 기도하니 ³⁷다 크게 울며 바울의 목을 안고 입을 맞추고 ³⁸다시 그 얼굴을 보지 못하리라 한 말로 말미암아 더욱 근심하고 배에

까지 그를 전송하니라

예수님이 고별 설교에서 제자들에게 말씀하시고 당부한 것은 바로 요한복음 13장의 말씀입니다.

> "새 계명을 너희에게 주노니 서로 사랑하라 내가 너희를 사랑한 것 같이 너희도 서로 사랑하라 너희가 서로 사랑하면 이로써 모든 사람이 너희가 내 제자인 줄 알리라"(요 13:34-35).

무엇보다도 제자들은 예수님의 이 마지막 당부의 말씀을 마음에 다 새겼을 것으로 믿습니다.

본문은 바울의 고별 설교입니다. 바울은 예루살렘으로 가면 다시는 돌아오지 못할 것으로 생각하고 그가 3년간 목회한 에베소 교회의 장로들에게 마지막 고별 설교를 합니다. 왜냐하면 그가 예루살렘으로 가면 핍박을 받을 것이고, 그래서 순교할 경우 다시는 볼 수 없을 것으로 생각했으며, 혹 순교하지 않더라도 그는 앞으로 로마뿐만 아니라 서바나(스페인)까지 갈 생각을 하고 있었기 때문입니다.

바울의 마지막 고별 설교를 한마디로 말하면 목회적 권면이라고 할 수 있습니다. 그렇다면 그 내용은 무엇입니까?

첫째, 삼가고 깨어 있어야 합니다.

"여러분은 자기를 위하여 또는 온 양 떼를 위하여 삼가라 성령이 그들 가운데 여러분을 감독자로 삼고 하나님이 자기 피로 사신 교회를 보살피게 하셨느니라"(28절).

왜 삼가고 깨어 있어야 합니까? 29절의 이단, 거짓 교사들, 교회를 분열시키는 자들 때문입니다. 이 시대의 '신천지'와 같은 자들 때문입니다. 그렇다면 어떻게 삼가야 합니까? 삼가기 위해서 깨어 있기 위해서 우리가 할 일은 무엇입니까?

① 기도입니다.
주님도 '시험에 들지 않게 깨어 기도하라'고 하셨기 때문에 삼가기 위해서, 깨어 있기 위해서 필요한 것은 기도입니다. 사탄의 시험과 공격(핍박, 고난)을 이기려면 반드시 기도에 깨어 있어야 합니다.

② 말씀입니다.

"지금 내가 여러분을 주와 및 그 은혜의 말씀에 부탁하노니 그 말씀이 여러분을 능히 든든히 세우사 거룩하게 하심을 입은 모든 자 가운데 기업이 있게 하시리라"(32절).

지난 3년간 바울을 통해서 밤낮으로 반복해서 배운 하나님의 말씀을 기억함으로써 그들은 삼가고 깨어 있을 수 있었습니다. 또한 그렇게 할 때 그 말씀이 개인과 교회를 든든히 세우게 됩니다.

"감독은 미쁜 말씀의 가르침을 그대로 지켜야 하리니 이는 능히 바른 교훈으로 권면하고 거슬러 말하는 자들을 책망하게 하려 함이라"(딛 1:9).

저는 교회의 존재 목적이 영혼 구원(선교와 전도)이라고 생각합니다. 능력과 은사는 바로 복음 증거를 위한 것입니다. 그런데 바울은 여기서 왜 양떼만을 위하여 삼가라고 하지 않고 자기를 위하여도 삼가라고 했을까요? 그것은 자기 영혼에 대해 소홀한 사람은 절대로 양떼, 성도들의 영혼에 유익을 줄 수 없기 때문입니다.

둘째, 교회를 섬기되 줌으로써 돕는 일을 해야 합니다.

"범사에 여러분에게 모본을 보여준 바와 같이 수고하여 약한 사람들을 돕고 또 주 예수께서 친히 말씀하신 바 주는 것이 받는 것보다 복이 있다 하심을 기억하여야 할지니라"(35절).

① 소극적으로는 탐심, 즉 이기적인 욕심을 버려야 합니다.

"내가 아무의 은이나 금이나 의복을 탐하지 아니하였고"(33절).

"너희 중 장로들에게 권하노니 나는 함께 장로 된 자요 그리스도의 고난의 증인이요 나타날 영광에 참여할 자니라 너희 중에 있는 하나님의 양 무리를 치되 억지로 하지 말고 하나님의 뜻을 따라 자원함으로 하며 더러운 이득을 위하여 하지 말고 기꺼이 하며"(벧전 5:1).

즉 직분을 이용해서 교회와 성도들로부터 어떤 경제적 이익과 보상(

칭찬도 포함)을 얻으려는 생각을 하면 안 됩니다. 그러나 오늘날의 현실은 직분이 있으면 사업과 출세에 도움이 되기 때문에 모두 직분을 얻으려고 합니다. 값없이, 보상을 생각지 않고 헌신하는 것이 귀한 줄 믿습니다.

② 적극적으로는 물질을 드리고 베풂으로 교회와 성도를 섬겨야 합니다.

디모데전서 2장과 디도서 1장에는 장로의 자격이 나와 있습니다("나그네를 대접하며"). 장로는 물질의 헌신, 즉 하나님께 드리는 헌금과 베풀고 주는 일이 억지가 아닌 자원하는 마음으로 해야 하고, 나아가서는 드리고 주는 일이 기쁨이 되도록 해야 합니다. 그러므로 교회를 섬길 때 장로, 목사에게는 많은 희생이 요구되지만 반드시 물질의 희생도 있어야 한다는 것을 잊어서는 안 됩니다.

초대 산정현교회에서 전해져 내려오는 일화입니다. **최치경 장로**(마펫 선교사의 전도로 믿고 세례 받음)는 비가 와서 예배당 천장에서 물이 새자 다음날 자기 집 지붕에 올라가 기와를 벗겨서 예배당의 비새는 곳을 막았다고 합니다.

남강 이승훈 장로는 10살에 부모님을 여의고 유기행상을 해서 돈을 벌었는데, 자기 사재를 털어 오산학교를 설립했습니다. 고당 조만식 장로가 교장으로 있을 때 학교 재정이 부족하여 교사 월급을 주지 못했는데, 그는 "나 혼자만 밥 먹을 수는 없다. 남은 집과 세간을 팔아 학교에 주고 우리는 학교 곁에 가 학생들 밥이라도 해주면 되지 않느냐?"고 했다고 합니다.

여기서 우리가 기억할 것은 정말 주님을 사랑하지 않으면 드림과 줌으로써 섬기는 일은 누구도 절대 할 수 없다는 사실입니다. 그런데 문제는 이렇게 장로, 감독으로 교회를 섬기는 것이 쉽지 않다는 것입니다. 매우 힘듭니다.

그렇다면 장로 개인이 교회를 잘 섬기기 위해서 필요한 것은 무엇입니까?

"여러분은 자기를 위하여 또는 온 양 떼를 위하여 삼가라 성령이 그들 가운데 여러분을 감독자로 삼고 하나님이 자기 피로 사신 교회를 보살피게 하셨느니라"(28절).

① 장로, 감독의 직분은 성령(하나님)께서 주신 것임을 인식해야 합니다.

직분은 하나님께서 맡기신 것이지 목사나 교인들이 시켜서 하는 것이 아닙니다. 그러므로 내 기분과 감정에 따라 하고 싶다고 하고 하기 싫으면 안 할 수 있는 것이 아닙니다. 이러한 소명 의식이 없으면 힘들 때 그냥 그만두게 되는 것입니다.

② 교회, 양떼는 주님이 피 값을 주고 사신 것임을 인식해야 합니다.

피는 생명을 의미하며 가장 귀한 가치가 있는 것입니다. 귀한 것일수록, 많이 지불한 것일수록 철저히 보관하고 관리하듯이 장로는 교회를 세상 기관이나 조직처럼 관리해서는 안 됩니다. 그리고 주님이 사신 교회이기 때문에 절대로 내 마음대로 내가 주인 노릇해서는 안 됩니다. 장로는 철저히 예수 그리스도를 주인으로 섬기는 청지기가 되어야 합니다.

"감독은 하나님의 청지기로서 책망할 것이 없으며 제 고집대로 하지 아니하며"(딛 1:7).

바라기는 주신 말씀의 거울을 통해 우리 자신과 사역을 돌아볼 뿐 아니라 주님이 원하시는 교회를 위해 진정으로 교회를 섬기는 직분자들이 더욱 많아질 수 있기를 소원합니다.

50
바울에게 한 예언
행: 21:1-16

¹우리가 그들을 작별하고 배를 타고 바로 고스로 가서 이튿날 로도에 이르러 거기서부터 바다라로 가서 ²베니게로 건너가는 배를 만나서 타고 가다가 ³구브로를 바라보고 이를 왼편에 두고 수리아로 항해하여 두로에서 상륙하니 거기서 배의 짐을 풀려 함이러라 ⁴제자들을 찾아 거기서 이레를 머물더니 그 제자들이 성령의 감동으로 바울더러 예루살렘에 들어가지 말라 하더라 ⁵이 여러 날을 지낸 후 우리가 떠나갈새 그들이 다 그 처자와 함께 성문 밖까지 전송하거늘 우리가 바닷가에서 무릎을 꿇어 기도하고 ⁶서로 작별한 후 우리는 배에 오르고 그들은 집으로 돌아가니라 ⁷두로를 떠나 항해를 다 마치고 돌레마이에 이르러 형제들에게 안부를 묻고 그들과 함께 하루를 있다가 ⁸이튿날 떠나 가이사랴에 이르러 일곱 집사 중 하나인 전도자 빌립의 집에 들어가서 머무르니라 ⁹그에게 딸 넷이 있으니 처녀로 예언하는 자라 ¹⁰여러 날 머물러 있더니 아가보라 하는 한 선지자가 유대로부터 내려와 ¹¹우리에게 와서 바울의 띠를 가져다가 자기 수족을 잡아매고 말하기를 성령이 말씀하시되 예루살렘에서 유대인들이 이같이 이 띠 임자를 결박하여 이방인의 손에 넘겨주리라 하거늘 ¹²우리가 그 말을 듣고 그곳 사람들과 더불어 바울에게 예루살렘으로 올라가지 말라 권하니 ¹³바울이 대답하되 여러분이 어찌하여 울어 내 마음을 상하게 하느냐 나는 주 예수의 이름을 위하여

결박당할 뿐 아니라 예루살렘에서 죽을 것도 각오하였노라 하니 [14]그가 권함을 받지 아니하므로 우리가 주의 뜻대로 이루어지이다 하고 그쳤노라 [15]이 여러 날 후에 여장을 꾸려 예루살렘으로 올라갈새 [16]가이사랴의 몇 제자가 함께 가며 한 오랜 제자 구브로 사람 나손을 데리고 가니 이는 우리가 그의 집에 머물려 함이라

본문은 바울이 세 차례의 이방인 선교를 매듭짓고 그동안의 선교 결과를 보고하기 위해 밀레도를 떠나 예루살렘에 도착하기까지의 여행 과정을 기록하고 있습니다. 특별히 본문 4절과 11절에는 예루살렘에서 그가 당할 고난에 대한 예언이 기록되어 있는데, 4절은 두로의 제자들이 예루살렘에 가지 말 것을 예언한 내용이고, 11절은 예루살렘 교회에서 예언자로 유명한 아가보가 바울의 띠로 수족을 잡아매고 한 예언입니다.

"아가보라 하는 한 사람이 일어나 성령으로 말하되 천하에 큰 흉년이 들리라 하더니 글라우디오 때에 그렇게 되니라"(행 11:28).

그런데 자신이 당할 고난에 대한 예언을 들은 바울의 반응은 어떠했습니까?

형제들의 간곡한 만류(=4절 '말라 하더라'=계속해서 7일간, 11절-상징적 행위)에도 불구하고 자신은 예루살렘에 가서 그리스도를 위하여 죽을 각오가 되어 있다고 말합니다.

"바울이 대답하되 여러분이 어찌하여 울어 내 마음을 상하게 하느냐 나

는 주 예수의 이름을 위하여 결박당할 뿐 아니라 예루살렘에서 죽을 것도 각오하였노라 하니 그가 권함을 받지 아니하므로 우리가 주의 뜻대로 이루어지이다 하고 그쳤노라"(13, 14절).

본문의 사건에서 우리가 생각할 것과 교훈은 무엇입니까?

첫째, 예언이란 무엇입니까?

예언에는 구약 선지자들의 예언과 신약 성령의 은사로서의 예언이 있습니다. 물론 오늘날도 예언은 존재합니다. 그러나 그것은 구약 선지자들의 예언과 같은 절대적인 신적 권위를 가진 것은 아니며 오류의 가능성이 없는 기록된 계시의 말씀인 성경과는 다릅니다. 즉 웨인 그루뎀(트리니티 신학교 조직신학 교수)이 정의한대로 신약의 예언은 '성경의 권위에 종속되는 것으로서 안위와 권면으로 교회의 덕을 세우고 회개와 전도를 위한 것으로 하나님이 우리 마음에 즉흥적으로 주신 것을 전달하는 것'입니다. 그러므로 오늘날의 예언은 오류의 가능성이 있습니다. 그래서 바울은 고린도전서 14:29에서 "예언하는 자는 둘이나 셋이나 말하고 다른 이들은 분별할 것이요"라고 했으며, 데살로니가전서 5:20-21에서는 "예언을 멸시하지 말고 범사에 헤아려 좋은 것을 취하고"라고 말했습니다. 왜냐하면 하나님은 실수를 하지 않으시며 틀린 계시를 주시지도 않지만 사람들이 그 계시를 전달하는 과정에서 정확하게 구분하지 못하거나 잘못 전달하는 실수를 할 수 있기 때문입니다.

둘째, 예언을 대하는 우리의 자세는 어떠해야 합니까?

바울은 자기에게 한 예언을 어떻게 들었습니까?

모든 예언은 하나님 중심적인 해석이 필요합니다. 예언을 들을 때 나 또는 사람 중심적이 아닌 하나님, 그리스도 중심적으로 들어야 합니다.

마태복음 16장에는 예루살렘에서 예수님이 당하실 수난에 대한 예고와 베드로의 만류가 기록되어 있습니다.

"주여 그리 마옵소서 이 일이 결코 주께 미치지 아니하리이다."

"사탄아 내 뒤로 물러가라 네가 하나님의 일을 생각하지 아니하고 도리어 사람의 일을 생각하는도다."

베드로의 만류에도 불구하고 하나님 중심적으로 그것을 해석하고 베드로를 꾸짖습니다.

본문의 바울도 그들의 예언을 들을 때 자기중심적이 아닌 하나님 중심적으로 들었기 때문에 제자들의 간곡한 권고와 만류도 거절할 수 있었습니다. 물론 4절 '성령의 감동으로', 11절 '성령께서 말씀하시되'를 통해 그들의 예언이 하나님께로부터 온 계시임은 틀림없다는 것을 알 수 있습니다. 그러나 바울은 그들의 예언을 듣고 자기중심적으로, 자신의 안전과 유익을 위해 해석하지 않고 하나님의 뜻과 하나님 나라 중심적으로 듣고 해석했습니다.

그렇다면 바울이 생각했던 하나님의 뜻은 무엇일까요? 즉 바울 자신이 당할 결박과 환난보다 더 중요하게 생각한 일이 무엇일까요?

일차적으로는 이방인 선교 보고이지만 그 보고를 통해서 그리스도 예수 안에서 유대인과 이방인이 하나가 되고 한 하나님의 권속이 되었음을 알려서 서로 화평할 수 있도록 하는 것이었습니다(=하나님의 은혜와 경륜, 엡 3:2). 즉 결박과 환난이 기다리고 있음에도 바울이 예루살렘 교회에 가서 선교 보고를 하고 이방인 교회가 보내는 구제 헌금을 전달하려고 한 이유는 바로 유대인과 이방인 그리스도인들 사이에 있던 편견과 갈등, 대립의 문제를 해소하고 그들이 함께 성령 안에서 하나님의 전으로 지어져 가도록 하기 위한 것이었습니다.

그러므로 내 개인에 대한 예언보다 더 중요한 것은 하나님의 뜻이 이루어지는 것입니다. 따라서 우리는 나에 대한 예언이 얼마나 정확하게 이루어질 것인가에 대한 관심보다 나를 통해서 하나님의 뜻이 얼마나 더 이루어질 것인가에 대한 관심을 가질 수 있어야 합니다.

그럼 누가 이렇게 예언을 대할 수 있을까요?

① 성령에 붙잡혀 사는 사람(성령 충만)입니다.

"성령에 매여"(=성령을 따른 자, 20-22절).

"육신을 따른 자는 육신의 일을, **영을 따르는 자**는 영의 일을 생각하나니 육신의 생각은 사망이요 영의 생각은 생명과 평안이니라"(롬 8:5-6).

바울은 자기 의지와 자기 힘으로 사는 것이 아닌 성령께 붙들려 성령을 따라 살았고, 자기 유익이나 안전을 위해 사는 것이 아닌 성령의 뜻을 좇아 살았기 때문에 그런 예언을 들었을 때에도 하나님의 일을 생각하고 하나님 중심적으로 해석했던 것입니다.

② 하나님 나라의 비밀(비전)을 깨닫고 소유한 사람입니다.

"이러므로 그리스도 예수의 일로 너희 이방인을 위하여 갇힌 자 된 나 바울이 말하거니와 너희를 위하여 내게 주신 하나님의 그 은혜의 경륜을 너희가 들었을 터이라 곧 계시로 내게 비밀을 알게 하신 것은 내가 먼저 간단히 기록함과 같으니 그것을 읽으면 내가 그리스도의 비밀을 깨달은 것을 너희가 알 수 있으리라"(엡 3:1-4).

"이 천국 복음이 모든 종족에게 증언되기 위하여 온 세상에 전파되리니 그제야 끝이 오리라"(마 24:14).

현재 전 세계에는 약 5000개의 미전도 종족(복음화율 0.1%)이 남아있습니다. 이들은 가장 열악하고 위험한 곳에 살고 있지만 교회는 기꺼이 그들을 찾아가야 합니다. 왜냐하면 이것이 하나님 나라의 비밀이고, 비전이기 때문입니다.

51 신앙의 본질과 타협

행: 21:17-26

[17] 예루살렘에 이르니 형제들이 우리를 기꺼이 영접하거늘 [18] 그 이튿날 바울이 우리와 함께 야고보에게로 들어가니 장로들도 다 있더라 [19] 바울이 문안하고 하나님이 자기의 사역으로 말미암아 이방 가운데서 하신 일을 낱낱이 말하니 [20] 그들이 듣고 하나님께 영광을 돌리고 바울더러 이르되 형제여 그대도 보는 바에 유대인 중에 믿는 자 수만 명이 있으니 다 율법에 열성을 가진 자라 [21] 네가 이방에 있는 모든 유대인을 가르치되 모세를 배반하고 아들들에게 할례를 행하지 말고 또 관습을 지키지 말라 한다 함을 그들이 들었도다 [22] 그러면 어찌할꼬 그들이 필연 그대가 온 것을 들으리니 [23] 우리가 말하는 이대로 하라 서원한 네 사람이 우리에게 있으니 [24] 그들을 데리고 함께 결례를 행하고 그들을 위하여 비용을 내어 머리를 깎게 하라 그러면 모든 사람이 그대에 대하여 들은 것이 사실이 아니고 그대도 율법을 지켜 행하는 줄로 알 것이라 [25] 주를 믿는 이방인에게는 우리가 우상의 제물과 피와 목매어 죽인 것과 음행을 피할 것을 결의하고 편지하였느니라 하니 [26] 바울이 이 사람들을 데리고 이튿날 그들과 함께 결례를 행하고 성전에 들어가서 각 사람을 위하여 제사 드릴 때까지의 결례 기간이 만기된 것을 신고하니라

첫째, 바울은 왜 예루살렘까지 와서 교회의 장로들에게 선교 보고를 했습니까?

바울은 안디옥 교회의 파송을 받았지 예루살렘 교회의 파송과 후원을 받은 것이 아니었습니다. 또 그는 지금까지 누구의 허락을 받거나 지도를 받고 사역을 한 것이 아닌 철저히 성령의 인도하심을 따라 사역해왔습니다. 그런데 왜 바울은 예루살렘 교회의 지도자들에게 사역 보고를 했을까요?

① 교회의 유기성 때문입니다.
유기성은 모든 하나님의 교회가 하나라는 말입니다. 즉 야고보의 교회와 바울의 교회, 유대인의 교회와 이방인의 교회가 별개가 아닌 다 하나님의 교회이고, 예수 그리스도를 머리로 하는 한 교회이자 그들이 모두 그리스도께 속한 지체임을 나타내기 위해서 예루살렘 교회의 지도자들에게 선교 보고를 한 것입니다(엡 3장 '하나님의 비밀의 경륜'). 바울은 이를 위해서 핍박과 환난이 기다린다는 예언에도 불구하고 작심하고 예루살렘으로 올라왔습니다.

② 하나님께 영광을 돌리기 위해서입니다.

"**하나님이** 자기의 사역으로 말미암아 이방 가운데서 하신 일을 낱낱이 말하니"(9절).

이 말씀은 지금까지 되어진 이방인 선교의 주체가 바울이 아닌 하나님이라는 것을 의미합니다. 바울은 단지 하나님의 도구이자 종으로 쓰임을 받았다는 뜻입니다.

선교 보고는 우리가 얼마나 대단한 일을 했고 얼마나 수고했는지를 알리기 위한 것이 아닙니다. 사실 유대인의 선민의식과 이방인에 대한 편견을 생각할 때 이방인 가운데서 일어난 놀라운 일들을 그들에게 이야기한다는 것이 참으로 조심스러웠을 것입니다. 어쩌면 시기와 질투, 그리고 미움을 유발할 수 있는 일이기 때문입니다. 그럼에도 불구하고 바울은 그것이 하나님이 하신 일이기 때문에, 하나님께 영광을 돌리기 위해서 일어난 모든 일들을 파송 교회도 아닌 예루살렘 교회에 기꺼이 보고한 것입니다.

오늘날 선교 보고의 목적과 이유가 무엇일까요? 자신의 사역을 알리기 위한 것과 선교비 모금이라고 생각한다면 그것은 하나님의 선교가 아닌 선교사 자신을 위한 선교일 것입니다. 선교사나 선교하는 교회는 선교는 물론이고 선교 보고도 하나님의 영광을 위해서 해야 합니다.

둘째, 왜 예루살렘의 유대인 신자들은 소문만 듣고 바울을 오해하고 문제 삼았습니까?
특히, 수고하고 돌아온 선교사인 바울을 배척하고 반대했던 이유가 무엇일까요?

예수를 믿기는 하지만 아직도 예수 믿는 믿음보다 율법과 유대주의를 더 중요하게 생각했기 때문입니다. 즉 그들은 신앙의 본질을 제대로 이해하지 못하고 있었습니다.

1890년대 말 동학 혁명은 감성적 민족주의를 부추겨서 서양 선교사들을 배척했습니다. 최중진 목사는 '대한예수교 자유회'라는 교단을 설립하고 민족주의 교회들을 집단화하였고, 김재준 목사를 비롯한 민족주의 신학자들은 신학의 사대주의, 즉 선교사들의 지배와 보수 신학으로 해방을 외치며 '조선신학교'를 세웠습니다. 이것이 한국 자유주의 신학의 시작입니다. 마찬가지로 AD 50년 당시 예루살렘의 정치 상황은 상당히 불안정해서 유대 민족주의가 강할 수밖에 없었습니다. 이런 상황에서 예루살렘 교회의 신자들은 오직 하나님의 은혜로 말미암은 믿음으로만 구원 받으며 하나님 앞에 설 수 있다는 신앙의 본질에서 점점 멀어지게 되었습니다. 그 결과 그들은 선민주의와 유대교의 법과 규례로 모든 것을 판단하려는 율법주의에 기울어져서 바울의 이방인 선교를 오해하고 비판할 뿐만 아니라 그를 핍박하였던 것입니다.

그렇다면 여기에서 우리가 받아야 할 교훈이 무엇입니까?

우리도 신앙의 본질을 바로 이해하지 못하면, 또 본질에서 벗어나면 모든 것을 법과 규례, 형식으로 판단하고 해결하려고 하게 된다는 것입니다. 그 예로 오늘날 보수주의 자체가 잘못된 것은 아니지만 신앙의 본질을 벗어난 비본질적인 신앙의 전통과 형식을 고집하고, 그 전통과 형식을 기준으로 모든 것을 판단할 때 교회는 서로 정죄하게 되고 분열하게 될 수밖에 없는 것입니다.

셋째, 21-26절의 장로들의 제안과 바울의 결례식에 대한 이야기에서 생각할 것이 무엇입니까?

신앙의 본질에서 벗어나지 않는 것은 교회의 화평을 위해서 타협하고 양보할 수 있어야 한다는 것입니다.

"네가 이방에 있는 모든 유대인을 가르치되 모세를 배반하고 아들들에게 할례를 행하지 말고 또 관습을 지키지 말라 한다 함을 그들이 들었도다 그러면 어찌할꼬 그들이 필연 그대가 온 것을 들으리니 우리가 말하는 이대로 하라 서원한 네 사람이 우리에게 있으니 그들을 데리고 함께 결례를 행하고 그들을 위하여 비용을 내어 머리를 깎게 하라 그러면 모든 사람이 그대에 대하여 들은 것이 사실이 아니고 그대도 율법을 지켜 행하는 줄로 알 것이라 주를 믿는 이방인에게는 우리가 우상의 제물과 피와 목매어 죽인 것과 음행을 피할 것을 결의하고 편지하였느니라 하니 바울이 이 사람들을 데리고 이튿날 그들과 함께 결례를 행하고 성전에 들어가서 각 사람을 위하여 제사 드릴 때까지의 결례 기간이 만기된 것을 신고하니라"(21-26절).

24절의 결례식은 바울이 오랫동안 이방 세계를 돌아다니며 더럽혀졌기 때문에 필요한 의식이었습니다. 그런데 왜 머리 깎는 비용을 부담하라고 했을까요? 민수기 6:4-8을 보면 나실인 서원을 한 사람들은 서약 시 삭발하고 각종 희생제사를 드리는데 특별히 화목제물을 태울 때에 삭발한 머리카락을 넣어 같이 태웠습니다. 이때 가난한 나실인을 위해 경비를 부담하는 것을 경건으로 간주한 것에서 유례된 것입니다.

바울은 얼마든지 증거를 제시하여 자신이 그런 일을 행하지 않았다고 변명하고 오해를 풀 수 있었지만 그렇게 하지 않았습니다. 또 사도로서의 권위를 내세우지도 않고 장로들의 제안대로 했습니다. 그 이유는 그렇게 한다고 모든 사람들이 바울을 이해하고 납득하지도 않았을 것이고, 그들을 이해시키기 위해서는 너무 많은 시간이 걸릴 수 있다고 생각했으며, 무엇보다도 교회의 화평과 복음의 진보를 위해서였습니다. 바울은 나의 신앙적 기준과 판단에 맞지 않아도 교회의 화평과 복음의 진보를 위해서는 혹 장로들의 제안이 마땅치 않더라도 얼마든지 수용하고 양보할 수 있다고 생각한 것입니다.

> "내가 모든 사람에서 자유로우나 스스로 모든 사람에게 종이 된 것은 더 많은 사람을 얻고자 함이라 유대인들에게 내가 유대인과 같이 된 것은 유대인들을 얻고자 함이요 율법 아래에 있는 자들에게는 내가 율법 아래에 있지 아니하나 율법 아래에 있는 자 같이 된 것은 율법 아래 있는 자들을 얻고자 함이요"(고전 9:19-20).

우리가 한 교회에서 함께 신앙생활을 하고 하나님의 일을 할 때 내 신앙적 기준과 판단에 맞지 않는 일이 얼마든지 생길 수 있습니다. 특별히 이민교회에서는 세대차, 문화차, 신앙 연륜의 차, 심지어 신앙 배경의 차이가 심각한 수준일 때가 많습니다. 그러나 그럴 때도 교회가 하나 되어야 하고 계속해서 복음의 진보를 위해 협력하고 나아가야 합니다. 이때 무엇보다 중요한 것은 신앙의 본질을 벗어나지 않는 한 무엇보다 하나님이 세우신 영적 권위에 대해 순종하는 것입니다. 때로는 불편하고 자존심도 상하더라도 바울처럼 교회의 화평과 복음의 진보를 위해서 하나님이 세우신 교회의 영적 리더십 결정에 기꺼이 내 권리를 양보할 수 있어야 합니다. 이런 사람과 교회라야 모든 편견과 오해, 그리고 비난에도 불구하고 열방과 나라, 민족을 품고 그들에게 나아가 복음을 전할 수 있을 것입니다. 우리가 이런 마음과 자세를 가지고 하나님의 나라와 선교를 위해 더욱 헌신할 수 있기를 소원합니다.

52

하나님의 섭리적 계획

행: 21:27-36

²⁷그 이레가 거의 차매 아시아로부터 온 유대인들이 성전에서 바울을 보고 모든 무리를 충동하여 그를 붙들고 ²⁸외치되 이스라엘 사람들아 도우라 이 사람은 각처에서 우리 백성과 율법과 이곳을 비방하여 모든 사람을 가르치는 그 자인데 또 헬라인을 데리고 성전에 들어가서 이 거룩한 곳을 더럽혔다 하니 ²⁹이는 그들이 전에 에베소 사람 드로비모가 바울과 함께 시내에 있음을 보고 바울이 그를 성전에 데리고 들어간 줄로 생각함이러라 ³⁰온 성이 소동하여 백성이 달려와 모여 바울을 잡아 성전 밖으로 끌고 나가니 문들이 곧 닫히더라 ³¹그들이 그를 죽이려 할 때에 온 예루살렘이 요란하다는 소문이 군대의 천부장에게 들리매 ³²그가 급히 군인들과 백부장들을 거느리고 달려 내려가니 그들이 천부장과 군인들을 보고 바울 치기를 그치는지라 ³³이에 천부장이 가까이 가서 바울을 잡아 두 쇠사슬로 결박하라 명하고 그가 누구이며 그가 무슨 일을 하였느냐 물으니 ³⁴무리 가운데서 어떤 이는 이런 말로, 어떤 이는 저런 말로 소리 치거늘 천부장이 소동으로 말미암아 진상을 알 수 없어 그를 영내로 데려가라 명하니라 ³⁵바울이 층대에 이를 때에 무리의 폭행으로 말미암아 군사들에게 들려가니 ³⁶이는 백성의 무리가 그를 없이하자고 외치며 따라 감이러라

프랑스 계몽주의 작가 볼테르(Voltaire)는 "인생에 있어서 세 가지 힘든 일은 비밀을 지키는 일, 고난을 견디는 일, 여가를 이용하는 일이다"라고 했습니다. 이 중에서 가장 힘든 일은 아마 고난을 견디고 대처하는 일일 것입니다. 특별히 고난의 문제에 있어서 믿는 성도들에게 가장 힘들고 어려운 일은 기도하고 신앙적 결정을 내리는 과정에서 전혀 예기치 못한 고난이 닥칠 때일 것입니다.

본문에서 바울은 결례를 마치고 나오는 길에 성전에서 유대인들에게 매를 맞게 됩니다. 바울이 결례를 행하고 나실인으로 서원한 사람들의 머리 깎는 비용을 댄 것은 이러한 사태를 피하기 위하여 예루살렘 교회 장로들이 제안한 것이었으며 바울 자신도 복음과 교회의 화평을 위해서 자신의 신앙적 기준과 입장을 양보하고 한 일이었습니다. 그런데 그 결과로 전혀 예기치 못한 상황이 벌어지게 됩니다. 예루살렘 교회 장로들이 바울에게 이 제안을 할 때 상황을 제대로 고려하지 못하고 신중하지 못해서 이런 일이 발생했을까요? 아니면 바울이 좀 더 기도하며 신앙적인 결정을 하지 못해서 발생한 것일까요? 모두 신중했고 물론 기도했을 것이며 분명히 신앙적인 결정이었습니다. 그럼에도 불구하고 예기치 못했던, 또 이해할 수 없는 사태가 벌어진 것입니다.

이 사건이 우리에게 주는 영적 교훈은 무엇입니까?

첫째, 복음과 하나님의 교회를 위해 신앙적 결정을 하는 일에도 사탄의 방해와 공격이 있습니다.

사탄은 어떤 상황과 경우에도 복음의 역사를 방해하기 위해 하나님의 일꾼들을 핍박하는 일을 절대 포기하지 않기 때문입니다. 본문 27-29절에서도 유대인들이 바울이 하지도 않은 일을 한 것처럼 오해시켜 무리를 충동하여 바울을 잡아 성전 밖으로 끌고 나가 때린 것을 볼 수 있습니다. 이처럼 사탄은 모든 상황에서 예기치 못한 방법으로 우리를 공격할 수 있다는 것을 기억해야 합니다. 특별히 본문에서 이것은 우발적인 것이 아닌 충분히 조직적이고 의도적인 것이었습니다.

"충동하여 그를 붙들고"(27절).

이렇게 충동하는 자들이 있었다는 사실은 이 일이 조직적이고 의도적인 일이었음을 시사합니다.

그렇다면 이렇게 조직적이고 의도적으로 바울을 죽이려고 했던 사람들이 누구일까요? 아마 그들은 이전에 아시아에서 바울을 죽이려고 했지만 그때마다 새로 믿은 여러 그리스도인들과 바울을 보호하는 관리들 때문에 죽일 수 없었던 자들로서 오순절에 예루살렘에 올라온 유대 민족주의자들이었을 것입니다. 그런데 그들이 예루살렘 성전에서 바울을 만났을 때 바로 지금이 기회라고 생각하고 무리를 선동하여 바울을 죽이려고 했던 것입니다. 바울은 지금 이해할 수 없는, 전혀 예기치 못한 일을 당했지만 이것은 절대로 우연히 일어난 일이 아닌 사탄이 계획적으로 행한 일이었습니다.

둘째, 이해할 수 없는 사건과 상황 속에도 하나님의 섭리적 계획이 있습니다.

우리는 그것을 어떻게 확인할 수 있습니까?

① 로마 천부장의 체포: 물론 자기 입장에서는 사회 질서 유지와 보호 차원에서 한 일이지만 이것은 하나님의 섭리적 도우심이고 간섭입니다.
② 2년간 가이사랴의 감옥에 갇힘: 바울을 죽이기 전에는 먹지도 마시지도 않겠다고 동맹한 자가 40여 명이나 되는 상황에서(행 23:12) 하나님은 이를 통해 바울의 생명을 보호하셨습니다.
③ 황제 가이사에게 상소하게 되어 죄수의 몸으로 로마에 가게 됨: 바울은 로마에 가게 되었을 때 비로소 모든 고난의 여정 속에 하나님의 섭리적 계획이 있었음을 고백하게 됩니다.

> "**내가 당한 일이** 도리어 복음 전파에 진전이 된 줄을 너희가 알기를 원하노라"(빌 1:12).
> =예루살렘에서 매를 맞다가 체포되어 가이사랴 감옥에서 고생하고 다시 로마 감옥에 와 옥살이 하게 된 것.

우리가 주님과 복음을 위해 살다가 받는 모든 고난은 뜻 없는 고난이 아닙니다. 그 안에는 하나님의 섭리적 계획이 있습니다. 인간적으로 생각하면 억울하고 이해되지 않는 일 같지만 하나님께서는 그 일들을 통하여 우리의 생각을 초월하여 놀라운 하나님의 일을 이루시는 줄 믿으시기를 바랍니다.

주님과 복음을 위해서 살다가 받는 모든 고난에는 하나님의 섭리적 계획이 있음을 믿는다면 우리에게 필요한 것은 바로 하나님의 때를 기다리는 것입니다.

즉 하나님의 섭리적인 뜻이 깨달아지고 또 그 뜻이 이루어지는 때가 있음을 믿고 기다리는 것입니다. 답답하고 힘들어도 깨닫게 하실 때까지 기다리고, 또 그 하나님의 섭리적 계획과 뜻이 있다면 반드시 합력하여 선을 이루실 그때를 낙심하지 말고 기다릴 수 있어야 합니다. 왜냐하면 모든 사람이 아닌 그렇게 믿고 기다리는 사람을 통해서만 하나님의 크신 일을 나타내실 수 있기 때문입니다. 그런데 이 기다림의 때는 절대 쉽지 않습니다. 모든 것이 잘못되는 것 같고 시간만 허비하는 것 같고, 정말 암담하기만 합니다. 그럼에도 불구하고 끝까지 기다리기 위해서 우리에게 필요한 것은 바로 믿음입니다.

"우리가 알거니와 하나님을 사랑하는 자 곧 그의 뜻대로 부르심을 입은 자들에게는 모든 것이 합력하여 선을 이루느니라"(롬 8:28).

"누가 능히 하나님께서 택하신 자들을 고발하리요 의롭다 하신 이는 하나님이시니 누가 정죄하리요 죽으실 뿐 아니라 다시 살아나신 이는 그리스도 예수시니 그는 하나님 우편에 계신 자요 우리를 위하여 간구하시는 자시니라 누가 우리를 그리스도의 사랑에서 끊으리요 환난이나 곤고나 박해나 기근이나 적신이나 위험이나 칼이랴 기록된 바 우리가 종일 주를 위하여 죽임을 당하게 되며 도살 당할 양 같이 여김을 받았나이다 함과 같으니라 그러나 이 모든 일에 우리를 사랑하시는 이로 말미암아 우리가 넉넉히 이기느니라 내가 확신하노니 사망이나 생명이나 천사들이나 권세자들이나 현재 일이나 장래 일이나 능력이나 높음이나 깊음이나 다른 어떤 피조물이라도 우리를 우리 주 그리스도 예수 안에 있는 하나님의 사랑에서 끊을 수 없으리라"(롬 8:33-39).

믿음의 사람은 모든 고난에는 하나님의 섭리적 계획이 있음을 믿기 때문에 기다릴 수 있습니다. 그것은 무작정, 할 수 없어서 기다리는 것이 아닌 하나님의 약속이 있고 하나님의 사랑을 믿기 때문에 기다리는 기다림입니다.

주님과 복음을 위해서 살아갈 때 하나님께서 우리에게 이런 믿음, 즉 하나님의 섭리를 믿고 기다릴 수 있는 기다림의 믿음을 주시고 또 우리를 통해서 하나님의 크신 일을 이루시는 은혜와 복을 주시기를 소원합니다. 오늘 이 시간에도 성령님께서는 이렇게 말씀하십니다.

"우리가 선을 행하되 낙심하지 말지니 포기하지 아니하면 때가 이르매 거두리라"(갈 6:9).

53

바울의 체험과 간증
행: 22:1-21

¹부형들아 내가 지금 여러분 앞에서 변명하는 말을 들으라 ²그들이 그가 히브리 말로 말함을 듣고 더욱 조용한지라 이어 이르되 ³나는 유대인으로 길리기아 다소에서 났고 이 성에서 자라 가말리엘의 문하에서 우리 조상들의 율법의 엄한 교훈을 받았고 오늘 너희 모든 사람처럼 하나님께 대하여 열심히 있는 자라 ⁴내가 이 도를 박해하여 사람을 죽이기까지 하고 남녀를 결박하여 옥에 넘겼노니 ⁵이에 대제사장과 모든 장로들이 내 증인이라 또 내가 그들에게서 다메섹 형제들에게 가는 공문을 받아가지고 거기 있는 자들도 결박하여 예루살렘으로 끌어다가 형벌 받게 하려고 가더니 ⁶가는 중 다메섹에 가까이 갔을 때에 오정쯤 되어 홀연히 하늘로부터 큰 빛이 나를 둘러 비치매 ⁷내가 땅에 엎드러져 들으니 소리가 있어 이르되 사울아 사울아 네가 왜 나를 박해하느냐 하시거늘 ⁸내가 대답하되 주님 누구시니이까 하니 이르시되 나는 네가 박해하는 나사렛 예수라 하시더라 ⁹나와 함께 있는 사람들이 빛은 보면서도 나에게 말씀하시는 이의 소리는 듣지 못하더라 ¹⁰내가 이르되 주님 무엇을 하리이까 주께서 이르시되 일어나 다메섹으로 들어가라 네가 해야 할 모든 것을 거기서 누가 이르리라 하시거늘 ¹¹나는 그 빛의 광채로 말미암아 볼 수 없게 되었으므로 나와 함께 있는 사람들의 손에 끌

려 다메섹에 들어갔노라 ¹²율법에 따라 경건한 사람으로 거기 사는 모든 유대인들에게 칭찬을 듣는 아나니아라 하는 이가 ¹³내게 와 곁에 서서 말하되 형제 사울아 다시 보라 하거늘 즉시 그를 쳐다보았노라 ¹⁴그가 또 이르되 우리 조상들의 하나님이 너를 택하여 너로 하여금 자기 뜻을 알게 하시며 그 의인을 보게 하시고 그 입에서 나오는 음성을 듣게 하셨으니 ¹⁵네가 그를 위하여 모든 사람 앞에서 네가 보고 들은 것에 증인이 되리라 ¹⁶이제는 왜 주저하느냐 일어나 주의 이름을 불러 세례를 받고 너의 죄를 씻으라 하더라 ¹⁷후에 내가 예루살렘으로 돌아와서 성전에서 기도할 때에 황홀한 중에 ¹⁸보매 주께서 내게 말씀하시되 속히 예루살렘에서 나가라 그들은 네가 내게 대하여 증언하는 말을 듣지 아니하리라 하시거늘 ¹⁹내가 말하기를 주님 내가 주를 믿는 사람들을 가두고 또 각 회당에서 때리고 ²⁰또 주의 증인 스데반이 피를 흘릴 때에 내가 곁에 서서 찬성하고 그 죽이는 사람들의 옷을 지킨 줄 그들도 아나이다 ²¹나더러 또 이르시되 떠나가라 내가 너를 멀리 이방인에게로 보내리라 하셨느니라

본문의 배경은 바울이 오순절에 예루살렘에 올라가 장로들 앞에서 이방인 선교 보고를 마친 후 그가 이방인을 데리고 성전에 들어갔다는 오해를 받고 유대인들로부터 몰매를 맞은 때입니다. 그런데 이 장면을 목격한 로마 천부장이 바울을 구하기 위해서 군대를 동원하여 군대의 보호하에 바울을 연행하던 중 바울은 자기를 죽이려는 성난 유대인들을 향하여 자기 변증을 했는데 그것이 바로 본문 23장의 내용입니다.

놀라운 사실은 자신의 생명조차도 위협을 받는 이런 위기적 상황에서도 바울은 자신을 만나주신 예수 그리스도를 주저 없이 담대히 전하

고 있다는 사실입니다.

바울은 어떻게 그토록 담대할 수 있었을까요?

첫째, 동족의 영혼을 불쌍히 여기는 마음이 있었기 때문입니다.

바울은 그들이 예수를 모르고 살다가 죽으면 지옥에 갈 수밖에 없다는 안타까운 생각 때문에 그 위험한 상황에서도 그들에게 자기가 만난 예수 그리스도를 전한 것입니다. 생명의 위협을 느끼는 상황에도 불구하고 그리스도의 복음을 전하는 일은 의무감만으로는 할 수 없습니다. 반드시 영혼을 불쌍히 여기는 마음이 있어야 합니다. 중요한 것은 이것이 바로 주님의 마음이고 또 주님께서는 우리 모두가 이런 주님의 마음을 갖기 원하신다는 것입니다.

우리가 선교를 다녀오면 많은 경우 다시 가고 싶은 마음이 듭니다. 그것은 우리가 가서 복음을 전하지 않으면 복음을 모르고 죽게 될 그 사람들이 너무도 불쌍하게 생각되기 때문입니다. 이 마음이 없이는 계속해서 선교를 갈 수 없습니다. 교회가 계속해서 선교하는 교회가 되기 위해서는 예산의 40-50%를 선교비로 책정하는 것이 중요한 것이 아니라 먼저 영혼을 불쌍히 여기는 이런 마음을 가지는 것이 가장 중요합니다.

둘째, 자기가 전하는 것이 너무나 확실한 사실이기 때문입니다.

바울이 본문에서 변증하고 있는 내용은 자신의 지식이나 의견, 생각이 아니며 아덴에서 했던 것과 같은 철학적이고 관념적인 이야기도 아닙니다. 그것은 절대적으로 자신이 직접 경험한 사건이고 사실(fact)입니다. 그래서 바울은 누가 뭐라고 해도 확신에 차서 담대히 말할 수밖에 없었던 것입니다.

그렇다면 그 이야기, 즉 바울이 경험한 사건이 무엇입니까?

간단히 정리하면 원래 바울도 골수 히브리인으로 예수 믿는 사람을 잡으려고 다메섹으로 가던 길에 하늘로부터 큰 빛이 비치고 "사울아 네가 왜 나를 핍박하느냐?", "나는 네가 핍박하는 나사렛 예수라"고 하는 음성을 듣고, 또 후에 성전에서 기도할 때에 주께서 "내가 너를 이방인에게로 보내리라"라는 말씀을 들은 후 이렇게 변화되었습니다. 즉 이런 영적, 신앙적 사건이 있었기 때문에 바울이 이방인의 구원을 위하여 복음을 전하는 전도자가 되었다는 사실입니다.

그런데 중요한 것은 바울은 자신이 경험한 이야기, 이 간증을 사도행전에서 세 번(9, 22, 26장)에 걸쳐 하고 있는데, 그렇게 하는 이유는 다음과 같습니다.

① 이방인의 사도로 부르심을 받은 소명의 확실성을 변증하기 위함이고
② 하나님께서 바울의 인생에서 하신 놀라운 일들에 대해 이야기함으로써 듣는 이들로 하여금 하나님의 초월적 역사에 대한 관심과 체험의 소원을 갖게 하여 부활하신 예수 그리스도를 구주로 믿게 하기 위한 것입니다.

본문에서 바울의 간증과 전도를 통한 결론이 무엇입니까?

첫째, 그리스도인이라면 누구나 이런 간증이 있어야 한다는 것입니다. 아직 없다면 이를 위해서 기도해야 합니다. 저도 청년 시절 방황하였으나, 아들의 난산과 하나님의 음성을 통해서 저의 삶을 이렇게 헌신하게 되었습니다.

둘째, 간증이 있다면 언제든지 누구 앞에서든지 부끄러워하지 말고 담대히 간증할 수 있어야 합니다. 사도행전 26장을 보면 바울은 아그립바 왕 앞에서도 같은 간증을 했습니다.

"너희 마음에 그리스도를 주로 삼아 거룩하게 하고 너희 속에 있는 소망에 관한 이유를 묻는 자에게는 대답할 것을 항상 준비하라"(벧전 3:15 간증은 하나님의 전도 방법이다).

54
바울의 열정과 담대함
행: 23:1-11

¹바울이 공회를 주목하여 이르되 여러분 형제들아 오늘까지 나는 범사에 양심을 따라 하나님을 섬겼노라 하거늘 ²대제사장 아나니아가 바울 곁에 서 있는 사람들에게 그 입을 치라 명하니 ³바울이 이르되 회칠한 담이여 하나님이 너를 치시리로다 네가 나를 율법대로 심판한다고 앉아서 율법을 어기고 나를 치라 하느냐 하니 ⁴곁에 선 사람들이 말하되 하나님의 대제사장을 네가 욕하느냐 ⁵바울이 이르되 형제들아 나는 그가 대제사장인 줄 알지 못하였노라 기록하였으되 너의 백성의 관리를 비방하지 말라 하였느니라 하더라 ⁶바울이 그 중 일부는 사두개인이요 다른 일부는 바리새인인 줄 알고 공회에서 외쳐 이르되 여러분 형제들아 나는 바리새인이요 또 바리새인의 아들이라 죽은 자의 소망 곧 부활로 말미암아 내가 심문을 받노라 ⁷그 말을 한즉 바리새인과 사두개인 사이에 다툼이 생겨 무리가 나누어지니 ⁸이는 사두개인은 부활도 없고 천사도 없고 영도 없다 하고 바리새인은 다 있다 함이라 ⁹크게 떠들새 바리새인 편에서 몇 서기관이 일어나 다투어 이르되 우리가 이 사람을 보니 악한 것이 없도다 혹 영이나 혹 천사가 그에게 말하였으면 어찌 하겠느냐 하여 ¹⁰큰 분쟁이 생기니 천부장은 바울이 그들에게 찢겨질까 하여 군인을 명하여 내려가 무리 가운데서 빼앗아 가지고 영내로 들어

가라 하니라 ⁱⁱ그 날 밤에 주께서 바울 곁에 서서 이르시되 담대하라 네가 예루살렘에서 나의 일을 증언한 것 같이 로마에서도 증언하여야 하리라 하시니라

법정에 피의자 또는 증인 신분으로 서신 적이 있으십니까? 법을 어기지도 않고 죄도 짓지 않았는데도 권세자들 앞에 서면 불안하고 떨리게 됩니다. 그러나 바울은 산헤드린 법정에서, 그리고 총독과 왕 앞에서 담대히 변증하고 또 간증했습니다.

그런데 계속되는 핍박과 고난 가운데서도 물러서지 않는 바울의 담대함은 어디에서 오는 것일까요?

첫째, 양심을 따라 하나님을 섬겼기 때문입니다.

여기서 말하는 양심이란 선한 양심(good conscience) 또는 청결한 양심을 말합니다. '양심을 따라 하나님을 섬겼다'는 말은 양심에 비추어 볼 때 하나님 앞에서 거리낌이 없다는 뜻이고, 또 다른 표현으로는 하나님 앞에서 진실하다는 뜻입니다. 마음에 이러한 진실함, 깨끗함이 있고 거리낌이 없어야 사람 앞에서 뿐만 아니라 하나님 앞에서 담대할 수 있습니다.

> "만일 우리 마음이 우리를 책망할 것이 없으면 하나님 앞에서 담대함을 얻고"(요일 3:21).

사실 인간은 죄를 짓거나 잘못을 저지르면 누가 그것을 지적하거나 보지 않았는데도 두려워하고 불안해합니다. 왜냐하면 인간에게는 양심이 있기 때문입니다. 즉 양심이 우리를 책망하기 때문입니다. 그러나 양심에 책망 받을 것이 없는 사람은 하나님 앞에서나 사람 앞에서, 그리고 어떤 상황에서도 떳떳하고 담대할 수 있습니다. 실제로 바울은 이렇게 고백합니다.

"오늘 여러분에게 증언하거니와 모든 사람의 피에 대하여 내가 깨끗하니 이는 내가 꺼리지 않고 하나님의 뜻을 다 여러분에게 전하였음이라"(행 20:26-27).

"이것으로 말미암아 나도 하나님과 사람에 대하여 항상 양심에 거리낌이 없기를 힘쓰나이다"(행 24:16).

바로 바울의 이러한 진실함이 **산헤드린 법정**에서도 그를 담대하게 만들었던 것이다.

그러므로 우리도 하나님의 일을 할 때 하나님 앞에서나 사람들 앞에서 또 어떤 경우에든지 담대하기 위해서는 양심에 거리낌이 없는 진실한 삶을 살아야 합니다.

둘째, 주님이 계속해서 쓰실 것을 믿었기 때문입니다.

"네가 예루살렘에서 나의 일을 증언한 것 같이 로마에서도 증언하여야 하리라"(11절).

바울은 비록 졸지에 감옥에 갇히고 할 수 있는 일이 아무것도 없는 상황에 처했지만 이것이 모든 것의 끝이 아니고 지금까지 그가 기도해 오던 대로 반드시 세계의 중심지인 로마에서도 복음을 전할 수 있게 될 것이라는 주님의 음성을 들었기 때문에 더 이상 불확실성 속에서 떨거나 염려하지 않고 오히려 더 담대할 수 있었습니다. 왜냐하면 그는 로마로 가는 것이 주님의 뜻이고 계획이라면 현재의 고난과 어려움이 반드시 끝날 것을 알았고 또, 자신이 계속해서 복음의 증인으로 주님께 쓰임 받게 될 것을 믿었기 때문입니다.

과거나 현재나 우리가 계속해서 주님의 종으로, 도구로 쓰임 받을 수 있다는 사실은 역경과 낙심 중에 처해 있는 우리에게 소망을 주고 용기를 줍니다.

열왕기상 19장에서 이세벨의 살해 위협을 받고 광야로 도망가 로뎀나무 아래 숨어서 두려움에 떨고 있던 엘리야도 하나님의 음성을 듣고 다시 용기를 갖게 됩니다.

> "너는 네 길을 돌이켜 광야를 통하여 다메섹에 가서 이르거든 하사엘에게 기름을 부어 아람의 왕이 되게 하고 너는 또 님시의 아들 예후에게 기름을 부어 이스라엘의 왕이 되게 하고 또 아벨므홀라 사밧의 아들 엘리사에게 기름을 부어 너를 대신하여 선지자가 되게 하라"(왕상 19:15-16).

하나님께서는 타락한 북이스라엘의 오므리 왕조를 심판하실 뿐만 아니라 그들의 영적 회복을 위한 하나님의 계획을 수행할 사람들을 기름 부어 세우는 과업과 사명을 엘리야에게 주신 것입니다.

하나님께서 우리에게 사명을 주시고, 직분과 책임도 주셨음을 믿으십니까? 그렇다면 담대하시기 바랍니다. 그것은 계속해서 여러분을 사용하시겠다는 하나님의 의지와 계획이 있음을 의미하기 때문입니다. 더욱이 그것은 우리가 그 일과 사명을 감당할 수 있도록 현재 당하고 있는 고난이 고난으로 끝나지 않고 반드시 은혜의 승리를 하게 하실 증거이기 때문입니다.

셋째, 주님이 함께 하심을 확신하였기 때문입니다.

"그 날 밤에 주께서 바울 곁에 서서 이르시되 담대하라"(11절).

주님이 바울에게 나타나서 말씀하신 것은 이번이 처음은 아닙니다. 사도행전 18:9에서도 "밤에 주께서 환상 가운데 바울에게 말씀하시되 두려워하지 말며 침묵하지 말고 말하라 내가 너와 함께 있으매 어떤 사람도 너를 대적하여 해롭게 할 자가 없을 것이라"라고 말씀하신 적이 있지만 본문처럼 주님의 함께 하심을 이렇게 가깝게 묘사한 적은 없습니다("주께서 바울 곁에 서서"). 그것은 주님께서 억울하게 감옥에 갇혀있는 바울에게 주님이 함께 하심을 분명히 확인시켜 주시기를 원하셨기 때문이라고 생각됩니다. 바울은 이 영적 체험 때문에 주님의 함께 계심을 다시 확신할 수 있었고, 이 확신 때문에 가이사랴 빌립보에서 뿐만 아니라 이후 로마 감옥의 낯설고 어려운 환경 가운데서도 두려워하거나 떨지 않고 만나는 모든 사람에게 담대히 간증하고 복음을 전할 수 있었던 것입니다.

저의 경우에도 2010년 이후부터 일어난 선교지의 기적(하반신 장애인, 맹인의 치유 등)으로 하나님께서 뉴라이프교회를 반드시 사용하실 것에 대한 확신을 갖게 되었고, 그 후 더 이상 염려하거나 불안해하지 않고 어떤 상황에서도 계속해서 담대히 선교를 할 수 있었습니다.

감리교의 창시자인 요한 웨슬리와 모라비안 교도에 관한 일화가 있습니다. 웨슬리가 선교를 위해 미국으로 향하는 배를 탔는데, 항해 중 침몰 직전의 위급한 상황을 만났습니다. 그런데 죽음의 공포에 사로잡혀 있던 본인과 달리 그러한 상황에서도 침착하게 찬송을 부르며 평안을 유지하는 사람들이 있었는데 이들이 바로 모라비안 교도였습니다.

"당신들은 이런 가운데에서도 무섭지 않습니까?"라는 웨슬리의 물음에 그들은 이렇게 대답합니다.

"우리는 그리스도를 압니다. 그리스도가 우리와 같이 계십니다. 그래서 우리는 어떤 환경을 당하든지 두렵지 않습니다." 그러면서 그 청년이 웨슬리에게 물었습니다.

"그런데 당신은 그리스도를 압니까?"

웨슬리는 그들에게서 큰 충격을 받고 긴 항해를 함께 하며 그들 안에 있는 깊은 신앙을 발견하고 후에 선교에 큰 영향을 받게 되었습니다.

여러분은 정말 그리스도를 아십니까? 그는 어떤 분이신가요?

"그가 친히 말씀하시기를 내가 결코 너희를 버리지 아니하고 너희를 떠나지 아니하리라"(히 13:5).

"예수 그리스도는 어제나 오늘이나 영원토록 동일하시니라"(히 13:8).

예수 그리스도는 우리와 영원토록 함께 계신다고 약속하신 분입니다. 오늘도 우리를 당신의 종으로, 백성으로 부르신 주님은 우리가 기대하지 못했던 여러 가지 증거를 주심으로 우리와 함께 하심을 확인시켜 주신다고 믿습니다. 기도의 응답, 기적, 환상, 사람, 그리고 사건을 통해서 함께 하심을 우리에게 보여주십니다.

그러므로 우리가 이것을 믿는다면 우리가 처한 상황과 형편이 어떻든지, 사람의 비난이나 사탄의 공격을 두려워하지 말고 또 불안에 떨거나 염려하지 말고 담대할 수 있기를 바랍니다. 그리고 계속해서 하나님이 맡기신 일에 순종하며 충성할 수 있기를 바랍니다. 그때 하나님의 뜻과 계획이 우리를 통해서 이루어지게 될 것입니다.

55

하나님의 보호의 섭리

행: 23:12-35

¹²날이 새매 유대인들이 당을 지어 맹세하되 바울을 죽이기 전에는 먹지도 아니하고 마시지도 아니하겠다 하고 ¹³이같이 동맹한 자가 사십여 명이더라 ¹⁴대제사장들과 장로들에게 가서 말하되 우리가 바울을 죽이기 전에는 아무것도 먹지 않기로 굳게 맹세하였으니 ¹⁵이제 너희는 그의 사실을 더 자세히 물어보려는 척하면서 공회와 함께 천부장에게 청하여 바울을 너희에게로 데리고 내려오게 하라 우리는 그가 가까이 오기 전에 죽이기로 준비하였노라 하더니 ¹⁶바울의 생질이 그들이 매복하여 있다 함을 듣고 와서 영내에 들어가 바울에게 알린지라 ¹⁷바울이 한 백부장을 청하여 이르되 이 청년을 천부장에게로 인도하라 그에게 무슨 할 말이 있다 하니 ¹⁸천부장에게로 데리고 가서 이르되 죄수 바울이 나를 불러 이 청년이 당신께 할 말이 있다 하여 데리고 가기를 청하더이다 하매 ¹⁹천부장이 그의 손을 잡고 물러가서 조용히 묻되 내게 할 말이 무엇이냐 ²⁰대답하되 유대인들이 공모하기를 그들이 바울에 대하여 더 자세한 것을 묻기 위함이라 하고 내일 그를 데리고 공회로 내려오기를 당신께 청하자 하였으니 ²¹당신은 그들의 청함을 따르지 마옵소서 그들 중에서 바울을 죽이기로 맹세한 자 사십여 명이 그를 죽이려고 숨어서 지금 다 준비하고 당신의 허락만 기다리나이다 하니 ²²이에 천부장이 청년을 보내며 경계하되 이 일을 내게 알렸다고 아무에게도 이

르지 말라 하고 [23] 백부장 둘을 불러 이르되 밤 제 삼 시에 가이사랴까지 갈 보병 이백 명과 기병 칠십 명과 창병 이백 명을 준비하라 하고 [24] 또 바울을 태워 총독 벨릭스에게로 무사히 보내기 위하여 짐승을 준비하라 명하며 [25] 또 이 아래와 같이 편지하니 일렀으되 [26] 글라우디오 루시아는 총독 벨릭스 각하께 문안하나이다 [27] 이 사람이 유대인들에게 잡혀 죽게 된 것을 내가 로마 사람인 줄 들어 알고 군대를 거느리고 가서 구원하여다가 [28] 유대인들이 무슨 일로 그를 고발하는지 알고자 하여 그들의 공회로 데리고 내려갔더니 [29] 고발하는 것이 그들의 율법 문제에 관한 것뿐이요 한 가지도 죽이거나 결박할 사유가 없음을 발견하였나이다 [30] 그러나 이 사람을 해하려는 간계가 있다고 누가 내게 알려 주기로 곧 당신께로 보내며 또 고발하는 사람들도 당신 앞에서 그에 대하여 말하라 하였나이다 하였더라 [31] 보병이 명을 받은 대로 밤에 바울을 데리고 안디바드리에 이르러 [32] 이튿날 기병으로 바울을 호송하게 하고 영내로 돌아가니라 [33] 그들이 가이사랴에 들어가서 편지를 총독에게 드리고 바울을 그 앞에 세우니 [34] 총독이 읽고 바울더러 어느 영지 사람이냐 물어 길리기아 사람인 줄 알고 [35] 이르되 너를 고발하는 사람들이 오거든 네 말을 들으리라 하고 헤롯 궁에 그를 지키라 명하니라

지금부터 약 70년 전, 미국 샌프란시스코의 명물인 금문교(Golden gate bridge)의 공사가 있었습니다. 그런데 그 높은 다리 위에서 바다를 바라보고 일하는 사람들의 마음이 얼마나 무섭고 불안했겠습니까? 그래서 그런지 매일 추락 사고가 일어났습니다. 일은 진척이 없었고 사람들은 아무리 많은 돈을 준다고 해도 그 높은 현장에 올라가기를 꺼렸습니다. 모두가 그 곳에 올라가면 죽는다는 불안과 두려움을 가지고 있었

기 때문입니다. 공사를 주관하던 건설업체에서는 현상금을 걸고 일을 진행할 수 있는 방도를 구하게 되었고, 그때 한 일꾼이 말하기를 공사장 아래 안전망을 설치하면 좋겠다고 했습니다. 그래서 담당자는 공사장에 10만 달러나 되는 큰 돈을 들여서 그물을 설치했고, 다시 일이 시작되었는데 그날부터 아래로 떨어지는 추락 사고가 한 건도 발생하지 않았습니다. 공사 기간도 한층 단축되고 모든 공사를 아름답게 마무리 지을 수가 있었다고 합니다.

인부들은 넘실거리는 바다를 바라본 것이 아니라 자신들을 지켜 줄 수 있는 그 든든한 큰 그물을 바라보고 있었기 때문에 두려움이 사라지고 편안한 맘으로 일할 수 있게 된 것입니다. 즉 바다에 빠져 죽지 않으리라는 믿음을 갖게 된 것입니다. 우리가 이 땅에서 주님을 위해 사는 동안 우리가 믿고 의지할 안전 보호망은 무엇입니까? 바로 여호와 하나님(시 91:1-7)이십니다. 그를 의지하고 살 때 평안의 삶, 풍성한 삶을 살 수 있습니다. 특별히 우리를 부르시고 우리를 통해 하나님의 놀라운 계획을 이루시기 원하시는 전능하신 하나님은 그의 종들이 위험에 처하고 위기를 만날 때 우리가 예기치 못한 놀라운 방법으로 섭리하셔서 우리를 보호하실 뿐만 아니라 우리를 통해 그분의 뜻을 이루십니다.

우리는 이 사실을 본문 사도행전 23장의 바울의 살해 음모 사건에서 다시 확인할 수 있습니다. 바울은 공회 앞에서 증언하던 중 바리새인과 사두개파의 분쟁으로 인해 신변에 위험이 생기게 됩니다. 그때 천부장은 바울을 영내로 옮기는데 밤에 주님이 바울에게 나타나셔서 앞으로 로마에서도 복음을 전하게 될 것이라고 말씀하십니다. 다음 날 바울을 죽이려는 40명 결사대의 음모에 대한 이야기를 조카가 엿듣게 되고, 사실을 알리자 바울이 백부장을 불러 그의 조카를 천부장에게 안내하라고 요청합니다. 천부장은 그 음모 사실을 들은 후 밤에 급히 470명의 군사를 준비하고 총독에게 전달할 편지까지 써서 바울을 가이사랴의 로마 총독에게 호송하게 됩니다.

본문에 기록된 이 모든 사건 속에 나타난 바울을 보호하시는 하나님의 섭리는 어떤 것입니까?

① 바울의 생질인 조카가 바울의 살해 음모에 대해 듣게 된 것입니다.

> "바울의 생질이 그들이 매복하여 있다 함을 듣고 와서 영내에 들어가 바울에게 알린지라"(16절).

사도행전 어디에도 바울의 가족과 친척에 대한 이야기는 나오지 않는데, 이 상황에서 갑자기 바울의 생질이 등장하고 또 그가 비밀리에 진행되던 살해 음모를 듣게 됩니다. 또한 그가 철통 같은 경계망을 뚫고 삼촌 바울에게 이것을 알리게 되는데, 이 모든 사건은 기적과 같은 하나님의 섭리인 것입니다.

② 백부장이 죄수인 바울의 요청에 응해 바울의 생질을 천부장에게로 인도한 것과 천부장이 그 아이의 말을 그대로 믿고 받아들인 것입니다.

> "바울이 한 백부장을 청하여 이르되 이 청년을 천부장에게로 인도하라

그에게 무슨 할 말이 있다 하니 천부장에게로 데리고 가서 이르되 죄수 바울이 나를 불러 이 청년이 당신께 할 말이 있다 하여 데리고 가기를 청하더이다 하매 천부장이 그의 손을 잡고 물러가서 조용히 묻되 내게 할 말이 무엇이냐 대답하되 유대인들이 공모하기를 그들이 바울에 대하여 더 자세한 것을 묻기 위함이라 하고 내일 그를 데리고 공회로 내려오기를 당신께 청하자 하였으니 당신은 그들의 청함을 따르지 마옵소서 그들 중에서 바울을 죽이기로 맹세한 자 사십여 명이 그를 죽이려고 숨어서 지금 다 준비하고 당신의 허락만 기다리나이다 하니 이에 천부장이 청년을 보내며 경계하되 이 일을 내게 알렸다고 아무에게도 이르지 말라 하고"(17-22절).

③ **바울의 살해 음모 사실을 알게 된 천부장이 군사를 준비하여 즉각 바울을 호송한 것입니다.**

"백부장 둘을 불러 이르되 밤 제 삼시에 가이사랴까지 갈 보병 이백 명과 기병 칠십 명과 창병 이백 명을 준비하라 하고 또 바울을 태워 총독 벨릭스에게로 무사히 보내기 위하여 짐승을 준비하라 명하며 또 이 아래와 같이 편지하니 일렀으되"(23-25절).

바울을 보호하기 위해서 천부장은 40명 살해 결사대의 공격에 대비해 10배가 넘는 470명의 군사(보병 200, 기병 70, 창병 200)로 호위하여 64km 떨어진 가이사랴까지 바로 이송합니다. 바울이 로마 시민인 것을 안 이상 유대인들의 음모로부터 그를 안전하게 보호하기 위해 이렇게 완벽한 보호 조처를 한 것입니다. 당시 예루살렘 주둔 로마 군사의 수가 약 600명 정도였다고 할 때 470명의 군사가 동원되었다는 것은 절대 예사로운 일이 아닙니다. 이것은 바로 하나님이 그의 종을 보호하시는 섭리가 있었기 때문에 가능한 것이었습니다. 이러한 **하나님의 섭리적 역사** 때문에 바울은 총독 앞에서 로마의 황제에게 상소할 수 있게 되었고, 그로부터 2년 후에는 죄수의 몸이지만 주님이 11절에서 말씀하신대로 로마로 가게 되었습니다.

바울의 삶 속에서 그를 보호하시기 위해 행하셨던 하나님의 섭리적 역사를 통해 우리가 결론지을 수 있는 것은 무엇입니까?

첫째, 하나님께서는 우리에게 주신 약속의 말씀을 이루시기 위해서 섭리하시되 모든 것을 동원하시고 공급하셔서 우리를 보호하시고 도우신다는 사실입니다.

하나님께서는 11절의 말씀을 이루시기 위해서 조카, 백부장, 천부장, 470명의 군사를 동원하여 보호하셨습니다. 구약에서도 엘리야를 위해 사르밧 과부, 그리고 다니엘과 그의 세 친구를 위해서는 천사까지 동원하여 보호하셨습니다.

> "그가 너를 위하여 그의 **천사들**을 명령하사 네 모든 길에서 너를 지키게 하심이라"(시 91:11).

루터의 친구이자 종교 개혁자였던 존 브렌츠는 스페인의 찰스 5세 왕의 미움을 받게 되어, 왕실 기병이 파병되는 등 체포 당할 위기에 놓이게 됩니다. 이 소식을 듣고 존은 기도하는 중 하나님의 음성을 듣습니다.

"존, 빨리 빵 한 조각을 갖고 아랫마을로 가라, 거기서 문이 열린 집을 발견하면 거기 들어가 숨어라." 존은 이 음성을 듣고 그 집에서 14년을 발각되지 않고 숨어 지냈는데, 어떻게 그는 굶어죽지 않을 수 있었을까요? 14년간 매일 암탉이 한 마리씩 올라와 아무 소리도 내지 않고 달걀을 낳았다고 합니다. 그런데 14년이 지난 어느 날부터 닭이 올라오지 않았고, 바깥 동정을 보니 군사들이 다 철수하고 아무도 없는 것을 발견하고 안전하게 나왔다고 하는 일화입니다.

이처럼 우리가 하나님의 일을 할 때 하나님께서 주신 약속이 있고 비전이 있다면 비록 우리가 이해하지 못하는 고난과 시련이 있더라도 주님의 약속의 말씀을 믿고 의지하고, 또 순종하며 갈 수 있어야 합니다. 왜냐하면 하나님께서는 주신 약속을 이루시기 위해서 모든 사람과 자원을 동원해서서 우리를 보호하시고 도우시도록 섭리하실 것이기 때문입니다.

둘째, 하나님의 약속의 말씀을 믿고 가면 내 삶 가운데 행하시는 하나님의 섭리를 볼 수 있다는 사실입니다.

사도행전 22:11에서 바울은 주님께서 주신 약속의 말씀(로마 선교의 비전)을 믿었기 때문에 23장뿐만 아니라 그 이후에 일어난 모든 사건 속에 숨겨진 하나님의 섭리를 볼 수 있었습니다. 물론 사건이 일어난 즉시 보고 깨닫지는 못했지만 그가 로마에 도착하여 복음을 전하게 되었을 때 바울은 지금까지의 모든 사건과 고난 속에 담긴 하나님의 섭리의 손길을 이해할 수 있었고, 그 하나님의 섭리를 이해하게 되었기 때문에 순교하기까지 하나님의 뜻에 순종할 수 있었습니다.

"형제들아 내가 당한 일이 도리어 복음 전파에 진전이 된 줄을 너희가 알기를 원하노라"(빌 1:12).

마찬가지로 오늘 우리가 주님의 일을 하다가 고난을 당하는 가운데서도 하나님의 섭리의 손길을 보게 되고, 그분의 뜻과 계획을 깨닫게 될 때 우리는 당당한 삶을 살게 됩니다. 왜냐하면 과거에 당한 모든 고난과 고통에 대한 회한과 후회가 없기 때문입니다. 오히려 지금까지 조금도 오차와 실수가 없으신 하나님의 섭리 가운데 인도함을 받고 산 것에 대해서 감사하게 될 것입니다.

요셉은 아버지 야곱을 장사한 후 자신을 해하려했던 형들이 두려움에 떨고 있을 때, 그들을 찾아가서 이렇게 말합니다.

"요셉이 그들에게 이르되 두려워하지 마소서 내가 하나님을 대신하리이까 당신들은 나를 해하려 하였으나 하나님은 그것을 선으로 바꾸사 오늘과 같이 많은 백성의 생명을 구원하게 하시려 하셨나니 당신들은 두려워하지 마소서 내가 당신들과 당신들의 자녀를 기르리이다"(창 49:19-21).

우리가 주님과 복음을 위해서 살 때 우리에게 주신 하나님의 약속의 말씀을 믿고, 그 말씀을 붙들고 가면 하나님께서는 우리의 삶 가운데 행하시는 하나님의 섭리의 손길을 보게 하시고, 또 그 뜻을 이해하게 하셔서 우리로 이 땅에서도 후회함이 없는 풍성한 삶을 살게 하실 것입니다.

그러므로 우리가 주님과 복음을 위해서 살 때도 본문의 말씀대로 이런 놀라운 하나님의 보호의 섭리를 믿으시고, 또 우리의 인생을 향하신 하나님의 뜻을 이해함으로 어떤 고난과 시련 속에서도 참고 바라고 기다림으로 마침내 주님의 뜻을 이루어드리고 승리하시기를 소원합니다.

56 벨릭스 총독 앞에 선 바울
행: 24:1-9, 24-27

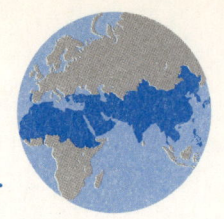

¹닷새 후에 대제사장 아나니아가 어떤 장로들과 한 변호사 더둘로와 함께 내려와서 총독 앞에서 바울을 고발하니라 ²바울을 부르매 더둘로가 고발하여 이르되 ³벨릭스 각하여 우리가 당신을 힘입어 태평을 누리고 또 이 민족이 당신의 선견으로 말미암아 여러 가지로 개선된 것을 우리가 어느 모양으로나 어느 곳에서나 크게 감사하나이다 ⁴당신을 더 괴롭게 아니하려 하여 우리가 대강 여짜옵나니 관용하여 들으시기를 원하나이다 ⁵우리가 보니 이 사람은 전염병 같은 자라 천하에 흩어진 유대인을 다 소요하게 하는 자요 나사렛 이단의 우두머리라 ⁶그가 또 성전을 더럽게 하려 하므로 우리가 잡았사오니 (6하반-8상반 없음) ⁸당신이 친히 그를 심문하시면 우리가 고발하는 이 모든 일을 아실 수 있나이다 하니 ⁹유대인들도 이에 참가하여 이 말이 옳다 주장하니라

²⁴수일 후에 벨릭스가 그 아내 유대 여자 드루실라와 함께 와서 바울을 불러 그리스도 예수 믿는 도를 듣거늘 ²⁵바울이 의와 절제와 장차 오는 심판을 강론하니 벨릭스가 두려워하여 대답하되 지금은 가라 내가 틈이 있으면 너를 부르리라 하고 ²⁶동시에 또 바울에게서 돈을 받을까 바라는 고로 더 자주 불러 같이 이야기하더라 ²⁷이태가 지난 후 보르기오 베스도가 벨릭스의 소임을 이어받으니 벨릭스가 유대인의 마음을 얻고

자 하여 바울을 구류하여 두니라

바울은 예루살렘 성전에 이방인을 데리고 들어가서 성전을 더럽혔다는 오해를 받고 봉변을 당하였는데, 그때 이를 본 로마 천부장이 바울을 보호하고 구출합니다. 이때부터 바울은 체포될 때 영문 층계에서, 대제사장과 공회 앞에서, 그리고 가이사랴로 호송된 후 벨릭스 총독 앞에서 세 차례에 걸쳐 자기 변호를 하게 됩니다. 그런데 대제사장과 장로들(변사까지)이 가이사랴까지 와서 바울을 고소하는 이유는 그들에게는 사실상 사형을 선고하고 집행할 권한이 없었기 때문입니다.

총독 앞에 선 바울의 모습과 그의 변증에서 받게 되는 도전과 교훈은 무엇입니까?

첫째, 우리도 바울 같이 복음의 전염성 있는 삶(contagious life)을 살아야 합니다.

종교 지도자들이 바울을 고소한 내용은 '전염병'(헬-로이몬은 페스트/흑사병)이었습니다. 이 말은 그가 가는 곳마다 문제와 소동을 일으킨다는 뜻입니다. 바울 때문에 사람들이 유대교를 떠나 예수를 믿게 되니까, 좀 더 정확히 표현하면 자기들을 버리고 바울을 좇게 되니까 바울을 시기하고 미워한 것입니다. 그러나 이 '전염병'은 역설적인 말입니다. 왜냐하면 바울이 심각한 문제를 일으킨 것이 아니고, 오히려 그들에게 구원의 복음, 생명의 복음을 전했고, 그 복음을 들은 사람들의 삶이 변화되었기 때문입니다. 그러나 종교 지도자들은 바울이 소요를 일으켜서 사회의 안정을 해치는 trouble maker라고 정죄하기 위해서 '전염병'

같은 존재라는 표현을 한 것입니다.

  사실 복음의 은혜를 경험했다면 우리도 세상 사람들에게 이런 소리를 들을 만큼 영향력 있는 삶을 살 수 있어야 합니다. 그러나 지금 우리는 세상 사람들의 눈에 어떻게 비쳐지고 있습니까? 귀신들린 자를 보면 반드시 미친 짓, 귀신 짓을 하는데, 예수 믿고 거룩한 하나님의 영이신 성령을 받은 자들이 어떻게 안 변할 수 있습니까? 복음을 듣고 그 복음을 믿음으로 수용하게 되면 반드시 삶이 변화(transformation)될 수밖에 없습니다. 반드시 생각과 습관이 바뀌고 인격이 바뀝니다. 듣고 믿었다고 하는데도 변화되지 않는 것이 오히려 이상하고, 또 잘못된 것입니다. 더 큰 문제는 먼저 복음을 듣고 믿은 사람들이 복음을 자랑하지도 삶으로 보여주지도 못하기 때문에 전혀 영향력 없는 삶(전염성 없는 삶)을 살아가는 것입니다. 그러나 이것은 주님이 원하시는 그리스도인의 삶의 모습이 아닙니다. 주님은 우리가 전염성 있는 삶을 살기를 원하십니다.

  그렇다면 어떻게 전염성 있는 그리스도인이 될 수 있습니까? 빌 하이벨스는 자신의 저서 'Contagious Christians'에서 그리스도인들이 정말 전염성 있는 삶을 살기 위해서는 진실, 긍휼, 희생이 필요하다고 말합니다. 『예수 사건(Jesus Case)』의 저자인 리 스트로벨은 아내 린의 인도로 교회에 왔을 때 교인들의 외식 없는 진실성에 영향을 받고 믿었다고 했으며, 빌리 그래함이 영향력 있는 전도자로 살 수 있었던 것은 그의 희생적인 삶 때문이었습니다. 희생적인 삶이 가장 영향력이 있는 것입니다.

둘째, 우리도 바울과 같은 신앙적 용기를 가져야 합니다.

① 지금 바울은 로마의 총독 앞에서 자기 변증을 하고 있습니다. 총독은 로마를 대신하여 사형을 구형하고 집행할 수 있는 권한을 가진 자이므로 지금 바울이 하는 모든 변증과 진술은 그의 생사가 걸린 아주 중요한 것이었습니다. 그런데 본문에서 바울은 너무나 태연하고 담대한 모습을 보입니다. 그저 사실을 사실대로 진실하게, 그리고 아주 담담히 진술하고 있습니다.

"내가 예루살렘에 올라간 지 열이틀밖에 안 되었는데 무슨 선동이 있겠느냐 그럴 시간적 여유도 없었는데 무슨 말이냐"(11-12절).

"내가 정말 고발당할 어떤 죄를 지었으면 그들이 벌써 정식으로 당신에게 고발했을 것이다 나는 단지 저희가 이단이라고 하는 예수 믿는 도를 좇아 조상의 하나님을 섬기고 부활을 믿을 뿐 아니라 그들에게도 죽은 자의 부활이 있다고 말한 것뿐이다"(19절).

바울은 자신이 이런 일을 당하는 것이 단지 이런 신앙적 이유 때문이라고 말합니다. 바울이 어떤 불이익이나 위험을 피하기 위해서 굳이 자신의 신앙을 변증하거나 숨기지 않고 있는 그대로 고백하고 설명할 수 있었던 것은 그에게 신앙적 용기가 있었기 때문입니다.

② 벨릭스는 바울에 대한 호감(물론 돈에 대한 욕심도 있었음), 복음에 대한 관심 때문에 바울을 자주 불러 이야기했습니다. 성경은 벨릭스 총

독이 바울의 말을 듣고 두려워했다고 기록하고 있는데, 대체 그를 만날 때마다 바울이 한 이야기가 무엇이었을까요? 바울은 의, 절제, 심판(25절), 즉 회개에 관한 강론과 설교를 했습니다. 그는 벨릭스와 말하기 편한 주제를 가지고 즐겁게 이야기를 한 것이 아닙니다. 또한 도덕적인 이야기나 그저 죄수로서 재판에서 호의를 바라고 덕담을 한 것도 아니었습니다. 바울이 강론한 것은 이 땅에서 바르게, 죄의 유혹과 타락으로부터 자기를 지키는 삶을 살지 않는 자에게는 장차 하나님의 엄위하신 심판이 기다리고 있다는 이야기였습니다.

> "수일 후에 벨릭스가 그 아내 유대 여자 드루실라와 함께 와서 바울을 불러 그리스도 예수 믿는 도를 듣거늘 바울이 의와 절제와 장차 오는 심판을 강론하니 벨릭스가 두려워하여 대답하되 지금은 가라 내가 틈이 있으면 너를 부르리라 하고 동시에 또 바울에게서 돈을 받을까 바라는 고로 더 자주 불러 같이 이야기하더라"(24-26절).

상대가 자신의 생사권을 갖고 있는 최고 권세자인데, 정말 놀라운 일 아닙니까? 그런데 더 놀라운 사실은 이런 강론을 하는 대상자인 벨릭스와 그의 아내 두루실라가 누구냐는 것입니다. 요세푸스 등 역사가들에 따르면 벨릭스는 아주 악한 사람이었는데, 그는 노예로 출생하여 수단과 방법을 가리지 않고 출세한 사람이었습니다. 그는 노예적 근성과 탐욕으로 자신의 정치적 권력을 마구 휘둘러 수천 명의 사람을 죽인 사람이었고, 바울에게서도 뇌물을 받을까 하여 2년씩이나 그가 무죄인 줄 알면서도 감옥에 가두어 둔 자입니다. 그리고 그의 아내 두루실라는 야고보를 죽인 헤롯 아그립바 1세의 딸로서 상당히 미인이었는데, 일찍이 팔레스타인 북방 하마드 지방의 왕과 결혼했지만 자기 남편을 버리고 권력을 좇아 벨릭스에게로 시집 온 아주 부도덕하고 탐욕스러운 여자였습니다. 이런 사람들에게 바울이 의와 절제, 심판(회개)에 대한 이야기를 했으니 그들의 심기가 얼마나 불편하였겠습니까? 이런 일은 정말 신앙적 용기가 없으면 할 수 없는 말과 행동이었습니다. 오늘날 그리스도인들에게도 무엇보다 필요한 것은 바로 바울과 같이 누구 앞에서도 자신의 믿는바 대로 하나님 편에서 말하고 행동할 수 있는 이와 같은 신앙적 용기일 것입니다.

그렇다면 바울은 어떻게 권세자와 재판장 앞에서 이렇게 태연하고 담대할 수 있었을까요?

① 양심에 거리낌이 없기 때문입니다. 하나님 앞에서나 사람 앞에서 양심에 조금도 책망 받을 것이 없으면 담대할 수 있습니다.

> "이것으로 말미암아 나도 하나님과 사람에 대하여 항상 양심에 거리낌이 없기를 힘쓰나이다"(16절).

> "만일 우리 마음이 우리를 책망할 것이 없으면 하나님 앞에서 담대함을 얻고"(요일 3:21).

교황의 명령에 따라 황제가 보름스 국회 앞에서 루터를 소환하여 협박할 때 있었던 일입니다.
"네가 그동안 쓴 책을 다 소각하여 없애고, 이제 새로운 마음으로 우리의 법을 따르겠느냐?"라고 했을 때, "성경에 비추어 오류가 지적되지 않는 한 나는 나의 주장을 철회하지 않겠다. 나의 양심은 이미 성경에 포로가 되었다. 나는 양심이 지시하는 바를 역행할 수 없다. 적어도 내 양심에 따라 사는 이것이 성경이요, 성경이 말씀하는 것에는 한 치도 양보할 수 없다"라고 강력하게 주장했습니다.

여기서 더 중요한 것은 바울이 이렇게 양심에 거리낌 없는 삶을 사는 이유입니다. 바울은 부활을 믿기 때문이라고 말합니다.

"그들이 기다리는 바 하나님께 향한 소망을 나도 가졌으니 곧 의인과 악인의 부활이 있으리라 함이니이다 이것으로 말미암아 나도 하나님과 사람에 대하여 항상 양심에 거리낌이 없기를 힘쓰나이다"(15-16절).

결국은 내세를 믿는 이 부활 신앙이 바로 바울의 신앙적 용기, 담대함의 근거인 것입니다. 이 부활 신앙이 있어야 우리도 바울과 루터처럼 어떤 상황과 사람 가운데에서도 두려워하지 않고 담대할 수 있습니다.

② 세상적 관점으로 사람을 보지 않기 때문입니다.

"그러므로 우리가 이제부터는 어떤 사람도 육신을 따라(세상 관점으로) 알지 아니하노라"(고후 5:16).

바울은 모든 사람을 죄인으로, 그리고 하나님의 긍휼과 예수 생명이 없이는 영원한 지옥 불 속에 던져질 수밖에 없는 불쌍한 존재로 보았습니다. 그는 사람의 이런 영적 형편을 잘 알기 때문에 누구라도 어떤 상황에서라도 듣든지 듣지 않든지, 그 영혼을 위해서는 담대히 회개하고 예수를 믿으라는 말을 할 수밖에 없었던 것입니다.

> "아그립바가 바울에게 이르되 네가 적은 말로 나를 권하여 그리스도인이 되게 하려 하는도다 바울이 이르되 말이 적으나 많으나 당신뿐만 아니라 오늘 내 말을 듣는 모든 사람도 다 이렇게 결박된 것 외에는 나와 같이 되기를 하나님께 원하나이다"(행 26:28-29).

우리는 얼마나 전염성이 있는 그리스도인입니까? 또 우리는 얼마나 용기 있는 그리스도인입니까? 우리도 삶의 변화(진실, 긍휼, 희생의 모습)를 통해서 세상 사람들에게 복음의 영향을 미치는 삶을 살 수 있기를 바랍니다. 또 누구를 만나더라도 그도 복음을 듣고 구원 받지 않으면 안 될 존재로 알고 담대히 복음을 전할 수 있는 그리스도인이 되시기를 소원합니다.

57 황제에게 상소한 바울

행: 25:1-22

¹베스도가 부임한 지 삼 일 후에 가이사랴에서 예루살렘으로 올라가니 ²대제사장들과 유대인 중 높은 사람들이 바울을 고소할새 ³베스도의 호의로 바울을 예루살렘으로 옮기기를 청하니 이는 길에 매복하였다가 그를 죽이고자 함이더라 ⁴베스도가 대답하여 바울이 가이사랴에 구류된 것과 자기도 멀지 않아 떠나갈 것을 말하고 ⁵또 이르되 너희 중 유력한 자들은 나와 함께 내려가서 그 사람에게 만일 옳지 아니한 일이 있거든 고발하라 하니라 ⁶베스도가 그들 가운데서 팔 일 혹은 십 일을 지낸 후 가이사랴로 내려가서 이튿날 재판 자리에 앉고 바울을 데려오라 명하니 ⁷그가 나오매 예루살렘에서 내려온 유대인들이 둘러서서 여러 가지 중대한 사건으로 고발하되 능히 증거를 대지 못한지라 ⁸바울이 변명하여 이르되 유대인의 율법이나 성전이나 가이사에게나 내가 도무지 죄를 범하지 아니하였노라 하니 ⁹베스도가 유대인의 마음을 얻고자 하여 바울더러 묻되 네가 예루살렘에 올라가서 이 사건에 대하여 내 앞에서 심문을 받으려느냐 ¹⁰바울이 이르되 내가 가이사의 재판 자리 앞에 섰으니 마땅히 거기서 심문을 받을 것이라 당신도 잘 아시는 바와 같이 내가 유대인들에게 불의를 행한 일이 없나이다 ¹¹만일 내가 불의를 행하여 무슨 죽을 죄를 지었으면 죽기를 사양하지 아니할 것이나 만일 이 사람들이 나를 고발하는 것이 다 사실이 아니면 아무도 나를 그들에게

내줄 수 없나이다 내가 가이사께 상소하노라 한대 [12]베스도가 배석자들과 상의하고 이르되 네가 가이사에게 상소하였으니 가이사에게 갈 것이라 하니라 [13]수일 후에 아그립바 왕과 버니게가 베스도에게 문안하러 가이사랴에 와서 [14]여러 날을 있더니 베스도가 바울의 일로 왕에게 고하여 이르되 벨릭스가 한 사람을 구류하여 두었는데 [15]내가 예루살렘에 있을 때에 유대인의 대제사장들과 장로들이 그를 고소하여 정죄하기를 청하기에 [16]내가 대답하되 무릇 피고가 원고들 앞에서 고소 사건에 대하여 변명할 기회가 있기 전에 내주는 것은 로마 사람의 법이 아니라 하였노라 [17]그러므로 그들이 나와 함께 여기 오매 내가 지체하지 아니하고 이튿날 재판 자리에 앉아 명하여 그 사람을 데려왔으나 [18]원고들이 서서 내가 짐작하던 것 같은 악행의 혐의는 하나도 제시하지 아니하고 [19]오직 자기들의 종교와 또는 예수라 하는 이가 죽은 것을 살아 있다고 바울이 주장하는 그 일에 관한 문제로 고발하는 것뿐이라 [20]내가 이 일에 대하여 어떻게 심리할는지 몰라서 바울에게 묻되 예루살렘에 올라가서 이 일에 심문을 받으려느냐 한즉 [21]바울은 황제의 판결을 받도록 자기를 지켜주기를 호소하므로 내가 그를 가이사에게 보내기까지 지켜두라 명하였노라 하니 [22]아그립바가 베스도에게 이르되 나도 이 사람의 말을 듣고자 하노라 베스도가 이르되 내일 들으시리이다 하더라

흔히 동양인의 행동 원리를 설명할 때 명분주의, 또는 체면주의를 이야기합니다. 그러나 미국인들의 삶과 행동을 대변하는 사상은 실용주의(pragmatism)입니다. 실용주의란 생활이나 행동에 있어서 유용성을 떠나서는 진리가 될 수 없다는 것인데, 한마디로 말하면 '편리하면 최

고'라는 것입니다. 즉 남자나 여자, 나이 드신 어른이나 아이 모두 청바지를 입고, 대화를 하되 격식을 따지지 않는 대화 등이 실용주의에서 비롯된 것입니다.

본문에서 바울과 유대 지도자들, 벨릭스, 베스도, 아그립바 왕의 행동 원리는 무엇입니까? 그들은 어떤 행동 원리에 따라 변명하고 또 재판하였습니까?

첫째, 대제사장과 종교 지도자들의 행동 원리: 시기심, 민족주의

2년이 넘도록 집요하게 바울을 고소하고 죽이려고 하는 그들의 동기는 시기심과 민족주의였습니다.

① 시기심

그들은 바울이 수많은 유대교 신자들을 예수교로 개종시키는 것에 대해 시기심을 가졌고 그 결과로 정치, 사회적 기득권을 상실하게 됩니다. 가야바와 유대 종교 지도자들이 예수님을 십자가에 못 박아 죽인 것도 시기심 때문이었고, 지금 바울을 죽이려고 하는 것도 똑같이 시기심 때문입니다. 오늘날 교회 안에서도 직분 때문에 시기심이 발동합니다. 중요한 것은 이 시기심 뒤에는 반드시 사탄이 역사하고 있으며, 이것은 하나님을 믿는 사람들이 통과해야 할 마지막 단계의 시험이라는 사실입니다.

② 민족주의(선민의식)

그들은 유대인에게만 구원이 있다고 믿었지만 바울은 이방인에게도 구원이 있다고 했습니다(반유대적). 인도의 힌두교는 기독교를 핍박하는데, 그것은 그들이 힌두교를 민족 종교라고 믿고 반대 세력을 배척하기 때문입니다. 일본 사람들이 기독교를 믿지 않는 이유도 이와 같습니다. 기독교는 자기들의 종교가 아닌 서양 종교이기 때문입니다. 그런데 유대인의 민족주의는 조금 다릅니다. 그것은 선민의식, 일종의 우월 의식과 자만심에서 기원합니다. 이방인과 같이 장사도 하고 같이 살기도 하지만 구원은 오직 유대인에게만 있다는 것이 선민의식입니다. 이 민족주의에 호소하여 그들은 백성들을 선동하였던 것입니다.

둘째, 벨릭스, 베스도, 그리고 아그립바 왕의 행동 원리: 물질에 대한 탐욕, 정치적인 이익

> 벨릭스: 유대인들을 너무 가혹하게 대했기 때문에 여론이 나쁨, 로마와의 관계가 악화될 것을 우려하여 바울을 소환하고 후임 총독(베스도)을 보냄
> 베스도: 벨릭스 후임으로 아주 정직하고 의롭고 곧은 사람으로 기록됨
> 아그립바: 사도행전 12장의 헤롯 아그립바 왕의 아들
> 친로마파로써 로마 황제의 비호로 왕이 되었지만 총독이 실권을 갖고 있고 그는 그저 형식적인 왕위를 가지고 통치함
> 새 총독이 부임하자 그에게 인사차 가이사랴를 방문함(행 25:13)

① 물질에 대한 탐욕

"동시에 바울에게서 돈을 받을까 바라는 고로 더 자주 불러 같이 이야기하더라"(행 24:26).

② 개인의 정치적인 이익(권력 유지, 백성들의 호감, 왕의 인정)

"벨릭스가 유대인의 마음을 얻고자 하여 바울을 구류하여 두니라"(행 24:27).

바울에게서 특별한 죄를 찾지 못했지만 2년이나 감옥에 구류하여 둔 이유는 유대인들로부터 정치적인 호감을 얻어내기 위한 것이었습니다.

"베스도가 유대인의 마음을 얻고자 하여…"(행 25:9).

바울은 자신이 죄가 없다고 증언하고 있지만 베스도는 유대인들, 특히 대제사장과 공회원들의 환심을 사기 위해서 바울에게 또 다시 예루살렘에 올라가 재판을 받겠느냐고 물어봅니다.

③ 베스도가 아그립바 왕에게 바울의 문제를 의논하는 이유와 동기

"그에 대하여 황제께 확실한 사실을 아뢸 것이 없으므로 심문한 후 상소할 자료가 있을까 하여 당신들 앞 특히 아그립바 왕 당신 앞에 그를 내세웠나이다"(26절).

베스도는 유대인의 풍습/신앙 등에 많은 지식을 갖고 있던 아그립바와 상의하여 황제에게 상소할 재료, 즉 조서를 쓸 재료를 얻기 위해서라고 말하고 있지만 실제로는 아그립바 왕을 증인 삼아 상소를 허락한 자기 결정의 타당성을 증명하기 위한 것이었습니다. 그러나 여기에는 둘 다 서로 정치적으로 이용하면서 자신의 권력과 지위를 유지하려는 속셈이 있었습니다. 이러한 동기와 의도 때문에 죄 없는 바울을 정죄하여 죽이려고 했던 것이고, 또 이유나 근거 없이 2년이나 구류하고 계속 재판만 했던 것입니다. 그러나 여기서 놀라운 것은 이 모든 것들은 그들의 개인적인 탐욕과 정치적 동기, 의도를 가지고 계획적으로 한 것들이지만 사실은 바울을 로마로 보내고자 하시는 하나님의 섭리를 거스리지 못하고 오히려 그 섭리적인 계획을 이루는 재료들로 사용되고 있다는 사실입니다. 그들은 2년 넘게 끈질기게 바울을 살해하려고 했지만 결국 그들의 뜻대로 되지 않고 베스도 총독으로 하여금 바울의 상소를 허락하여 비록 죄수의 신분이지만 그를 로마로 보내는 결정을 하게 되었습니다.

셋째, 바울의 행동 원리

바울은 무엇에 따라 계속해서 자신을 변호하고 상소할 수 있었습니까?

① 신앙 양심에 따라

"항상 양심에 거리낌이 없기를 힘쓰나이다"(행 24:16).

"내가 도무지 죄를 범하지 아니하였노라…불의를 행한 일이 없나이다"(행 25:8, 10).

바울이 로마 시민권을 가지고 있었다고 하더라도 중요한 것은 양심에 거리낌이 없고 깨끗했기 때문에 누구 앞에 서더라도 당당하고 떳떳하게 변호하고 상소할 수 있었습니다.

② 하나님의 뜻에 따라

"예루살렘에서처럼 로마에서도 나의 일을 증언하여야 하리라"(행 23:11).

"그러므로 하늘에서 보이신 것을 내가 거스르지 아니하고"(행 26:19).

바울의 삶에서 하나님의 뜻은 그가 부르심을 받을 때 받았던 이방인 선교의 사명이었습니다. 즉 이방인의 사도로 그들에게 예수 그리스도로 말미암는 구원의 복음을 전하는 것입니다. 그래서 바울은 사도행전 20:24에서 "나의 달려갈 길과 주 예수께 받은 사명 곧 하나님의 은혜의 복음 증거 하는 일을 마치려 함에는 나의 생명을 조금도 귀한 것으로 여기지 아니하노라"고 천명하였던 것입니다. 하나님의 뜻, 즉 사명주의의에 따라 살 때 우리는 어떤 상황과 조건, 자리에서도 담대할 수 있고 어떤 위험과 고난, 불편도 감내할 수 있음을 믿으시기 바랍니다.

본문에 나타난 바울의 행동 원리를 보면서 우리가 결론지을 수 있는 것은 무엇입니까?

첫째, 그리스도인은 무엇을 하든 어떤 상황에서든 환경과 조건이 불리하고, 또 불가능해 보여도 우리의 말과 행동 원리가 다른 것이 아닌 신앙 양심과 우리의 인생에 의도하신 하나님의 뜻(사명)이어야 합니다.

우리도 세상에서 살 때 특별히 하나님께서 맡기신 일을 행할 때 바울처럼 분명한 신앙적 행동 원리에 따라 말하고 행동해야 한다는 것입니다. 왜냐하면 이것이 바로 주님의 행동 원리이었기 때문입니다.

> "내가 하늘에서 내려온 것은 내 뜻을 행하려 함이 아니요 나를 보내신 의 뜻을 행하려 함이니라"(요 6:38).

그래서 주님께서는 우리가 주님을 따르기 위해서는 반드시 먼저 '자기를 부인'(막 8:34)하라고 말씀하신 것입니다.

둘째, 그리스도인들은 세상 사람들처럼 실용주의, 체면주의, 자기중심주의, 탐욕주의 등의 행동 원리가 아닌 끝까지 신앙 양심주의와 사명주의의 행동 원리를 따라 살 때 인생이 실패할 것 같아도 결코 실패하지 않을 뿐만 아니라 결국은 하나님의 놀라운 역사를 경험하게 됩니다.

콘스탄티누스 대제의 아버지 왕 때의 일입니다.
"예수를 믿든지 관직을 그만두든지 둘 중의 하나를 택하라"라는 왕의 명령에 의외로 수많은 관리들이 이렇게 대답했습니다.

"그렇다면 예수를 믿겠습니다. 그러자 왕은 예수를 믿지 않겠다고 한 사람들은 다 내쫓으라. 그리스도께 충성하지 않은 사람들은 결국 내게도 충성하지 않을 것이다." 그는 관직을 포기하지 않으려는 사람들은 다 쫓아내고 예수를 믿겠다는 사람들을 불러 훌륭히 정치를 했다고 합니다.

돈을 탐하고 자기의 정치적인 입지를 잃지 않으려고 했던 벨릭스는 후에 가혹한 통치로 인해 유대인들의 반감을 샀고, 그 결과 로마 황실로부터 소환당하였습니다. 벨릭스의 후임 베스도 부임한지 2년 만에 병으로 죽어 그의 자리를 다른 사람이 차지했고, 아그립바 왕은 철저히 친로마파로 처신하여 자신의 왕위를 지키려고 노력했지만 결국 후계자 없이 죽어 헤롯가의 마지막 왕이 되었다고 전해집니다.

반면에 바울은 어떻게 되었을까요? 비록 여러 번의 살해 위협을 당했고 죄 없는 죄수의 몸으로 재판을 받아야 했으며, 2년 넘게 감옥에서 구류되어 있었지만 결국은 주님의 말씀대로 로마로 가게 되었습니다.

> "바울이 온 이태를 자기 셋집에 머물면서 자기에게 오는 사람을 다 영접하고 하나님의 나라를 전파하며 주 예수 그리스도에 관한 모든 것을 담대하게 거침없이 가르치더라"(행 28:31).

바울은 로마에 도착한 후에도 재판을 기다리는 동안 2년간 감금(가택 연금)되어 있었지만 계속해서 자유롭게 복음을 전하여 수많은 로마의 황족들과 황제의 친위대 장교들이 예수를 믿게 되었고, 마침내 콘스탄틴 대제 때 기독교를 국교로 공인하는 일이 일어나게 되었습니다. 그리고 그 복음은 세계의 심장부인 로마를 통하여 전 세계로 확산되어 오늘날 수많은 이방 나라가 예수를 믿고 구원 받는 놀라운 역사가 일어나게 되었습니다.

바울에게 시련은 있었지만 실패는 없었습니다. 하나님의 사명을 따라서 살았을 때 하나님은 바울을 지키셨고 바울을 통해서 하나님의 뜻이 이루어졌습니다.

우리들의 삶의 행동 원리는 무엇입니까? 자존심, 이익, 명분주의, 체면주의가 우리의 행동 동기가 되어서는 안 됩니다. 깨끗한 신앙 양심과 사명에 따라 사는, 하나님을 기쁘시게 하는 복된 삶을 사는 하나님의 백성들이 되시기를 소원합니다.

58
로마로 가는 길에 만난 풍랑
행: 27:9–26

⁹여러 날이 걸려 금식하는 절기가 이미 지났으므로 항해하기가 위태한지라 바울이 그들을 권하여 ¹⁰말하되 여러분이여 내가 보니 이번 항해가 하물과 배만 아니라 우리 생명에도 타격과 많은 손해를 끼치리라 하되 ¹¹백부장이 선장과 선주의 말을 바울의 말보다 더 믿더라 ¹²그 항구가 겨울을 지내기에 불편하므로 거기서 떠나 아무쪼록 뵈닉스에 가서 겨울을 지내자 하는 자가 더 많으니 뵈닉스는 그레데 항구라 한쪽은 서남을, 한쪽은 서북을 향하였더라 ¹³남풍이 순하게 불매 그들이 뜻을 이룬 줄 알고 닻을 감아 그레데 해변을 끼고 항해하더니 ¹⁴얼마 안 되어 섬 가운데로부터 유라굴로라는 광풍이 크게 일어나니 ¹⁵배가 밀려 바람을 맞추어 갈 수 없어 가는 대로 두고 쫓겨가다가 ¹⁶가우다라는 작은 섬 아래로 지나 간신히 거루를 잡아 ¹⁷끌어 올리고 줄을 가지고 선체를 둘러 감고 스르디스에 걸릴까 두려워하여 연장을 내리고 그냥 쫓겨 가더니 ¹⁸우리가 풍랑으로 심히 애쓰다가 이튿날 사공들이 짐을 바다에 풀어 버리고 ¹⁹사흘째 되는 날에 배의 기구를 그들의 손으로 내버리니라 ²⁰여러 날 동안 해도 별도 보이지 아니하고 큰 풍랑이 그대로 있으매 구원의 여망마저 없어졌더라 ²¹여러 사람이 오래 먹지 못하였으매 바울이 가운데 서서 말하되 여러분이여 내 말을 듣고 그레데에서 떠나지 아니

하여 이 타격과 손상을 면하였더라면 좋을 뻔하였느니라 [22]내가 너희를 권하노니 이제는 안심하라 너희 중 아무도 생명에는 아무런 손상이 없겠고 오직 배뿐이리라 [23]내가 속한 바 곧 내가 섬기는 하나님의 사자가 어제 밤에 내 곁에 서서 말하되 [24]바울아 두려워하지 말라 네가 가이사 앞에 서야 하겠고 또 하나님께서 너와 함께 항해하는 자를 다 네게 주셨다 하였으니 [25]그러므로 여러분이여 안심하라 나는 내게 말씀하신 그대로 되리라고 하나님을 믿노라 [26]그런즉 우리가 반드시 한 섬에 걸리리라 하더라

구원 받은 후 가장 중요한 것은 하나님이 주신 내 인생의 비전을 깨닫는 것입니다. 왜냐하면 그 비전이 내 존재의 목적이고 하나님이 나를 부르신 이유이기 때문입니다. 그런데 우리의 인생에 하나님이 주신 비전과 사명을 위해 살아갈 때에도 문제는 있습니다. 때로는 역경에 처하고, 사람의 비판과 반대에 부딪히기도 하고, 실패도 경험하게 됩니다. 모든 것이 늘 순탄하고 형통하지만은 않습니다.

창세기 12:1-5에서는 땅과 자손에 대한 약속을 받은 아브라함이 그 말씀을 따라갔지만 기근을 만났고(10절), 기근을 피해 애굽으로 갔을 때는 아내를 빼앗기는 어려움을 당했습니다(15절). 가나안의 꿈을 받은 모세는 하나님의 뜻에 순종했지만 광야에서 마실 것과 먹을 것의 결핍을 겪으므로 그의 리더십에 대한 도전의 시간을 보냈습니다. 그러므로 "하나님이 내게 비전, 약속을 주셔서 가라고 해서 가고, 하라고 해서 했는데, 왜 내가 이런 어려움과 고통을 당해야 하는가?"라고 말하지 마십시오. 하나님이 주신 비전과 사명을 받은 신자의 삶에도 역경은 있습니다.

"너희가 세상에서 환난을 당하나 담대하라"(요 16:33).

중요한 것은 역경에 처하게 될 때 우리의 반응입니다. 사도행전 27장은 세계 선교의 비전을 품고 로마로 가던 바울이 부딪혔던 역경에 대한 이야기입니다. 바울은 죄수의 신분으로 로마로 압송되어 가는 중 항해의 위험성에 대해 백부장에게 경고하지만, 그럼에도 불구하고 백부장은 선장과 선주의 말을 더 믿게 되어 배는 출항합니다. 그리고 항해 중 14일간의 풍랑 속에서 배가 난파할 위기까지 갔다가 바울과 선원 276명 전원이 극적으로 구조되었습니다.

이 사건에서 우리는 하나님의 비전과 사명을 가지고 가다가 역경에 처하게 될 때 3가지 질문을 물음으로써 신앙적인 문제에 대처하는 법을 배울 수 있습니다.

첫째, 역경의 원인이 무엇입니까?

내가 처한 이 역경과 문제의 원인이 무엇인지, 누가 이 문제를 야기시켰는지 질문해야 합니다. 문제의 원인이 나, 다른 사람, 사탄, 하나님 … 누구인가요?
왜냐하면 문제의 원인이 어디에 있는지 분명히 알게 될 때에 우리는 포기하지 않고 계속해서 비전과 사명의 성취를 위해 나아갈 수 있기 때문입니다.

우리가 역경에 처하게 될 때 흔히 하는 세 가지 실수가 있습니다.

"백부장이 선장과 선주의 말을 바울의 말보다 더 믿더라 그 항구가 겨울을 지내기에 불편하므로 거기서 떠나 아무쪼록 뵈닉스에 가서 겨울을 지내자 하는 자가 더 많으니 뵈닉스는 그레데 항구라 한쪽은 서남을, 한쪽은 서북을 향하였더라 남풍이 순하게 불매 그들이 뜻을 이룬 줄 알고 닻을 감아 그레데 해변을 끼고 항해하더니"(11-13절).

① 잘못된 조언에 귀를 기울임(11절)

많은 경우 신자들도 하나님의 말씀보다 전문가(선주와 선장)의 말을 더 신뢰합니다.

② 다수의 의견을 좇음(12절): 그러나 다수의 의견은 얼마든지 틀릴 수 있습니다.

바란 광야의 12명의 정탐꾼 중 여호수아와 갈렙 외의 10명은 가나안 땅 정복 전쟁을 반대한 것이 그 좋은 예입니다.

③ 상황을 좇음(13절): 열린문이 다 기회가 아닐 수 있으며, 또 그것을 반드시 하나님의 뜻으로 볼 수도 없습니다. 사탄도 얼마든지 환경과 상황을 조정할 수 있기 때문입니다. 그러므로 우리는 하나님이 주신 비전 성취를 위해 갈 때 상황만을 보고 판단할 것이 아니라 "정말 이것이 하나님의 뜻, 하나님이 원하시는 것입니까?"라고 물어야 합니다.

본문을 살펴보면 바울이 로마로 가는 길에 만난 풍랑의 원인이 바울 자신의 실수나 잘못에 있지는 않습니다. 오히려 그는 하나님의 말씀을 듣고 그들에게 경고했지만 그들이 바울의 말을 무시했습니다. 우리도 많은 경우에 위의 세 가지 실수를 저지를 수 있음을 기억하고 하나님 앞에 겸손히 기도하며 물을 필요가 있습니다.

"하나님 혹시 제 잘못은 아닙니까? 제가 무슨 실수를 하였습니까? 그것이 아니면 누구의 잘못입니까? 이 문제에 담긴 하나님의 뜻은 무엇입니까?"

둘째, 역경을 통해서 하나님이 나에게 주시는 교훈은 무엇입니까?

일반적으로 문제나 어려움이 생길 때 사람들이 제일 먼저 하는 것이 있습니다. 바로 비난과 원망입니다. "누구의 잘못이냐?" 잘못한 사람을 찾아내어 그 사람에게 화살을 돌립니다. 그러나 이런 방법으로는 절대 문제를 해결하지 못합니다. 아무리 큰 비전을 품었더라도 그 비전을 성취할 수가 없습니다. 중요한 것은 누구의 잘못이고, 누구의 실수이든 하나님은 내가 지금 당하는 그 고난과 어려움을 통해서도 무엇인가를 하기 원하신다는 사실입니다. 하나님은 현재 나의 실패, 실수, 어려움, 내가 당하는 고난에도 계획을 가지고 계시고, 그것들을 사용하셔서 결국은 하나님이 주신 비전을 이루시기를 원하십니다.

그러므로 인생을 살면서 혹 실패하고, 실수하고, 고난당할 때 그것들을 통하여 교훈하시는 하나님의 뜻을 깨달아야 합니다. 무엇보다 그 어려운 상황과 역경을 거치는 것이 하나님의 비전을 이루는 길임을 알아야 합니다.

요셉은 형들에 의해 종으로 팔려서 13년간 종살이, 옥살이를 하였기 때문에 꿈을 이루게 되었습니다. 저희 교회도 전통 교회로부터 받은 상처 때문에 그들이 하지 못하고 있는 일을 찾다가 미전도 종족 선교에 집중하게 되었습니다.

셋째, 역경에 어떻게 대처하고 대응할 것인가를 하나님께 물어야 합니다.

여기서 포기할 것인가? 아니면 끝까지 인내하면서 갈 것인가? 등을 하나님께 물어야 합니다.

① 잘못하면 자포자기할 수 있습니다.
그러나 정말 하나님이 주신 비전을 믿는다면 어떤 경우, 상황에서도 소망을 잃거나 목표가 흐려져서는 안 됩니다.

"가는 대로 두고 쫓겨가다가…"(15절)
역경에 처하게 되고 어려움이 올 때 "될 대로 되라. 어떻게든 되겠지!"라는 식으로 삶을 사는 사람들이 있습니다. 그러나 이런 대처는 언제나 상향이 아닌 하향 곡선을, 그리고 상황이 더 악화될 수 있습니다.

"애쓰다가… 짐을 바다에 풀어버리고…"(18절)
배를 가볍게 하기 위해서 배의 짐과 기구를 모두 버렸습니다. 꿈, 신앙, 가치관, 자존심도 다 버리고 돈만 주면 무슨 일이든지 하는 사람들이 있습니다. 주일 성수는 물론 상황이 점점 어려워지고 스트레스가 더하면 대부분의 신자들도 지켜야 할 것들을 지키지 않고 버리게 되고 상황에 따라 충동적으로 행동하게 됩니다. 그러나 그것은 잘못된 것입니다.

② 문제에 적극적으로 대응해야 합니다(31절 이하).

문제를 피하거나 돌아가지 말고 적극적으로 대응해야 합니다. 힘들어도 신앙적인 선택을 하고 신앙적인 행동을 해야 합니다. 아무리 하나님이 주신 비전이 있고 약속이 있어도 내가 할 일이 있고 내가 해야 할 수고가 있으므로 절대로 소극적이고 수동적이어서는 안 됩니다.

그렇다면 구체적으로 어떻게 해야 합니까?

첫째, 다시 하나님의 약속을 붙들어야 합니다.

"내가 속한 바 곧 내가 섬기는 하나님의 사자가 어제 밤에 내 곁에 서서 말하되 바울아 두려워하지 말라 네가 가이사 앞에 서야 하겠고 또 하나님께서 너와 함께 항해하는 자를 다 네게 주셨다 하였으니 그러므로 여러분이여 안심하라 나는 내게 말씀하신 그대로 되리라고 하나님을 믿노라 그런즉 우리가 반드시 한 섬에 걸리리라 하더라"(23-25절).

상황과 상식, 형편에 따라 좌우되지 말고 하나님의 약속을 붙들어야 합니다. 왜냐하면 다른 조건과 형편은 모두 바뀌지만 하나님의 약속만이 확실한 것이기 때문입니다.

둘째, 지금 상황에서 내가 할 수 있는 일이 무엇인지 생각하고 그 일부터 해야 합니다.

34절에서 바울은 선원들에게 음식을 먹고 기운을 차리게 합니다. 그래야 마지막 배가 깨어질 때 헤엄쳐서 해안까지 갈 수 있기 때문입니다. 35절에서는 기도하고 사람들을 안심시킵니다. 이처럼 위기의 때 일수록 우리는 기도를 믿고 기도에 힘써야 합니다. 우리 교회가 어려울 때 정말 잘했다고 생각하는 일이 있습니다. 그것은 전교인 21일 다니엘 금식입니다. 어려울 때일수록 우리는 모든 것을 내려놓고 기도에 힘써야 합니다. 38절에서는 밀을 버렸고, 40절에서는 배를 해안에 가까이 대기 위해서 닻줄을 끊고 키줄을 늦추고 닻을 다는 등 그 상황에서 할 수 있는 모든 노력을 다 했습니다.

하나님이 주신 비전, 사명을 위해서 지금까지 살아왔는데 혹 어떤 문제와 어려움에 부딪힌 분이 계십니까? 하나님 앞에 나아가시고 기도로 물으시기 바랍니다.

"주님, 누구의 잘못입니까? '나'입니까? 왜 이런 일이 일어났나요?" 이렇게 그 사건을 통해 주시는 하나님의 뜻과 계획이 무엇인지 물으시기 바랍니다. 그리고 하나님이 주신 약속의 말씀을 다시 붙들고 지금 내가 할 수 있는 일부터 최선을 다하시기 바랍니다. 신앙적인 선택을 하고 하나님을 신뢰하고 신자답게 행동하시기 바랍니다.

그렇게 할 때 하나님이 예비하신 길이 열리고 비전이 더 분명해질 것입니다. 마침내 그 비전은 성취될 것입니다.

59 바울의 로마 선교

행: 28:16-31

¹⁶우리가 로마에 들어가니 바울에게는 자기를 지키는 한 군인과 함께 따로 있게 허락하더라 ¹⁷사흘 후에 바울이 유대인 중 높은 사람들을 청하여 그들이 모인 후에 이르되 여러분 형제들아 내가 이스라엘 백성이나 우리 조상의 관습을 배척한 일이 없는데 예루살렘에서 로마인의 손에 죄수로 내준 바 되었으니 ¹⁸로마인은 나를 심문하여 죽일 죄목이 없으므로 석방하려 하였으나 ¹⁹유대인들이 반대하기로 내가 마지 못하여 가이사에게 상소함이요 내 민족을 고발하려는 것이 아니니라 ²⁰이러므로 너희를 보고 함께 이야기하려고 청하였으니 이스라엘의 소망으로 말미암아 내가 이 쇠사슬에 매인 바 되었노라 ²¹그들이 이르되 우리가 유대에서 네게 대한 편지도 받은 일이 없고 또 형제 중 누가 와서 네게 대하여 좋지 못한 것을 전하든지 이야기한 일도 없느니라 ²²이에 우리가 네 사상이 어떠한가 듣고자 하니 이 파에 대하여는 어디서든지 반대를 받는 줄 알기 때문이라 하더라 ²³그들이 날짜를 정하고 그가 유숙하는 집에 많이 오니 바울이 아침부터 저녁까지 강론하여 하나님의 나라를 증언하고 모세의 율법과 선지자의 말을 가지고 예수에 대하여 권하더라 ²⁴그 말을 믿는 사람도 있고 믿지 아니하는 사람도 있어 ²⁵서로 맞지 아니하여 흩어질 때에 바울이 한 말로 이르되 성령이 선지자 이사

야를 통하여 너희 조상들에게 말씀하신 것이 옳도다 [26]일렀으되 이 백성에게 가서 말하기를 너희가 듣기는 들어도 도무지 깨닫지 못하며 보기는 보아도 도무지 알지 못하는도다 [27]이 백성들의 마음이 우둔하여져서 그 귀로는 둔하게 듣고 그 눈은 감았으니 이는 눈으로 보고 귀로 듣고 마음으로 깨달아 돌아오면 내가 고쳐 줄까 함이라 하였으니 [28]그런즉 하나님의 이 구원이 이방인에게로 보내어진 줄 알라 그들은 그것을 들으리라 하더라 [29](없음) [30]바울이 온 이태를 자기 셋집에 머물면서 자기에게 오는 사람을 다 영접하고 [31]하나님의 나라를 전파하며 주 예수 그리스도에 관한 모든 것을 담대하게 거침없이 가르치더라

사도행전 28장은 예루살렘에서 시작한 복음이 로마까지 전해진 사실에 대하여 기록하고 있습니다. 특히 본문의 마지막 31절은 사도행전의 결론이라고 말할 수 있습니다.

① **주 예수 그리스도께 관한 모든 것을**
② **담대하게**
③ **거침없이 가르치더라**

놀라운 것은 그렇게 많은 시간 고난을 당하고 겨우 로마에 도착한 바울이 어떻게 죄수의 신분으로 24시간 가택 연금 상태에서도 계속해서 담대히 복음의 사명을 감당할 수 있었느냐 하는 사실입니다.

첫째, 바울은 그가 당한 모든 일, 사건들을 사명적 관점에서 이해했기 때문입니다.

26장- 가이사랴 빌립보 감옥에 2년씩이나 수감되었던 일

27장- 로마로 가는 배가 광풍으로 14일을 바다에서 고생하다가 구사일생으로 살아난 일

28:3- 멜리데 섬에 도착한 후 독사에게 물렸지만 전혀 상함을 당하지 않은 일

28:7- 그 섬의 가장 높은 사람인 보블리오라는 사람의 부친의 열병과 이질을 기도하고 안수하여 치유한 일

28:14- 그 섬을 떠나 보디올에서 믿는 형제들을 만난 일

28:15- 로마 교회의 성도들을 만나게 된 것과 그들의 후원을 받은 일
로마에서도 재판을 기다리며 2년간 가택 연금 당한 일

바울은 이 모든 일들을 사명적 관점에서 이해했습니다. 즉 그가 당한 고난과 기적, 만남, 그리고 그가 현재 처한 상황까지도 하나님께서 주신 복음 증거의 사명의(선교적) 관점에서 이해했습니다.

그래서 바울은

① 고난(광풍을 만나 배가 파선) - 왜 하나님이 나에게 이런 고난과 고통을 겪게 하실까?

② 기적(독사에 물렸지만 무사함, 병의 치유) - 왜 하나님이 나를 살려주셨을까?

③ 만남(로마 교회의 성도들, 가택 연금과 매일 시위대 군인들을 만남) - 왜 만나게 하셨을까?

이렇게 물을 때 처음 자신의 방법과 기대와 달리 이 모든 일 안에 하

나님께서 주신 복음 증거의 사명을 이루시려는 하나님의 계획과 뜻이 있음을 깨닫게 되었던 것입니다. 그래서 바울은 로마에서도, 가택 연금 상태에서도 담대하고 거침없이 복음을 전하는 삶을 살 수 있었습니다 (31절).

무엇을 근거로 이렇게 말할 수 있습니까? 빌 1:12-13의 말씀입니다.

"형제들아 내가 당한 일이 도리어 복음 전파에 진전이 된 줄을 너희가 알기를 원하노라 이러므로 나의 매임이 그리스도 안에서 모든 시위대 안과 그 밖의 모든 사람에게 나타났으니."

바울이 당한 고난, 즉 풍랑 때문에 멜리데 섬에 전도의 문이 열렸습니다. 또한 기적과 치유를 통해서는 하나님의 살아계심과 그의 능력을 증거할 뿐만 아니라 바울이 하나님의 종임을 증명해주셨습니다. 바울이 로마에 죄수의 신분으로 도착했지만 실제는 복음 전도자로서 가택 연금을 받으면서도 자신을 감시하는 친위대 군인들뿐만 아니라 자유롭게 사람들을 불러 복음을 전할 수 있었던 것은 모든 기적과 치유 사건을 목격한 백부장과 로마 군인들, 선장과 선원 등 275명의 증언이 있었기 때문입니다.

특별히 바울을 감시한 로마 군인들은 빌립보서 1:13에 따르면 황제의 친위대로서 당시 약 만 명 정도가 있었다고 하는데, 그들은 로마의 핵심 계층으로서 이들이 로마 사회에 미치는 영향력은 우리가 상상할 수 있는 그 이상이었습니다. 그런데 이들 친위대 군인이 매일 24시간 돌아가면서 교대로 바울을 일대일로 감시했기 때문에 바울은 집중적으로 그들에게 전도할 수 있었습니다.

또 한 가지 중요한 섭리적 만남은 로마 교회 성도들의 만남입니다. 그들은 바울이 전도한 사람들도 아니지만 전에 바울의 편지(로마서)를 읽고, 바울의 선교적 비전(이방인 선교)에 대하여 알고 있던 사람들로서 그들은 여러 가지로 바울을 위로하고 도왔습니다. 그래서 바울은 "그들을 보고 하나님께 감사하고 담대한 마음을 얻었던"것(15절)입니다. 특히 성경 학자들은 바울이 로마에 2년간 체류하는 동안 기거한 셋집의 월세를 그들이 후원했던 것으로 추측합니다.

바울이 당한 모든 일들과 만남은 절대로 우연이 아니었습니다. 모든 것이 필연이고 바울로 하여금 복음 증거의 사명을 성취하도록 도우시는 하나님의 섭리적 사건이었습니다. 이런 의미에서 보면 독사에게 물렸지만 죽지 않는 기적도 바울의 사명을 위해서 하나님이 동원하신 초월적 사건입니다.

"사명이 없으면 기적도 없다."(한홍 목사)
한홍 목사는 포항 한동대학교 강의 차 비행기에 탑승했을 때 비행기 동체가 착륙 시 두 동강 나는 사고를 당하게 됩니다. 이 사고에서 기적적으로 살아남은 그는 남은 인생이 열방의 백성에게 복음을 전하는 일을 위한 것이라고 생각하게 되었습니다(생명의 삶).

하나님께서 사고와 죽을 병에서 당신을 살려 주신 것, 어려운 상황에서도 당신의 사업만을 지켜주신 이유는 우연이 아닌 사명을 위해서 하나님께서 하신 일, 기적임을 믿으시기 바랍니다. 우리 교회도 개척 3년 만에 예배당 건물을 구입할 수 있었고, 그래서 2005년 미전도 종족 세계 선교 대회를 개최할 수 있었습니다. 그 후 인도 미전도 종족 선교에 올인하게 되었습니다. 이것은 모두 하나님께서 하신 일입니다.

사명을 위해서 하나님은 모든 것을 동원하십니다.

둘째, 우리가 당하는 모든 일들을 사명적 관점에서 보고 이해하며, 또 사명적 관점에서 살아야 하는 이유는 무엇일까요?

> "그들이 날짜를 정하고 그가 유숙하는 집에 많이 오니 바울이 아침부터 저녁까지 강론하여 하나님의 나라를 증언하고 모세의 율법과 선지자의 말을 가지고 예수에 대하여 권하더라"(23절).

> "하나님의 나라를 전파하며 주 예수 그리스도에 관한 모든 것을 담대하게 거침없이 가르치더라"(31절).

모든 일을 사명적 관점에서 보고 이해할 수 있어야 어떤 상황과 조건, 형편 가운데서도 하나님이 주신 사명을 위해 최선을 다하며 살게 되고, 그 결과 놀라울 정도로 생산적인 삶을 살 수 있기 때문입니다. 어떤 경우에도 절대로 상황의 지배를 받고 살지 않으며, 목적도 의욕도 없는 사람처럼 그날이 그날인 것처럼 아무렇게나 살지 않게 됩니다.

본문을 보면 바울은
17절, 유대인 높은 사람들을 청하고

23절, 바울이 유숙하는 집에서 날짜를 정하고, 아침부터 저녁까지
31절, 자기 셋집에 머물면서 오는 사람을 다 영접하고
하나님 나라와 예수 그리스도에 대하여 증거 했습니다.

그 결과 불과 200년이 못가서 로마 복음화가 이루어지게 됩니다. 그러나 바울이 이처럼 최선을 다하여 날마다 복음을 전하는데도 믿는 사람이 있는가 하면 믿지 않는 사람도 있었고(24절) 서로 맞지 않는 사람들이 있었습니다(25절). 그러나 바울은 이에 낙심하거나 의기소침해지지 않고 포기하지 않았습니다. 31절은 바울이 계속해서 "모든 것을 담대하게 거침없이 가르쳤다"고 기록하고 있습니다. 이처럼 내가 당한 모든 일에는 사명을 위한 하나님의 섭리가 있음을 깨닫고 믿으면 혹 반대나 비판이 있어도, 또 내 뜻대로 되지 않을 때에도 쉽게 낙심하고 포기하지 않으며 그런 일 가운데에도 하나님의 뜻이 있음을 믿고 **그 뜻을 구하며 나아갑니다**.

"그런즉 하나님의 이 구원이 이방인에게로 보내어진 줄 알라 그들은 들으리라 하더라"(28절).

그러므로 우리도 지금 당하는 모든 일들을 사명적 관점에서 보고 이해할 수 있다면 혹 고난이 있고 반대나 비판이 있어도, 그리고 내 뜻대로 되지 않을지라도 낙심하고 포기하지 않을 수 있습니다.

지금 여러분은 어떤 일을 당하고 있습니까? 그것이 고난이든 기적이든 만남이든 그것을 사명적 관점에서 볼 수 있기를 바랍니다. 그래야 하나님의 사람으로서의 확신을 가지고 살 수 있고, 어떤 경우에도 낙심

하거나 포기하지 않고 계속해서 하나님이 내 인생에 주신 사명을 위해서 살 수 있습니다. 그렇게 사는 사람은 반드시 보통 사람들과는 비교할 수 없는 생산적인 삶을 살게 될 것입니다.